함께
담을
넘는
하나님

시편 입문과 주석

함께 담을 넘는 하나님

시편 입문과 주석

2022년 10월 30일 초판 1쇄

지은이 에리히 쨍어
옮긴이 이일례
펴낸이 서진한
펴낸곳 대한기독교서회

등록 1967년 8월 26일 제1967-000002호
주소 서울시 강남구 테헤란로103길 14(삼성동)
전화 출판국 02-553-0873~4, 영업국 02-553-3343
팩스 출판국 02-3453-1639, 영업국 02-555-7721
e-mail editor@clsk.org
http://www.clsk.org
facebook.com/clskbooks
instagram.com/clsk1890

책번호 2348
ISBN 978-89-511-2105-0 93230

Erich Zenger, Mit meinem Gott überspringe ich Mauern taken from: Psalmen

* 책값은 뒤표지에 있습니다.

함께 담을 넘는 하나님

시편 입문과 주석

에리히 쨍어 지음
이일례 옮김

대한기독교서회

| 머리말 |

문예학자 에밀 슈타이거(E. Staiger)는 "텍스트에서 무엇이 우리를 감동시키는지 이해하는 것이 텍스트를 해석하는 목적이다."라고 설파한다. 시의 구조와 언어, 시 안에 있는 영감의 세계에 대한 해석은 시의 무엇이 우리를 자극하거나 감동시키는지를 속속들이 들춰내는 일이어야 한다. 이는 우리를 사로잡는 시의 역동성을 파악하는 것이다. 이 책의 주제는 시편 해석이다. 학문적인 고증 자료를 다루기보다 본문 주석에 집중하고 있다. 또한 시편 본문이 가진 감성적 측면을 조명하기보다 '깨달음을 주는' 듣기와 낭송에 집중한다.

이 책은 주간 신문인 *Christ in der Gegenwart*(현재를 사는 그리스도인)에 실린 논문들을 모은 것이다. 대부분은 수정 보완하였으며, 어떤 부분은 새로이 첨가했다. 이 논문들은 전반적으로 시편의 문학적·신학적 측면에 관한 것이기에 독자들은 이 책을 통해 시편의 형태와 신학 전반을 살필 수 있을 것이다.

원고를 최종적으로 점검하고 수정해준 바르바라 뵈게(B. Bögge), 로란드 크랍베(R. Krabbe), 레시 코슬로브스키(R. Koslowski), 마를리스 미틀러(M. Mittler) 그리고 수잔네 슐테(S. Schulte)에게 진심으로 감사한다.

1987년 뮌스터에서

에리히 쨍어

| 차례 |

1장

시편 묵상_ 왜 그리고 어떻게 해야 하는가

“오늘날 성직자들을 제외하면 시편을 읽는 사람이 많지 않을 것이다. 아마도 성서를 신뢰하는 소수의 사람들, 병중에 있는 몇몇 노인들, 브레히트(Brecht, 독일의 극작가이자 시인, 무대연출가 – 편집자 주)를 공부하는 젊은 시인들 그리고 루터의 역동적이고 섬세하고 훌륭한 독일어 표현이 오늘날 어떻게 사용될 수 있는지를 배운 젊은 시인들 정도만 읽을 것이다.” 다양한 분야에서 최고봉에 이른 작가이면서 동시에 ‘언어와 시’를 연구하는 독일학술협회 회원 하인즈 포인텍(H. Pointek)은 시편 묵상에 관해 이처럼 회의적으로 말한다.

필자도 동의한다! 오늘날 시편은 어디서, 어떻게 살아 숨 쉬고 있을까? 유대인 회당의 살아 있는 전통으로 존재할까? 기독교에서 열리는 큰 집회의 중요한 요소로 살아 있을까? 성무일도나 일상의 경건 생활을 위해 선택된 매일의 양식으로서 살아 있을까? 시인과 작곡가에게 살아 있을까? 시편은 그리스도인에게 살아 있을까, 또는 살아남아 있을까?

이렇게 질문을 던지는 이유는 시편이 어떤 의미에서는 사람들의 마음속에 부지중 떠오르기 때문이다. 우리의 영혼을 만지기 때문이다. 여기에 중요한 질문 두 가지가 있다. 시편 안에 살아 숨 쉬는 것은 무엇일까? 그리고 사람들이 시편을 이해하고 시편으로 감동을 받는다면 무슨 일이 일어날까?

시편 기도는 커다란 기적

"지금은 기도만이 유일한 길이다." 이 문장은 사람들의 이목을 집중시키기 위한 구호로 자주 남용되거나 경솔하게 언급된다. 많은 사람들이 이러한 현상을 불쾌하게 느끼는 것도 사실이다. 그러나 이 문장이 말하는 바를 실제로 체험할 수 있다면 이것은 가장 심오한 진실이 될 수 있다!

사람들은 고난과 절망 속에서 냉담해지거나 할 말을 잃어버리곤 한다. 성공과 행복 속에서 스스로를 과대평가하며 교만해지기도 한다. 판에 박은 듯 진부한 잿빛 일상 속에서 무감각해질 때가 있다. 죽은 사람을 보고도 아무런 동정심 없이 무정하게 지나치기도 한다. 그러나 시편을 통해서 이러한 상황을 이해하는 사람은 고독과 두려움 또는 자기중심적 태도에서 해방될 것이다. 그것은 단지 누군가가 이미 고백한 기도문에 자신의 감정을 투영하기 때문이 아니다. 자신의 감정과 열정에 어떤 형태와 언어를 부여하기 때문도 아니다. 어두운 고통과 위험의 상황에도 불구하고 사람을 사랑하시는 야웨 하나님께 기도를 드리고 있기 때문이다. 하나님을 바라보는 것(An-sehen)이 곧 하나님을 경외하는 것(Ansehen)임을 믿고 하나님의 빛 가운데서 자신의 삶이 새롭게 될 것을 희망하기 때문이다.

하시디즘[1]의 전통은 시편의 이러한 비밀을 다음과 같이 요약한다. "기적을 포기하지 말고 시편을 묵상하라!" 기적을 소망하는 사람은 모든 일이 새롭게 될 것을 기다린다. 그는 고난 속에서도 기적을 통한 구원과 행복을 기대한다. 사람의 힘으로 이룰 수 없는 소망의 성취를 기대한다. 실제로 이러한 기적은 이미 존재했고 여전히 일어나고 있다. 하지만 그 기적을 무위도식하며 무감각하게 기다리는 사람이 있는가? 기적은 이런 사람에게 일어나지 않는다. 기적은 믿지 않는 사람에게 찾아오지 않는다. 기적을 바라보는 사람은 현재 상태에 머물러 있으려고 하지 않는다. 시편을 통해서 자신의 소망을 하나님께 고백하는 사람은, 삶의 역동을 경험할 것이다. 이것이 시편 낭송의 역설이다. 시편의 언어를 자신의 언어로 만드는 사람은 매우 역동적이다. 동시에 그는 그릇된 행위로부터 보호받는다. 시편을 낭송하는 사람에게는 기적이 일어난다. 그것은 자유의 하나님께 자신을 실제로 내맡기는 기적이다.

우리는 '시편으로 기도하기'에서 다음 두 가지를 생각해봐야 한

---

1 18세기 동유럽에서 일어난 유대교의 종교운동으로 활기찬 경건성을 추구했다.

다. 첫째, 우리는 우리 삶과 신앙을 투영하여 시편을 낭송하며 기도할 수 있다. 둘째, 삶과 세상과 역사 현실에서 우리의 경험이 시편 하나님에 대한 소망과 일치하지 않은 듯 보여도 더욱 시편을 낭송해야 한다. 더 이상 하나님께 기대할 수 없어도 더욱 시편을 낭송해야 한다. 아니, 오히려 그분께 더 이상 호소할 수 없거나 호소할 마음이 없어지기 때문에 더욱 시편을 낭송해야 한다. 그분의 선하심과 성실하심에 회의가 들기 때문에 더욱 시편을 낭송해야 한다. 그렇다! 우리가 이러한 상황에서도 시편을 포기하지 않는다면 '하나님의 말씀을 사람의 언어'로 담아내어 고백하는 성서의 시편이 왜 존재하는지가 명백하게 밝혀질 것이다.

성서의 시편을 자신의 기도로 삼는 사람은 기적을 소망한다. 이것은 시편 18편에서 비유된 것처럼 '믿을 수 없이 아름다운' 기적이다. '믿을 수 없이 아름답다'는 것은 아름다움을 믿을 수 없다는 것이 아니라 일종의 역설로, 매우 아름답다는 의미이다.(H. 포인텍) 앞서 언급한 비유는 시편 18편 29절인 "내가 주를 의뢰하고 적군을 향해 달리며 내 하나님을 의지하고 담을 뛰어넘나이다"를 말한다. 시편의 하나님은 두려움이나 적대감의 담을 뛰어넘을 수 있는 힘을 주신다. 여기서 '담'은 다른 사람이 만들어놓거나 우리 스스로 세워놓은 것일 수 있다.

담은 머리로 통과하는 것이 아니다. 불도저로 밀어버리는 것도 아니다. 불화살이나 살상 무기로 허무는 것도 아니다. 담을 뛰어넘는 것은, 악인이나 악이 더 이상 나를 가두거나 위협하지 않도록 인자하고 정의로운 하나님께서 내게 기적을 베푸실 때 가능한 것이다. 나는 홀로 있는 곳에서 그리고 하나님이 개입하시지 않는 듯한 상황에서도 하나님을 간절히 붙잡는다. 출애굽의 기적은 하나님과 함께 있는 곳에서 가능하다. 그렇다! 우리는 하나님과 담을 넘고 벽도 뛰어넘을 수 있다.

우리의 깊은 심연에서 천상의 왕좌에 올려드리는 시편의 기도는 이 비밀을 표현하고 있다. "우리의 기도가 천상의 왕좌에 도달한다는 것은 긴 여행에서 돌아온 어린아이처럼 우리의 기도가 천상에 수용되는 것을 의미한다."(E. 비젤) 우리는 이 시편들을 통해 우리가 분명한 목적을 갖고 여행하고 있으며, 혼자서 여행하는 게 아니라는 사실을 실제로 경험하게 된다.

시편 묵상의 복으로부터

유대교 하시디즘의 중요한 인물인 카민카의 랍비 쉬무엘(Schmuel)은 다음과 같은 사건을 설명한다.

어느 날 나는 시편을 묵상하는 데 하루 온종일을 하나님께 드리기로 결정했다. 저녁 즈음 기도를 막 마무리하려고 할 때 내 스승의 하인이 찾아와서 스승이 내게 할 말이 있다고 전했다. 나의 스승은 취드노베르(Tschidnower)의 순회 설교자이자 랍비였다. 나는 시편으로 드리는 기도를 마무리할 때까지 잠깐 시간을 달라고 스승에게 전해주기를 부탁하며 그를 돌려보냈다. 그러나 하인은 다시 돌아와 스승인 랍비가 내가 모든 것을 중단하고 지체 없이 당장 오기를 원한다고 말했다.

내가 갔을 때 스승은 왜 그의 첫 번째 전갈에 응하지 않았는지를 물었다. 내가 이유를 설명하자 순회 설교자인 나의 스승은 이렇게 말했다. "나는 어려움에 처한 유대인을 위한 모임을 지도하도록 자네를 불렀네. 시편으로 하나님을 찬양하는 것은 천사도 할 수 있다네. 하지만 가난한 자를 돕기 위해 하나님이 필요하신 것은 천사가 아니라 사람이지. 시편 기도의 가장 큰 역할은 자선이고, 이를 이행할 수 있는 것은 사람이라네. 천사는 이 계명을 이행할 수 없어!"

이러한 사상이 많은 시편 저자들의 생각에 담겨 있다. 그들 중 어느 누구도 시편 묵상과 낭송 자체를 이웃 사랑의 행위로 이해하지 않는다. 하나님 사랑은 이웃 사랑의 행위 속에서 실제적으로 나타나야 한다. 이웃 사랑의 열정과 관용은 하나님 사랑에서 길어 올릴 수 있다. 이것이 성서 전승 전반, 특히 시편에 담긴 확고한 근본 신념이다. 하나님을 향한 시편 저자들의 갈망과 사랑 그리고 그분과의 결속은 개인의 실제적 삶과 정치적 일상에서 느끼는 격정과 고난과 기쁨 속에서 성장한다.

시편은 농축된 삶이다. 시편 저자들은 하나님에 의해서 그리고 하나님에 근거하여 그들의 삶이 형성되기를 바란다. 시편으로 기도하며 시편의 언어로 자신의 삶을 꾸려나가기 원하는 사람은 구체적인 삶에 직면할 뿐만 아니라 그러한 삶의 현장으로 '보내진다.' 시편은 예언자들 및 사도들의 기도와 동일하다. 시편은 긴장 속에서 드리는 시인들의 기도이다. 시인들은 신비스러운 삶과 정치적인 삶 사이에서 그리고 명상과 투쟁 사이에서 발생하는 중요한 긴장 속에 있다!

시편의 특징으로 가장 먼저 꼽을 수 있는 것은 어떤 시편도 '사적이며 즉흥적인 기도'가 아니라 '정해진 기도 형식'을 갖고 있다는 점이다. 필자는 시편의 정해진 기도 형식을 특권이자 진정한 복의 근원으로 생각한다. 다음 두 가지 이유에서다.

첫째, 인간이 자신의 경험이나 고난, 갈망 등을 정확히 표현하고 동시에 창조적으로 잘 다룰 수 있다고 생각하는 것은 하나의 환상일 수 있다. 이런 이유로 '이미 주어진' 시편 본문은 매우 중요하다. 이미 주어진 시편 본문은 체념과 속수무책, 고난, 두려움 그리고 '자신의 힘으로 어찌할 수 없는' 기가 막힌 상황에서 사람들을 끌어내준다. 한편으로는 기쁘고 복된 상황에서 삶의 깊이를 경험할 수 있게 한다. 예를 들면 사람들은 임종 침상에서 '독창적'이고 '창의적인' 기도를 바라지 않는다. 이런 기도를 해야만 한다는 생각은 인류학적으로도, 신학적으로도 비현실적이다! 이미 주어진 시편의 기도로 충분하다. 인간은 오랫동안 시편을 통해서 삶과 죽음을 인정해왔다. 그렇다! 너무 현대적이고 독창적인 '기도 문학'은 삶과 연계될 수 없기 때문에 출판 후 조금만 지나면 더 이상 살아남을 수 없다. 일반적인 기도 문학의 수많은 산물이 짧은 기간 동안 겨우 살아남는 데 반해 시편의 주어진 본문은 복의 근원이 될 수 있다.

둘째, 시편은 기도가 냉담하고 편협해질 수 있는 상황에서 우리를 보호해준다. 시편은 우리가 바르고 순수하게 기도할 수 있도록 기도를 가르쳐주는 하나님의 선물이다. "기도는 배우는 것이다." 이 말은 모순처럼 들릴 수 있다. 사람들은, 기도는 배우는 것이 아니라고 생각한다. 마음에 많은 것이 가득 채워질 때 기도를 시작하게 된다고 생각한다. 마치 기도는 마음의 본능으로 하는 것이라고 생각하는 것 같다.

그러나 이것은 오늘날 기독교에 여전히 만연해 있는 매우 위험한 오류이다. 우리는 마음에서 우연히 자발적으로 우러나는 소망, 희망, 한숨, 탄원, 환호 등을 기도와 혼동한다. 그리고 이로 말미암아 땅과 하늘을, 인간과 하나님을 혼동한다. 그렇다! "기도는 그렇게 단순하게 마음을 쏟아붓는 것이 아니라 꽉 채워진 혹은 텅 빈 마음을 가지고 하나님께 향하는 길을 찾는 것이요, 하나님과 대화하는 것이다."(본회퍼) 그렇다! 시편은 하나님으로부터 주어진, 정해진 기도이다. 시편은 아브라함에게 약속된 복이 나타난 기도이다. 시편의 기도는 우리를 역사의 위대한 물결 속으로 안내한다. "너를 축복하는 자에게는 내가 복을 내리고 너를 저주하는 자에게는 내가 저주하리니 땅의 모든 족속이 너로 말미암아 복을 얻을 것이라."(창 12:3)

시편을 가진 것은 일용할 빵을 가진 것과 같다. 빵에 관해서 논쟁하는 사람은 빵을 구성하는 화학 성분 등을 분석한다. 그러나 빵을 먹는 사람은 힘을 얻어 강해지고 생명을 유지한다. 시편으로 기도하는 사람, 곧 시편을 묵상하고(시 1:2) 시편을 통해 심연에서 부르짖고(시 130:1) 시편으로 감격과 감사를 '그분께' 외치는 사람은 "야웨의 입에서 나오는 모든 말씀으로 사는 것"을 경험할 것이다. 야웨 그분은 스스로 낮추사 천지를 살피시고 가난한 자를 먼지 더미에서 일으키시며 궁핍한 자를 거름 더미에서 일으켜 세워 지도자, 곧 당신 백성의 지도자와 함께 세우신다.(시 113:4-8) 다시 말하면 하나님의 백성은 그분이 주시는 빵 그리고 말씀으로 산다.

시편에 대한 기독교적인 의구심

기독교 역사에서 시편 역시 구약성서의 다른 본문처럼 그리스도인의 입장에서 갖게 되는 의구심과 비난을 감수하지 않을 수 없었다. 시편은 전반적으로 가장 기독교적인 특징을 가지고 있기 때문에 특히 초대교회 이후 기독교적 경건과 공적 예배 의식에서 '불변의 역할'을 해왔다. 그러나 이러한 특징으로 인해 기독교 위상이 도처에서 손상되었음도 부인할 수 없는 사실이다. 특히 '복수의 하나님'께 탄원하는 자의 시편 기도와 시편의 시적 아름다움, 인류학적·신학적 깊이가 반복적으로 파괴되었다.

그렇다! 시편의 기도자는 자신의 원수와, 하나님을 불신앙하는 자들을 미워하며 그들의 소멸을 호소한다. 시편의 기도자는 복수의 하나님께 그들을 고소하고 그들로 인해 비명을 지르며 감정을 폭발한다. 사람들은 이러한 시편 기도자의 모습이 시의 아름다움과 깊이를 망가뜨릴 수 있다고 말한다. 그래서 히브리 시편을 번역할 때면 부분적으로 매끄럽게 의역하기도 하고 교회의 성무일도 또는 기도 책자에서 어떤 시편(시 58, 83, 109편)을 지우거나 적어도 몇 구절(예. 시 137:8f.)을 삭제한다. 이는 보물과도 같은 기도에서 보물의 가치를 없애는 것이다. 그렇다고 해서 본문의 날카롭고 직선적인 표현이 '숨겨질 수'는 없다. 이제 우리는 이러한 비난과 과정에 대해 두 가지 권위 있는 논쟁으로 쉽게 설명할 수 있다.

첫째, '복수의 하나님'은 구약성서적·유대교적인 하나님이고 '사랑의 하나님'은 신약성서적·기독교적 하나님이라는 진부한 생각은 역사적 오류이자 위험한 신학이다.(이는 유대인 배척주의의 수많은 뿌리 가운데 하나이기도 하다!) 저주와 복수의 하나님이 기독교의 주제가 될 수 없다고 생각하는 사람은 다음 구절을 읽어야 한다.

> 이 돌 위에 떨어지는 자는 깨지겠고 이 돌이 사람 위에 떨어지면 그를 가루로 만들어 흩으리라 하시니(마 25:41)

> 만일 누구든지 주를 사랑하지 아니하면 저주를 받을지어다 우리 주여 오시옵소서(고전 16:22)

> 큰 소리로 불러 이르되 거룩하고 참되신 대주재여 땅에 거하는 자들을 심판하여 우리 피를 갚아 주지 아니하시기를 어느 때까지 하시려 하나이까 하니(계 6:10)

또 내가 하늘이 열린 것을 보니 보라 백마와 그것을 탄 자가 있으니 그 이름은 충신과 진실이라 그가 공의로 심판하며 싸우더라 그 눈은 불꽃 같고 그 머리에는 많은 관들이 있고 또 이름 쓴 것 하나가 있으니 자기밖에 아는 자가 없고(계 19:11-12)

구약성서의 시편 중 본문 일부분이나 한 편 전체를 유대교적 본문으로 결정하여 삭제했다면 이러한 가위질을 신약성서에서도 하는 게 맞지 않을까? 시편에 '레드카드'를 내미는 기독교위원회는 이러한 점을 생각이나 했을까?

둘째, "하나님의 말씀을 있는 그대로!" 이것은 개혁주의자들의 주장이다. 이러한 주장은 중요한 기준을 제시한다. 사람들이 '하나님의 말씀'에 관하여 자의적으로 판단하는 경우, 그들의 주장은 하나님의 말씀에서 신학적으로 무엇이 발생하고 있는지, 그 말씀이 어떤 의미인지를 결정하는 중요한 기준을 제시하는 것이다. 물론 정경은 이미 종결된 책이다. 그럼에도 이것을 추후에 변경하는 게 가능한 것인가? 만약 이에 동의하는 사람이 있다면 그 결과를 근본적으로 깊이 숙고해야 한다. 많은 그리스도인은 분명 성서를 교회의 자료로서 거룩한 책으로 이해할 것이다.

그렇다! 우리는 시편에서 딱딱하고 소화하기 어려운 부분을 지워버릴 수 없다. 오히려 올바른 기도를 위해 시편의 그러한 부분을 수용하고 이해해야 한다. 이것은 많은 것을 의미한다. 복수와 증오만을 다루는 시편은 결코 존재하지 않는다. 복수의 외침은 구원을 요청하는

'탄원과 간청'의 구조 안에서 이루어진다. 우리는 이것을 개인 시편의 주석으로 보여줄 수 있다. 반복적으로 사용되는 '저주 시편'이라는 표현은 어처구니없이 잘못된 것이다. 시편에는 어떠한 저주(비교. 신 27-28장)도 존재하지 않기 때문이다.

대부분의 시편은 원수의 추격을 종결해주십사 하나님께 드리는 직간접적 소원과 간청이다. 이러한 감정적인 언어를 담고 있는 시편은 결코 교리적이거나 교훈적인 문장이 아니라 시이다. 곧 시편은 두려움, 공격성, 상처, 악인과 악이 세상의 최종 언어가 될 수 없고 되어서도 안 된다는 갈망의 표현이다! 두려움과 공격성을 의도적으로 밀어내며 외면하는 것이 아니라 오히려 받아들이고 그것을 하나님 앞에 기도로 표현하는 것, 그것을 확실히 하나님의 손에 다 맡기는 것은 매우 중요하다. 그리고 이러한 현상은 심층심리학적으로 해명될 수 있다.

여기서 무엇보다도 두 가지 관점이 중요하다.

첫째, 구약성서에서 복수 요청은 누군가에게 추격당하는 자, 가난한 자 그리고 죽음 앞에 두려워하는 자의 삶을 위한 표현이다. 그들은 복수 요청을 통해서 최후 삶에 대한 의지를 일깨운다. 복수 요청은 무력한 상황에 처해 있으나 자신의 주체성이 파괴되는 것을 방치하지 않겠다는 결연한 의지를 공개적으로 표명하는 것이다. 또한 말로 다 표현할 수 없는 고난에 대한 저항이다. 이런 성격의 언어가 시편을 이해하는 데 근본적인 어려움을 준다. 우리는 이들의 고난의 깊이를 다 알 수 없고 또 느낄 수 없기 때문에 이러한 시편을 이해하고 이것으로 기도하기가 어려울 수 있다. 근대 시민 계급의 기독교는 실제로 이 기도를 입에 담는 것조차 두려워했다. 그러나 이러한 어려움을 넘어서는 것이 기도이다!

둘째, 시편의 이러한 요소, 다시 말해서 누군가로부터 추격을 당하거나 가난을 겪거나 죽음 앞에서 두려워하는 자들이 하나님께 복수를 요청하는 것은, 고난과 불의로 인한 고통이 하나님 앞에서 결코 중립일 수 없다는 사실을 신학적으로 강하게 증명한다. 시편은 억압받는 자가 압제자에게 승복하는 것을 표현하고 있지 않다. 이제껏 그랬던 것처럼 앞으로도 그러한 고난이 중립이지 않도록 압제의 구조를 폭로하며 하나님이 이 구조를 직접 파괴하시기를 요구한다. 이로 말미암아 하나님의 정의와 연대가 살아 있는, 그분의 나라가 나타날 수 있도록 말이다!

유대교와 교회 사이의 도랑과 교량

성서의 시편을 묵상하는 그리스도인은 그것이 이스라엘 사람들의 기도라는 사실을 잊거나 부인할 필요가 없다. 그것은 영원히 변함없는 사실이다! 이스라엘은 1,000년이 넘는 역사에서 고난에 처했을 때 특별히 시편을 낭송하고 전승하면서 그들의 정체성을 지켜왔다. 유대인들은 교회와 기독교 세력으로부터 거듭 당하는 고난 속에서 그들의 정체성을 특별히 시편으로 지켰다. 외부와 차단된 유대인 거주지 게토와 나치의 강제수용소에서도 유대인들은 시편을 낭송했다. 하나님의 백성 이스라엘은 인간의 존엄성을 간직하며 하나님이 그들과 맺은 영원한 계약의 증인이 되어 시편을 낭송했다. 유럽에 거주하던 유대인들은 나치에 의한 민족 대학살의 회오리바람 속에서도 시편을 지켜왔다. 우리 그리스도인의 경우도 마찬가지이다.

교회인 우리가 아우슈비츠 이후 여전히 시편을 통해 기도할 수 있는 데에는 두 가지 신학적 전제가 있다.

첫째, 모든 사람은 시편으로 기도할 수 있다. 소위 무신론자라는 이들도 대부분 우리가 생각하는 것 이상으로 시편을 가지고 기도한다. 시편을 낭송하는 교회와 (교회인) 우리는 유대 민족과의 연대를 요청받으면 이를 이해하고 수용할 수 있어야 한다. 시편의 '우리'는 기독교 입장에서 유대인을 포괄해야 한다. 이것은 선교적 입장에서도 아니고, 그들을 수용하기 위해서도 아니다. '기독교 태동 이후'에도 상실되지 않은 이스라엘의 신학적인 가치를 존중하는 의미에서 그렇다. 그들은 하나님의 백성이며 그분의 백성으로 남는다. 교회 역시 역동적이며 종말론적인 실체를 재현하는 비밀로서 분명 '하나님의 백성'이다.

교회는 지금까지 '진실하고 진정한' 이스라엘로 표현되어왔다. 그러나 신학적으로 이스라엘은 유대 민족을 일컫는다. 이것은 특별히 새로운 교육적 입장을 강조하기 위한 성서적 합리화나 신학화가 아니다. 이미 베드로전서(2:9)가 이것을 말해주고 있다. 베드로전서는 출애굽기 19장 5절과 그 이후에 등장하는 명예로운 칭호인 '하나님의 특별한 소유가 되는 선택된 족속, 왕 같은 제사장, 거룩한 백성, 민족'을 '정관사 없이' 사용하여 기독교 공동체를 표현하고 있다.(마르틴 루터는 정관사를 삽입한다. 이것은 그의 반유대교적 입장을 표현하는 것이다!) 기독교 교회는 하나님께 헌신할 때 하나님의 백성이 된다. 그것은 이스라엘을 제외하는 것이 아니라 이스라엘을 포함한다!

둘째, 교회인 우리는 이스라엘의 시편을 낭독할 때 시편이 예수와 초대 기독교의 기도서였다는 사실을 기억하게 된다. 유대 역사의 기원과 교회의 태동 이래 우리 곁에 있는 시편은 분명 유대의 유산이다. 그러나 교회로서 2,000년 이상 지내온 우리는 시편을 낭송하면서도 마르키온주의[2] 이후 기독교의 이성과 정신을 왜곡하고 냉담하게 만들어온 신학적 반유대주의를 여전히 극복하지 못하고 있다. 이러한 사실에 필자는 부끄러움으로 몸부림치게 된다.

시편 낭송은 시편이 유대교와 교회 사이의 도랑이며 동시에 교량이라는 사실을 인식하게 한다. 유대교와 교회, 양자가 한 분 하나님께 각자의 방법으로 기도를 드린다는 사실은, 서로 다름을 인정하듯 둘 사이에 서로를 분리하는 '벽'이 존재한다는 사실을 증명한다. 유대교와 기독교는 커다란 저택 안에서 '벽을 사이에 두고' 사는 가족처럼 한 분 하나님을 믿는다. 하나님은 유대교와 기독교의 하나님이다. 이는 생각만큼 단순한 것이 아니다. 문제를 일으키고 주의를 요하며 때로는 많은 것을 제한한다. 그러나 가족 사이에 친밀감과 거리감을 균형 있게 유지하면 좋듯 유대교와 기독교도 마찬가지이다. 이에 대한 연습이 바로 시편이다!

---

2 초기 기독교 신학자인 마르키온(Marcion of Sinope, 약 85-160년)은 구약성서의 하나님과 신약성서의 하나님이 다르다고 이해했다. 그는 구약성서의 하나님을 폭력과 보복의 신으로, 예수 그리스도가 말하는 하나님을 사랑과 정의의 신이라고 하면서 신약성서를 구약성서로부터 분리할 것을 주장했다. 그는 신약과 구약을 대립 관계로 이해하며 이러한 주장을 펼쳤다.

2장

성서의 한 부분, 시편

대개 '시편'이라는 말을 들으면 기독교 구약성서 중간에 위치하고 있는 150편의 기도 혹은 시, 노래를 생각한다. 유대교 성서 타나흐에서 시편은 마지막 부분에 위치한 '문서'이다. 그러나 150편의 시편이 구약성서의 유일한 '시'는 아니다. 성서의 다른 책에도 '시'는 다양하게 나타난다.

예를 들면 출애굽기 15장 1-8절에 나오는 갈대바다 승리의 노래, 신명기 32장에 나오는 모세의 노래, 사무엘상 2장 1-11절에 나오는 사무엘의 어머니 한나의 찬양, 사무엘하 1장 19-27절의 사울의 죽음에 대한 다윗의 애가, 예레미야 11장과 15장, 17장 이후 그리고 20장에 나타나는 예레미야의 신앙고백, 이사야 12장 1-6절의 구원에 대한 감사의 노래, 다니엘 3장의 불타는 풀무불 속에서 세 소년이 부르는 찬양, 스바냐 1장 1-18절에 나오는 분노의 날(Dies irae) 등이다. 그리고 욥기를 펼친다면 우리는 더 많은 부분, 즉 욥기의 '탄원의 노래'로 이루어진 책을 정경의 두 번째 시편으로 표현할 수도 있다.

이처럼 150편의 시로 이루어진 우리의 시편은 작은 선집에 불과하다. 이스라엘은 성서에 소개된 시편보다 더 많은 시를 지었고 더 많은 시를 노래했다. 에세네파의 예배라든지, 그들의 관리 행정 중심지인 사해의 키르벳 쿰란 동굴에서 발견된 문서를 보면 확실히 알 수 있다.

이 동굴에서는 정경에 수록된 31편의 시편이 발견되었다.(성서의 시편 마지막 3분의 1과 부분적으로 다른 배열 순서를 보인다!) 그뿐 아니라 정경에 수록되지 않은 그 외 시편들이 발견되었다. 그 가운데 에세네파가 기록한 시편과 에세네파 이전의 시편들, 예를 들면 지금 그리스 성서(칠십인역)에 수록되어 있는 마지막 시편은 히브리어 정경에 수용되지 않은 시편이다.[1]

더욱이 신약성서는 유대교가 소장하고 있는 귀중한 시편들이 성서의 시편보다 훨씬 방대하다는 것을 말해준다. 마리아의 찬양(눅 1:46-55)뿐만 아니라 스가랴의 찬미(Benedictus, 눅 1:67-79)는 유대교 시편의 영향을 받았고, 기독교적으로 말해 기독론적으로 확대 해석한 것이라고 할 수 있다.

---

1 E. Zenger, *Ich will die Morgenröte wecken*(Freiburg: Herder, 2011), 11장을 참조하라.

화답하는 이스라엘

20세기의 위대한 구약학자 폰 라트(G. von Rad)는 그의 저술에서 시편을 '이스라엘의 화답'이라고 했다. 시편에서 이스라엘은 자신을 계약 백성으로 이해한다. 야웨는 그분의 역사를 이루어가기 위해 이스라엘을 대화의 상대로 선택하셨고 시편은 이 대화를 기록한 것이다. 이스라엘 민족과 이스라엘 개인은 이 대화로 하나님과 교제하며 '우리'와 '나'를 찾을 수 있었다.

시편은 그들이 하나님의 숨어 계심과 은혜를 경험하고 그에 대해 화답한 기록이다. 이 화답은 이스라엘이 어떻게 실존적으로 하나님을 만나고 그분과 동행하며 신앙을 고백했는지 보여준다. "이 화답은 이스라엘이 야웨 하나님 앞에 바로 서고 자신을 지키기 위해 어떠한 준비를 했는지 보여준다. 하나님과 이스라엘이 나누는 대화를 접한다면 우리는 이스라엘이 어떻게 하나님과의 소통 속에서 자신의 정체성을 찾았는지 그리고 어떤 장면에서 자신을 볼 수 있었는지 알 수 있다."(폰 라트) 시편은 이스라엘이 하나님의 감춰진 비밀 속에서 자신을 공동체나 개체로서 파악하는 과정을 다룬다. 시편은 이스라엘이 자신의 삶을 하나님과 함께하는 삶의 공동체로 현재화하는 과정을 다룬다. 시편은 화답이라는 점에서 모더니즘과 포스트모더니즘이 상실한, 고대 세계에서부터 살아 숨 쉬어온 종교의 근원을 퍼 올린다. 오늘날의 종교는 거룩한 것에 대한 동경과 신에 대한 갈망이다. 반면 고대인에게 종교는 거룩함의 경험이자 현재화이고, 실제적 세력에 대한 경험을 전제로 한다.

시편이 '화답'이기에 '나' 또는 '우리'가 대화하는 본문이 존재한다. 때로 '나'와 '우리'는 한 시편 안에서 서로 융화되어 하나를 이룬다.(예. 시 40편) 물론 이 부분에 대해 주석가들은 때때로 '나'가 공동체로서의 '나'인지 혹은 개체로서의 '나'인지를 논쟁하기도 한다. 그러나 이것은 현대의 구별이다. 고대 이스라엘에서는 한 개체인 '나'를 말할지라도 하나님의 백성인 '우리'와 관련되어 있었다. '이스라엘' 그는 하나님 앞에, 하나님의 관점으로, 하나님께 기도했다. 개체인 '나'가 공동체로부터 분리될 수 없는 것처럼 이스라엘 공동체는 서로 분리된 삶을 생각할 수 없다. 동시에 이스라엘은 결코 상처가 될 수 없는 하나의 공동체로서 그들의 하나님, 곧 '당신' 앞에서 자신을 인식했다.

시편에서 이스라엘은 자신의 하나님에게 화답하는 역동적이고 다양한 형태의 '나'와 '우리'였다. 이것이 시편에서 가장 매혹적인 점이다. 우리는 시편에서 이스라엘의 '공적인' 보고서, 소위 위원회나 공의회의 회의록을 만나지 않는다. 절대 아니다! 시편에는 모든 백성의 다양한 목소리가 담겨 있다. 훈련된 신학자, 예배를 이끄는 사람 혹은 지혜를 가르치는 사람, 왕과 관료뿐만 아니라 일반 백성 모두가 고난과 기쁨을 말한다. 여성(예. 시 131편)도 제외되지 않는다.

시편은 삶의 한가운데서 나오는 '화답'이다. 상세한 시편 주석들이 증명해주는 것처럼 시편이 구두로 만들어지고 암송되고 기록되고 이후 예배에서 반복적으로 사용된 정황(삶의 자리)은 시편이 삶의 '화답'이라는 사실을 보여준다. 시편은 병든 자의 침상, 성전 예배, 왕의 등극식, 속죄와 금식 등의 공적 자리에서 드리는 기도로서 그리고 일반 개인의 기도로서, 지혜 학교와 성전 학교의 묵상 본문으로서, 신학적인 시로서 '삶의 자리'를 가진다. 그러므로 시편은 그 어느 성서보다 민족과 사람의 책이라 할 수 있다.

그렇다! 무엇보다도 시편은 이스라엘의 '찬양의' 화답이다. 히브리 전통은 시편에 공통적으로 나타나는 근본 관심사를 '시편'이라는 책 이름에 함축하여 나타낸다. 가령 우리에게 주어진 그리스어 성서(칠십인역)는 '시편들의 책'(그리스어 psalmo's=노래) 또는 '시편 책'(그리스어 psalte'rion=히브리어 nebæl=키타라, 하프)이라는 명칭을 쓰는데, 이 표현은 시편 본문이 악기를 동반하여 노래하는 기도로 사용되었음을 말해준다. 반면에 유대교 전승에서 사용한 책 제목인 '찬양의 책'(sefær tehillim, 마르틴 부버)은 전반적인 신학적 의미를 담고 있다.

각각의 시편 그리고 시편 전체의 주제는 하나님을 향한 이스라엘의 찬양이다. 물론 우리는 시편의 가장 많은 부분이 찬양이 아니라 탄원이라는 점에 놀랄 수도 있다. 정확하게 살피면 시편의 전체 명칭은 성서의 신학적인 의미를 함축한다. 시편에서 말하고 찬양하며 탄원하는 것은 언제나 하나님의 현실성에 관한 것이다. 그 방법 또한 하나님의 현실성을 표현하는 언어와 문장을 원칙으로 한다. '그는' 거기 계시며 '그의' 백성들 가운데 있기를 원하신다. 야웨 하나님은 공허한 (철학적 또는 수학적) 피안의 우상이 아니라 살아 계시고 대화를 나눌 수 있는 분, 우리를 들으시고 우리에게 기꺼이 요청하라고 권하시는 분이다. 우리는 그분에게 우리의 마음을 쏟고 (오해가 생길 수 있다는 두려움 없이 그리고 그분의 승인을 받을 필요 없이!) 모든 것을 달할 수 있다. 물론 시편이 강조하고 있으며 동시에 우리가 수용하고 실행해야 하는 기본 입장은 '하나님의 뜻'이다. 그러나 하나님은 우리가 우리의 마음을 쏟아놓으면 그분의 뜻을 '돌이키기도' 하신다.(비교. 출 32:14)

개인 탄원시는 당혹스러운 현실을 맞닥뜨릴 때 혹은 하나님의 침묵이나 부재로 느껴지는 상황에서 탄원하고 부르짖을 때 그리고 살아 계신 하나님과 함께, 살아 계신 하나님 앞에 있을 때 인간의 삶이 성취될 수 있다는 것을 역동적이고 열정적으로 증명한다. 탄원시는 (우리를 간혹 놀라게 하는) 긍정적인 신앙고백으로 끝을 맺는다. 그러므로 탄원시는 은혜와 구원의 하나님에 대한 경험을 노래하는 언어의 결정체로서 야웨 하나님에 대한 찬양이다!

시편이 야웨의 심판과 구원의 행위를 노래하는 이스라엘의 찬양의 화답이라는 것은 이 책의 최종적 구성 형태에서 확실하게 증명된다. 일반적으로 성서 안에 있는 시편은 다섯 부분 또는 다섯 권의 책으로 분류한다.(시 1-41편, 42-72편, 73-89편, 90-106편, 107-150편) 문학적으로 이러한 분류는 소위 영광송을 근거로 한다.(찬양 형식인 "여호와를 찬양하라/여호와를 송축하라… 아멘") 네 편의 시편 41, 72, 89, 106편의 마지막 부분은 앞에 위치한 시편 본문과 잘 연결되며, 앞부분에 대한 화답이다. 시편 150편은 전체 시편의 영광송으로 이해된다. 다양한 편집자의 손을 거쳤을 것으로 추측되는 이 영광송은 완성된 시편에 해석학적·신학적 의미를 부여한다.

미드라쉬 테힐림은 시편 1편 해석에 대해서 다음과 같이 기록하고 있다. "모세는 이스라엘에게 다섯 권의 토라를 주었고, 다윗은 이스라엘에게 다섯 권의 시편 책을 주었다." 이스라엘은 다섯 권으로 된 토라 선물에 대하여 다섯 권의 책으로 된 찬양(시편)의 선물로 화답하고 있다. 창조주 '하나님'이 이스라엘을 선택하시고 사랑하신다는 토라의 핵심 메시지에 '이스라엘'이 얼마나 자주 그들의 하나님을 창조주와 왕으로 찾으며 사랑하고 화답했는지를 시편이 증명해준다.

많은 노래와 기도의 편찬서

발생 역사가 제각기 다른 시편들을 책으로 편찬한 것이 성서의 '시편'이다. 시편 '편찬'은 유일한 기록에 의한 것이 아니다. 즉 한 번 만에 결정된 편찬이 아니다. 우리의 시편은 이 책에서 다 설명할 수 없을 만큼 복잡한 과정의 결과물이다. 물론 이 과정은 '비전문가'에 의해서 이루어졌다. 적어도 두 가지 중요한 사실이 이것을 명백히 증명하는 연구 결과로 제시될 수 있다.

첫 번째 연구 결과는 시편 전승의 중복 현상이다. 하나님에 관한 호칭을 제외하고 대부분의 언어가 동일한, 두 편의 시편이 나란히 등장한다.(시 14편=53편) 어떤 시편(시 108편)은 다른 두 편(시 57편과 60편)의 일부분으로 구성된다.(시 108편=시 57:8-9과 60:7-14) 또한 시편 40편 14-18절과 시편 70편은 언어상 거의 동일하다. 하나의 동일한 '찬양집'에서 나타나는 이러한 중복은 전승자의 실수가 아니다. 이 현상은 지금의 시편이 이전의 다양한 집단이 소장하고 있던 작은 '시편 책들'로 구성되어 있음을 말해준다. 동시에 비록 이중적인 전승이 발생했을지라도 이 모음집은 각기 다른 그룹에 속해 있었기 때문에 해당 시편이 그들 각각의 모음집에 모두 수용되어 있었음을 의미한다.

두 번째 연구 결과는 시편 150편의 배열 순서이다. 시편의 책에서 '하나님 찬양' 부분을 비교해보면 노래의 조직적인 순서를 알 수 없다. 그뿐 아니라 어떤 배열 순서(가령 "축제력에 따라서", "삶의 정황에 따라서" 등)도 인식할 수 없고 배열 방법 또한 비교할 수 없다. 대신에 대부분의 시편은 제목을 통해서 어느 그룹에 속했는지를 결정할 수 있다.

시편 3-41편은 '다윗의 시편'에 속한다. 42-49편은 '고라 자손의 시'이다. 51-71편에서 다시 '다윗의 시편'이 시작되며 '아삽의 시편'인 50편과 73-83편은 다윗 시편(시 51-71편)의 테두리가 되고 있다. 이어서 '고라 자손의 시'인 시편 84-85편이 다시 연결된다. 무엇보다도 '다윗의 시편'은 개인 탄원시이지만, '고라 자손의 시편'과 '아삽의 시편'은 주로 '공동체 시편'이다. 물론 이러한 구조는 시편의 마지막 3분의 1 부분에서 느슨해진다. 그러나 적어도 '순례자의 노래'로 제목이 붙은 시편 120-134편은 하나의 그룹으로서 예루살렘 순례자의 '지침서'(Vademecum)로 이해할 수 있다.(이 책의 5-6장에 있는 고라 자손의 시편인 47편과 순례자의 노래인 126편을 참조하라.)

우리는 전체 시편이 다양한 기도와 노래에 관한 점차적인 논의의 결정체이며 동시에 지금의 나열 순서는 시편의 성장 역사를 반영하는 것이라고 과감하게 말할 수 있다.(그러나 독자적인 시편, 예를 들어 시편

1편과 2편 또는 149편과 150편은 시편 책의 전체 편집과 깊은 관련성을 가진다. 그리고 이들 시편의 기원과 위치는 시편 전체에 널리 확산되어 있는 편집 의도와 목적을 근거로 규명해야 한다.)

시편의 제목

시편의 히브리어 본문은 대부분 짧은 제목을 가지고 있다. 그러나 오래된 번역본(칠십인역, 불가타, 페쉬타)은 히브리어 본문에 있는 것을 확장하거나 새로운 것을 추가하는 경향을 보인다. 자유롭고 다채롭게 번역된 탈굼(구약성서의 아람어 번역본—옮긴이 주)은 특히 다양한 제목을 제시한다.

이들 제목 가운데 어느 것도 시편의 기원과 근본적으로 관련된 것은 없다. 제목은 우리에게 시편(개별적인 시편과 시편 전체 모음집)의 분류 및 개관에 관한 정보만 주는 것은 아니다. 여기서 우리는 구약성서의 전승자들이 이미 한 편의 시편 혹은 그 이상의 시편에서 보여주는 연상 관계를 경험할 수 있다. 그리고 시편을 묵상하고 시편으로 기도하던 공동체의 정신도 경험할 수 있다. 유감스럽게도 연구사는 시편에 나타난 제목을 전부 다 이해하는 데까지 도달하지 못했다. 그럼에도 우리는 연구사가 일구어낸 몇 가지 통찰을 언급할 수 있다.

시편에 나타나는 여러 제목은 시편이 음악적으로 형성되었을 수 있음을 말해준다. 시편에는 노래로 불릴 수 있는 곡조에 관한 내용이 있다. 시편의 곡조는 공식적으로 잘 알려진 민족의 노래의 근간을 이룬다. 예를 들면 시편 22편은 “지휘를 따라 ‘새벽 암사슴’의 가락으로”(아마도 시편 22편의 제목은 노래 곡조가 아니라 내용에 관한 설명으로 ‘사슴의 울음소리처럼’을 나타내는 것 같다.), 시편 8편은 “깃딧에 맞추어”, 시편 9편은 “아들의 죽음을 생각하면서” 또한 시편 56편은 “멀리 앉아 있는 조용한 비둘기처럼” 노래한다.

한편 또 다른 시편의 제목은 찬양에 동반되는 악기를 언급한다. 예를 들면 “현악기에 맞추어”(시 4편), “관악기에 맞추어”(시 5편), “팔현금에 맞추어”(시 6편) 등이다. 정확히 단정할 수 없으나 편집자들(Sammler)이 기록한 이러한 내용은 단지 기술적인 방법을 안내하는 것이 아니라 우리가 무엇을 사색하고 추론해야 하는지를 제시하고 있다. 가령 시편 6편의 제목은 이 시편을 메시아 시대의 도래를 열망하는 시로 해석하고 노래해야 함을 보여준다. 랍비의 전통에 따르면 팔현금은 메시아 시대의 악기이기 때문이다.

어떤 제목은 장르도 알려준다. 매우 일반적으로 표현하거나(예. “노래”, “기도”), 특징적인 내용을 담기도 하고(예. 시 45편의 “사랑의 노래”) 아니면 특별한 경우를 가리키기도 한다.(예. 시 120-134편의 “순례자의 노래”) 몇 가지 표현은 각각의 시편이 명상하는 기도자에게 무엇을 전달해줄 수 있는지를 시사한다. 예를 들어 제목에 “마스길”(독일 공동번역성서에는 “지혜의 노래”)이 표시된 시편(32, 42, 44, 45, 52, 55,

74, 88, 89, 142편)은 우리를 깊은 삶의 통일성과 예술성으로 안내할 수 있다.

이러한 시편 제목들이 반드시 시편 본문의 내용을 결정짓는 것은 아니지만 최소한 암시하고 있다는 점은 중요하다. 시편 16편과 56-60편의 제목은 "고요한 기도"이다. 이 제목에는 전승자의 의도가 나타나 있다. 그러나 필자는 제목에 암시된 전승자의 의도뿐만 아니라 내용 때문에 이 시편의 기도가 매우 개인적인 기도라고 생각한다. 그래서 이 시편은 소리 내어 기도할 수 없다.

어떤 시편 제목은 실제적인 용도를 말해준다. 가령 시편 30편은 "성전 봉헌가"로, 시편 92편은 "안식일을 위한 찬송시"로 그리고 시편 100편은 "감사 예배 때 드리는 기도"로 추천된다. 이 시편들은 제2성전 시대의 예배에서 존재할 수 있었다. 이 외에 다른 시편들의 발생과 기원은 다른 삶의 정황에서 찾을 수 있다. 여기서 우리는 시편의 제목들이 삶의 자리의 변화와 성장을 의미한다는 것을 알 수 있다.

수없이 많은 제목이 공동체(단체) 또는 개인의 이름을 명시하면서 그 이름과 관계를 맺고 있다. 73개의 시편은 다윗과 관련되고, 12개의 시편은 아삽(레위 지파로 포로후기의 중요한 성전 성가대였다.)과 연결되고, 12개의 시편은 고라 자손(역시 레위 지파이며 성전 성가대였다.)과 관련된다. 그리고 1편의 솔로몬 시와 4편의 여수룬 시 그리고 모세, 헤만, 에단의 시가 각각 1편씩 있다. "고라 자손에 의한" 또는 "고라 자손을 위한"의 의미는 '고라 자손의 연주 목록에 있는 하나의 시편'으로 이해할 수 있다. 반면에 "모세에 의한" 또는 "다윗에 의한"은 저자에 관한 언급이다. 물론 이러한 언급은 역사적 사실을 가리키는 것이 아니라 시편 해석에 관한 것이다.(시 90:3은 창 3:19을 암시하고 있기 때문이다!) 시인은 어떻게 그리고 왜 시편이 모세(시 90편의 표제는 "하나님의 사람 모세의 기도"이다.)와 다윗에 의해 기도로 드려졌는지를 소개한다. 모세와 다윗의 시편은 그들의 시편이 모세와 다윗이 속한 공동체의 기도였다는 사실을 말해준다.

히브리어 성서는 다윗을 전체 시편 중 절반(150개 중 73개의 시편)을 쓴 저자로 내세운다. 그리스어 성서(칠십인역)는 83개의 시편을 다윗이 쓴 것으로 강조한다. 신약성서 또한 많은 부분에서 시편의 저자를 다윗으로 언급한다.(시 2편에 관해 행 4:25, 시 16편에 관해 행 2:34, 시 32편에 관해 롬 4:7f., 시 69편에 관해 행 1:16, 시 110편에 관해 막 12:25f.이 말한다.) 초기 유대교와 랍비 그리고 초대교회 전통에 따르면 다윗은 절대적으로 시편의 시인이자 시편을 노래하는 자였다. 쿰란 동굴에서 한 두루마리의 시편이 발견됐다. 여기에 기록된 시들은 성서에 인용된 시편도 있고, 이보다 많은 시들이 성서에 포함되지 않았지만 다윗을 시편의 시인으로 보는 깊은 이해를 담고 있다. 다윗은 4,050개(!) 시편의 저자로 칭송된다.

많은 시편을 다윗의 것으로 분류하는 전승자들은 아마도 다윗이 카리스마적인 시인이며 음악가였다는 역사적 사실과 전통에 근거하고 있는 것 같다. 다윗 말고는 이스라엘의 어떤 왕도 시인이며 음악가였다는 설명이 없다. 다윗은 서민이 연주하는 '하프'를 전문적으로 연주할 수 있었기 때문에 악령으로 괴로워하는 사울을 도울 수 있었다.[비교. 삼상 16:14-23, 18:10. '하프'로 번역되는 히브리어 단어 '킨노르'(kinnõr)는 작은 민속 현악기이다. 킨노르 외에 히브리어로 '네벨'(nebæl)이라 불리는, 큰 울림통을 가진 현악기도 있다.] 사무엘하에서 다윗의 시와 악기 연주는 다양하게 나타난다. 특별히 사무엘하 1장 19-27절과 3장 33절 이하 본문을 보면 죽은 자를 애도하는 다윗의 노래가 눈에 띈다. 그는 매우 인간적이며 감성적인 사람으로 그려진다. 예를 들어 여호수아(수 23-24장)나 사무엘의 계약(삼상 12장)과 달리 다윗의 최상 언어가 산문이 아니라 시(삼하 23:1-7)로 전승되었다는 사실은 놀랄 일이 아니다.

다윗에 관한 내용은 앞서 언급한 쿰란 두루마리에서 생생하게 묘사된다. 법궤 앞에서 노래하고 춤추는 다윗 이야기는 신학적인 의미를 가진다. 다윗은 음악과 춤을 통해 자신이 경험하고 파악한 하나님 현존의 충만을 표현할 수 있었다. 음악과 춤은 즉흥성을 가장 잘 실행하고 동시에 하나님의 비밀을 신비롭게 탐닉할 수 있는 도구였다. 그러므로 모세가 전통적으로 토라(율법)의 예언자적 중개자가 된 것처럼(그래서 모세는 '모세오경'의 저자로 간주된다.) 그리고 솔로몬이 삶의 처세술에 관한 절대적인 지혜자와 철학자가 된 것처럼(그렇기 때문에 전도서, 아가서, 솔로몬의 지혜서는 솔로몬에게 속한다.) 다윗은 예언자이자 기도자이고 음악과 춤에 관한 절대적 인물이었다. 노래하며 춤추는 다윗은 메시아 시대의 희망의 상징이었다. 이런 이유에서 화가 샤갈(M. Chagall)은 우리에게 다윗을 그려주었다!

13개 시편의 제목은 다윗 삶의 정황을 전승해준다. 다윗은 주어진 각각의 시편으로 기도했다.(시 3, 7, 18, 34, 51, 52, 54, 56, 57, 59, 60, 63, 142편) 유대교 경전의 주석서인 미드라쉬에는 시편의 언어와 사무엘서에서 전승되는 다윗 이야기 사이의 관련성을 언급하는데 이러한 언급은 전통에 대해 배우려는 경건한 자세를 증명해준다. 동시에 이 진술은 신앙심을 고취하기 위한 영적인 성서 낭독을 목적으로 시작되었다. 시인은 다윗 삶의 정황에 자신을 투영하며 다윗과 함께 그리고 다윗과 동일하게 각각의 시편으로 기도했다. 그러므로 '다윗'은 살아 있는 기도 공동체의 대표 기도자였다!

이것은 이스라엘의 시편을 유대-기독교의 기도로서 묵상하는 출발점이 될 수 있다. "기독교 시편의 기도자들에게는 구약성서의 다윗과 나란히 신약의 '예수'가 있다. 물론 예수는 많은 그리스도인이 생각하는 것처럼 다윗을 대체하는 것은 아니다. 예수는 '다윗의 시편'으로 기도했지만 다윗의 시편을 자기 자신의 시로 대체하기를 원하지 않았다. 그리스도인들이 시편으로 기도할 때 다윗의 삶의 정황뿐만 아니라 예수의 삶을 생각하는 것은 당연하다. '어깨를 나란히 하고' 예수 곁에 서서 예수의 삶의 정황에… 우리를 투영하는 것은 당연하다. …이처럼 우리가 시편으로 기도할 때 예수는 우리에게 특별한 방법으로 '형제 가운데 맏형'이 되셨다.(비교. 롬 8:29)

우리는 그와 영적인 교제를 나눌 수 있다. 그가 남긴 어떤 '성물'(비교. 토리노의 수의)도 시편보다 그를 잘 인식하게 할 수는 없을 것이다."(A. 다이슬러)

노래책 그리고
동시에 낭송하는 책

우리는 시편의 기원과 제목에 관한 간결한 설명으로부터 다음을 이해할 수 있다. 시편은 제2성전 시대의 찬양집이다. 그러나 이에 관해 폭넓게 알려진 전제가 있다. 시편은 예루살렘 성전에 있던 레위 지파 성가대의 고유한 찬양집을 포함하고 있다. 이 노래들이 성전 예배에 어떻게 사용되었는지는 역대기상 16장과 특히 예수 시락서 50장 15-21절에서 살펴볼 수 있다.

시편은 음악을 만들고 노래하는 레위 지파 성가대에 의해 연주되고 낭독되었다. 성가대는 희생제물의 제단에 서 있는 두 명의 제사장에게 나팔 소리로 그들이 낭독해야 할 시편의 시작과 휴지, 끝 부분을 알려주었다. 레위 지파의 성가대는 '제사장의 뜰'(희생제물의 제단이 있는 곳)로 올라가는 넓은 계단 위에 섰는데 여기에서 백성들은 그들의 합창을 잘 보고 들을 수 있었다. 백성들도 보통 후렴이나 짧은 구절을 노래했다. '짧은 구절'로는 "그의 선하심이 영원하도다"(비교. 시 135

편), "할렐루야"(여호와를 찬양하라), "아멘, 아멘!"(그렇습니다, 반드시 그렇습니다!) 등이 있다.

그러나 모든 시편이 대성전 축제에서 낭송된 것은 아니다. 공적 예배를 위해 만들어지거나 사용된 시편이 많지 않으므로 시편 전체를 '성전의 찬양집'으로 이해하기는 어렵다. 오히려 '회당이나 가족의 신앙을 위한 기도서'로 볼 수 있다. 무엇보다 시편은 종교적 시와 교훈의 책으로, 다른 성서와 비슷하게 '낭송과 묵상'에 사용되었다. 시편을 '순서에 따라서' 읽으면 세 가지 특징을 파악할 수 있다.

첫째, 서로 이웃하고 있는 시편들은 때때로 핵심 단어를 통해 서로 연결된다.(이것은 부분적으로 이차적 작업으로 이루어졌다.) 물론 유감스럽게도 독일 공동번역성서는 이것을 드물게 보여준다.

둘째, 서로 이웃해 있는 시편들은 종종 주제 및 사건의 통일성을 보여준다. 예를 들어 시편 23편과 24편은 야웨를 왕으로 이해한다. 그는 그의 경건한 자들을 보호하고 그의 거룩한 집에서 그들과 견고한 공동체 의식을 갖는다. 시편 25-27편은 핵심 단어들이 연결되어서 서로를 연상시키며 하나님의 집에 대한 사랑이라는 통일성을 보여준다. 시편 90-92편은 탄원(시 90편)-하나님의 구원 약속(시 91편)-구원에 대한 감사(시 92편)라는 사건의 점진적인 전개를 보여준다.

셋째, 시편에는 중요한 편집층이 있다. 시편 전체를 통으로 관찰하면 편집층의 신학적인 의미는 강조된다. 그럼에도 불구하고 시편은 개별 텍스트로 발생했다. 우리는 시편을 개별 텍스트로 보아야 하고 들어야만 한다. 무엇보다 이 텍스트들은 시이기 때문이다.

수사학적이며 문학적인 시

모든 시편이 문학적으로 동일한 수준을 유지하는 것은 아니다. 그들의 언어, 묘사, 양식과 울림의 형태도 같지 않다. 무엇보다 '첫 번째 저작'을 재구성한 것이라면 그러한 재구성에서 의도된 강렬한 인상을 발견하는 것은 이상한 일이 아니다. 쿠어츠(P. K. Kurz)가 주장하는 '시편의 차이점'은 다음과 같다. 상당수 시편이 수사학적 시이다. 또한 상당수 시편은 시문학적 시이다. 그리고 많은 시편이 수사학적이며 동시에 문학적인 시이다.

쿠어츠는 이러한 시편의 차이점에 관해 다음과 같이 해석한다. "수사학적 작업이 이루어진 시는 전문적인 수사학 도구를 매우 의식적으로 사용한다. 예를 들면 은유, 반명제, 수사학적 질문, 고조, 다양한 언어의 층 등이다. 수사학적-종교적 시는 묵상이나 목양 혹은 사회 비판에 관련된 내용을 드러낸다. 어느 정도까지 수사학적 시는 산문으로 번역될 수 있다." 시편 1편은 이러한 수사학적인 시이다. 쿠어츠가 말한 대로 '시문학적' 시라고 해서 언어적으로 빈약하게 작업된 것은 아니다. 그것은 의식의 깊은 층에서 길어낸 것으로 이미지의 또 다른 밀도와 차원이다. 그것은 시적인 착상(수사적 의미 이상으로), 시적 창조성, 시적 은사 등에 집착한다. 우리는 물론 시문학적인 시를 해석학적으로 접근할 수 있다. 그러나 그것은 해석학, 분석, 번역 그 이상이다.

시문학적인 시는 이미지, 리듬, 이성, 에너지와 관련하여 '빛을 발한다.' 그것은 (수사학적인 구절처럼) 새로운 상황에서 지적인 관점과 이해를 생산한다. "시문학적인 시는 영적인 감동을 불러일으켜 우리가 세상을 다른 눈으로 볼 수 있게 만든다. 동시에 모든 시문학적인 시는 하나님의 현현과 관련된다." 시편 23편이 그런 종류의 시이다. 히브리 시의 예술성은 두 가지 특징을 가진다. 우리가 이 시들을 시문학적으로 이해하려면 반드시 다음 두 가지 특징을 알아야 한다.

시편의 첫 번째 특징은 평행법 구조의 표현 방식이다. 우리는 시편에서 두 개의 절, 대부분의 경우 세 개의 절이 하나의 작은 통일을 이루는 것을 쉽게 볼 수 있다. 이 절들의 연합은 독일의 전통적인 시에서 볼 수 있는 것처럼 소리상의 운율(Reim)은 아니다. 이것은 200년 전 영국인 로우스(Lowth)가 이미 주목하고 지적한, 셈족 시의 예술적 특징으로 소위 '평행법'이다. 평행법 구조에서는 두 개의 절이나 (대부분의 경우) 세 개의 절이 연속성 속에서 반복하여 표현된다. 이렇게 평행법을 이루는 구절들은 서로 다른 언어와 묘사를 통해 동일한 것을 말함으로써 운율을 맞춘다. 가령 평행법 구조를 띤 시편 2편은 두 개의 절로 시작한다.

어찌하여 이방 나라들이 분노하는가?

무엇을 위하여 민족들이 헛된 일을 꾸미는가?(시 2:1)

한 가지 사실(Sache)의 다양한 측면을 반복적으로 표현하여 생각과 이미지의 운율을 맞추는 이러한 기술은 '표현하고자 하는 무엇'을 가능한 한 정확하고 역동적으로 표현하려는 셈족의 특별한 습관이다. 서방의 그리스적 사고는 정확성과 간결성을 추구한다. 반면에 동방의 사고는 가능한 한 다양한 관점을 추구한다. 사람들은 이런 입체적인 생각을 음악의 스테레오 사운드에 비교한다. 시편이 보여주는 것처럼 히브리 시의 예술성은 평행법의 다양한 종류를 발전시킴으로써 오히려 평행하는 이중 문장의 단조로움을 피한다. 동의적(의미상 유사) 평행법(비교. 앞에서 예로 든 시 2편) 다음으로 우리는 대조적(반의적) 평행법을 살펴볼 것이다. 시편 1편의 결론 부분이 그 예이다.

무릇 의인들의 길은 여호와께서 인정하시나 악인들의 길은 망하리로다(시 1:6)

또 하나의 시문학적-수사학적 원칙은 통합적 평행법이다. 시편 27편의 시작 부분을 예로 들 수 있다.

여호와는 나의 빛이요 나의 구원이시니 내가 누구를 두려워하리요(시 27:1)

평행법 구조는 시편에 있는 하나의 수사학적 기본 움직임이다. 이 수사학적 기본 움직임은 사람 호흡의 고요한 템포와 동화한다. 이것이 바로 시편이 원하는 것이다. 그것은 하나님 앞에서 그리고 다른 사람과의 공동체 의식 속에서 존재하는 자의 호흡이다!

히브리 시편의 평행법 구조는 셈족 언어의 특징을 통해 강조되는 두 번째 특징과 관련 있다. 히브리 시편은 주문장과 부문장이 복잡하게 얽혀 있지 않다. 짧은 문장들이 엉킴 없이 나열되거나 단지 접속사 '그리고'를 통해서 서로 연결된다. 동시에 여기서 접속사는 매우 다양한 의미를 갖고 있다.(예를 들면 그러나, 더욱이, 계속해서 등) 청중이나 독자는 다양한 의미의 논리적 연관성을 스스로 결정해야만 한다. 한편으로 그것은 언어의 범위가 정해지지 않은 '부정'(不定, Unbestimmtheit) 혹은 '미결정'(未決定)을 시사하고, 다른 한편으로는 대화 대상에게 집중력과 활동성을 제공한다. 주어진 시편을 자기 것으로 만들려면 그 언어에 참여해야 한다. 그러므로 시편은 '인식'을 위한 형식이 아니다. 기도자(독자)가 시편 언어의 역동성을 통해 자신을 일깨우기 원한다면 그는 그 역동성에 참여해야 한다.

무엇보다 시편의 시들은 묘사 언어(Bildsprache) 속에 살아 숨 쉰다. 많은 묘사가 직접적으로 인간 삶의 세계에서 파생된다. 어떤 것들은 시편이 발생한 자연환경에 관한 것이다. 또 어떤 것들은 이스라엘과 주변 환경의 소통에 대한 신비로운 묘사이다. 전체 묘사는 개별적 묘사 안에 스며들어 있다. 지금까지 언급한 세부적인 개별 묘사들은 하나의 커다란 그림을 이룬다. 가장 인상적인 것은 이러한 묘사에 비유(Vergleich)가 아니라 은유(Metaphern)가 사용된다는 사실이다. 다시 말하면 이 묘사들은 인식한 실제를 암시적으로 말한다.

야웨의 보호와 동행 그리고 가까이 계심을 경험하며 그 안에서 피난처를 찾을 근거를 얻고 실제로 피난처를 찾은 시인은 "여호와는 나의 목자, 나의 반석이다."라는 은유를 통해 자신의 경험을 암시적으로 표현한다. 동시에 시편의 은유는 기도자로 하여금 시인의 체험에 근거한 시편의 구절들을 구체화할 수 있는 개방성을 남긴다. 다시 말해서 기도자는 시편으로 기도하면서 시편의 은유를 통해 원래 시인의 경험으로서 주어진 시편의 구절들을 다양하게 구체화할 수 있는 것이다. 묘사 언어는 시편을 언제나 새롭게 발견하며 경험할 수 있는 가능성을 창조한다. 묘사는 결코 모든 것을 다 퍼내지 않는다. 묘사 속에 자신을 투영하는 사람은 언제나 새로운 색채를 볼 수 있다.

시편의 시정(詩情, Poesie)은 피상적이고 천박한 일상의 일면에서 벗어나 있다. 그것은 우리의 감성에 호소한다. 시편의 시정은 시편 안에 있는 '나'와 '우리'를 만나게 한다. 그렇게 우리는 시편 안에서 열망과 두려움, 고통과 희망을 경험한다.

3 장

시편으로 들어가는 두 개의 문

쿰란 동굴에서 발견된 본문과 그리스어(칠십인역) 및 시리아(페쉬타) 성서 번역이 증명해주듯이 기원후 1세기까지 다양한 시편(사본)이 '발행'되었다. 이것들(쿰란 동굴에서 발견된 본문, 칠십인역, 페쉬타)의 차이점은 시편 마지막 3분의 1 부분의 배치와 총 편수에서 찾아볼 수 있다.

예를 들어 쿰란 동굴에서 발견된 30개가 넘는 시편 두루마리 중 하나는 정경의 시편 순서와 다르다. 쿰란 시편 두루마리를 정경 시편 101-150편의 순서와 비교해보면 잘 알 수 있다. 또한 쿰란 시편 두루마리는 정경 시편에 없는 더 많은 시편을 보유하고 있다. 무엇보다도 이 시편 두루마리는 결론 부분에서 쿰란 운동의 당위성을 보여주고 두루마리의 나열 순서가 신학적·정치적 장치라는 사실을 명백히 드러낸다.(필자가 해석하는 것처럼 이후에 그것은 정경 시편에서도 통용된다!) 다시 말하면 쿰란 사람들은 그들의 시대를 암흑과 재앙의 시대로 간주했다.

이처럼 암흑과 재앙의 역사와 신학의 시대를 살아간 쿰란 사람들은 그들의 두루마리를 야웨를 향한 외침으로 이루어진 시편 140편과 134편으로 끝내고 있다. 그들은 시편 140편을 통해서 가난한 자와 쫓기는 자의 구원자이자 변호자 되신 야웨를 향해 도움을 청원한다. 시편 134편을 통해서는 '밤에' 하나님을 향한 사랑의 결단을 노래한다. 그리고 이 두루마리에서 시편 151편(칠십인역에서도 '추신'으로 전승되고 있다.)을 '추신'으로 제시하고 있다. 시편 151편은 시편을 쓰고 노래한 사람으로 다윗을 기린다.[1]

우리가 읽는 정경 시편의 마지막 형태는 기원후 100년경 히브리어 성서를 최종 정경으로 확정한 바리새주의와 랍비주의의 전통에 근거한다. 랍비들은 시편 149편과 150편으로 아름다운 결론을 맺고 있는 '발행본'을 설득력 있는 근거로 삼기로 결정했다. 이 발행본은 아직 완전한 형태를 갖추지 못했지만 기원전 2세기에 이미 사용되며 유대교에서 구속력을 발휘해왔다. 1세기를 넘어서 그리스어와 라틴어 성서 번역이 먼저 이루어졌을지라도 지금의 교회는 이 발행본을 선택했다.

시편의 가장 앞에 위치한 두 개의 시편(시 1편과 2편)과 마지막에 위치한 두 개의 시편(시 149편과 150편)은 전체 시편의 신학적·정치적 틀을 이룬다. 시편 1편과 2편은 독자들에게 '첫인사'를 건네고, 시편 149편과 150편은 '나가는 말'을 전한다. 양자는 시편 전체의 방향을 제

---

1 이 아름다운 시편 텍스트와 해석은 다음을 참조하라. E. Zenger, *Ich will die Morgenröte wecken* (Freiburg: Herder, 1991), 11장.

시해주는데 이처럼 '틀이 되는 시편'은 시편의 시인들이 출입해야 하는 두 개의 문처럼 우리로 하여금 각각의 시편을 통해 '바르게' 기도하고 삶의 현장으로 '바르게' 나아갈 수 있도록 한다!

시편 1편과 2편은 편집자들이 처음부터 배치한 것이다. 그들은 시편이 토라의 경건성(1편)과 메시아를 향한 소망의 빛(2편) 아래 있다는 사실을 강조하고 있다. 물론 이 두 편의 시편은 야웨의 통치에 대한 믿음을 전제로 한다.(시 1:6, 2:11) 두 시편은 주요 단어로 서로 깊이 연결되어 있다.[복 있는(시 1:1와 2:12), 그/너희의 길은 망할 것이다(시 1:2와 2:12), 중얼거리다(시 1:2와 2:1)]

동시에 이 두 편의 시는 통일된 하나로 읽어야 한다. 두 시편에 공통으로 나타나는 복 받음에 대한 노래가 두 개의 시편을 감싸기 때문이다. 두 시편은 개인의 삶(시 1편)과 민족의 사회, 정치적인 공동체 생활에서 야웨의 토라를 묵상하는 삶을 살라고 말한다. 시편을 개인의 삶과 정치적인 삶의 '안내'로 생각하는 사람은 특히 시편 1편과 2편에서 복된 길을 찾고 그 길을 걸어간다. 시편의 앞부분에 위치한 1편과 2편은 시편 전체의 중요한 두 개의 문을 의미한다. 이것은 시편에 들어서는 사람에게 시편 전체의 지배적 분위기를 잘 전달해준다.

이와는 달리 시편 마지막에 있는, 결론에 해당하는 두 편의 시편

(시 149편과 150편)은 어떤 사건이 일어났는지, 언제 어디에서 이 시편들로 기도하고 이 시편들을 노래하고 이 시편들에 따라 삶을 영위해야 하는지 말해준다. 시편 149편에 나오는 '찬양'의 언어는 마지막 날에 완성될 야웨 공동체의 궁극적 삶을 표현하고 있다. 시편이 하나님을 향한 영광송으로서 삶의 중요한 곡조로 표현되는 곳에서 하나님 나라가 시작된다.(2절) 시편 150편은 시편 기도의 중요성을 다시 한 번 강조한다. "시편의 기도와 노래에는 온 우주의 찬양이 농축되어 있다. 시편 150편은 실제로 열려 있는 '결론 부분'이다."(K. 세이볼트) '모든 호흡하는 것들'이 야웨 하나님을 노래하도록 초대하기 때문이다. 시편 책에 수록된 시편들은 이를 위한 안내자 역할을 한다. 시편들은 어떤 의미에서 하나의 '본문'이다. 이 본문으로 시편의 기도자는 야웨를 찬양하는 모든 세계를 열광시킨다. 그렇게 시편 149편과 150편은 세상을 향해 '문을 열고 있다.' "이미 완성되었지만 동시에 아직 완성되지 않은 것을 설명하는 시편이 본문상으로는 끝나고 있을지라도 찬양의 전체 악보는 영원히 계속된다."(K. 세이볼트)

시편 1편

1a 복 있는 사람은
1b 악인들의 꾀를 따르지 아니하며
1c 죄인들의 길에 서지 아니하며
1d 오만한 자들의 자리에 앉지 아니하고
2a 오직 여호와의 율법을 즐거워하여
2b 그의 율법을 주야로 묵상하는도다.

3a 그는 시냇가에 심은 나무가
3b 철을 따라 열매를 맺으며
3c 그 잎사귀가 마르지 아니함 같으니
3d 그가 하는 모든 일이 다 형통하리로다.
4a 악인들은 그렇지 아니함이여
4b 오직 바람에 나는 겨와 같도다.
5a 그러므로 악인들은 심판을 견디지 못하며
5b 죄인들이 의인들의 모임에 들지 못하리로다.

6a 무릇 의인들의 길은 여호와께서 인정하시나
6b 악인들의 길은 망하리로다.

개론

첫 번째 시편(성구는 개역개정 성서와 사역을 혼용하여 표기함 – 옮긴이 주)은 당연히 지혜문학적 신학이라는 특징을 갖는다.(이스라엘 역사를 야웨의 역사 개입의 결과로 이해하고 설명하려 노력하는 역사신학과 구별된다.) 그러므로 이 시편은 성공적인 삶을 영위하기 위한 규범을 발견할 수 있도록 교훈을 주는 내용을 담고 있다. 지혜는 삶의 지식뿐 아니라 삶이 투영되는 예술 창조를 목적으로 한다. 이러한 지혜의 언어적 도구는 우리가 부모와 교사에게서 일상적으로 배우는 것과 동일하다. 시편 1편은 지혜의 언어적 도구로 각인되어 있기에 전형적으로 '교훈적'이다. 교육을 목적으로 두 가지 상반되는 삶(흑과 백)의 방식, 즉 하나님을 부인하는 자와 의인을 대조하고 자연의 영역을 통해 비교하면서(실제로 사람들은 확인할 수 있는 것으로 증명하기를 원한다!) 여행 책자나 가이드처럼 삶의 기로에서 이정표를 제시하며 교훈한다.

시편은 예술성으로 가득 찬 영혼의 찬양이다. 1-2절은 경건한 자의 이상적 삶과 하나님을 부인하는 자의 실제 삶을 대조한다. 3-5절은 토라와 함께하는 삶의 열매와 하나님을 부인하는 자의 삶을 다시 한 번 대조하면서 인상적인 교훈을 준다. 마지막으로 6절은 축복 찬양이 가능한 깊은 근거를 언급한다. 즉 시편의 삶을 따르고자 결단한 사람이 하나님의 축복을 찬양할 수 있는 이유는 그러한 삶이 야웨와 동행하고 그분에게 복을 받으며 동시에 사랑받는 자의 길이기 때문이다.(6절의 '인정하다'는 이 모든 것을 의미한다.) 그러므로 이 시편은 지혜문학이라는 장르에 따라 '근거를 제시하고 있는' 축복 찬양이다. 이 장르는 삶의 자리를 근본적으로 현명한 삶과 교훈적 가르침에서 찾는다. 이 장르는 주어진 삶의 가르침을 실천하고 변함없는 충성으로 왕에게 순복하라고 독자들에게 요구한다.(비교. 시 2편!)

이 두 가지가 요구되는 영역에 관해서는 애굽 전통이 수많은 자료를 제공해준다. 소위 아마르나 시대(Amarna Epoche, 14세기 BC)에 신하들은 다음과 같이 왕에게 충성을 맹세했다. "그의 가르침을 따르는 자는 복이 있다! 그가 약속의 땅에 이를 것이기 때문이다!" 또한 구약성서는 열왕기상 10장 8절, 잠언 3장 13-20절과 8장 32-36절, 시락서 14장 20절-15장 10절 등 많은 부분에서 축복 찬양을 표현하고 있다. 예수의 산상수훈(마 5:3-12) 도입 부분이 되는 축복 찬양은 문예학 영향의 흐름 가운데 자리한다. 그 외에 이 찬양은 산상수훈에서 선포하는 하나님 나라로 향하는 길로 들어갈 것을 권고한다.

무엇보다 이 시편은 3세기 예루살렘 중류층과 상류층에 널리 퍼져 있던 헬레니즘적 계몽주의와의 논쟁을 반영하고 있다.(비교. 전도서) 이 시대의 두 가지 문제와 관련하여 우리의 시편은 입장을 명확히 한다. 이 시편의 저자는 헬레니즘적 세계의 예술과 맞서 이스라엘 선조들의 전승(토라)을 변호한다. 또한 경제적, 정치적 행동주의(Aktivismus, 적극성)에 물들어 '현대적' 삶의 방식에 편승한 동시대 사람들을 향해 열매 가득한 '자신의' 삶의 비전을 제시하고 있다. 외적인 것에 현혹되지 않으며 하나님과 신비스러운 관계를 갖는 사람은 자신은 물론이고 다른 사람에게도 유익하다.

해석

시편 1편의 1-2절은 야웨를 따르는 자가 하나님을 믿지 않는 자들의 세계 속에서 자신을 지키는 삶의 방식에 관해 두 갈래 길을 들어 설명한다.(물론 현대의 시인은 1-2절의 경우 "…하는 모든 여자와 남자는 복이 있나니"라고 말할 것이다.) 여기서 '의인'(짜디크)의 삶은 부정어를 통해 단호하게 표현되고 있다.(세 번의 부정) 이 부정어는 시인이 살아가는 일상의 특징이다.(비교. 세 개의 동사: 가다-서다-앉다) 그는 악인들의 꾀에 영향을 받지 않고, 죄 짓는 자의 행위가 야기할 수 있는 결과를 인식하며, 결코 죄인의 행위를 실행하지 않는다. 또한 전승된 토라를 비웃는 자들과 어떠한 우정도 맺지 않는다. 그는 이제껏 살아온 삶의 구조로부터, 무엇보다 동시대의 많은 사람이 추구하는 것으로부터 자신을 구별한다.

그러나 이러한 이상적인 형태의 삶을 추구하는 존재는 단순히 '부정'만을 말하는 사람이 아니다. 그는 그 이상으로 야웨의 교훈을 지키기 위해 전심전력하고 자신이 감동받은 삶을 '긍정'으로 표현하고 있다.(주야로=언제나) "단수 형태의 '율법'(Weisung)은 '은총의 계시 의지'(Willensoffenbarung)를 요약한다."(폰 라트) 이 은총의 계시 의지 속에서 이스라엘의 하나님은 그분의 백성에게 그분의 통치를 선물하고 있다. 이스라엘을 위한 이 선물은 문자 형식인 토라, 곧 모세오경에 간결하게 작성되어 있다. 토라는 하나님 계약의 대헌장(Magna Charta)이다. 시편의 의인(짜디크)은 '토라와 함께' 그리고 '토라 안에서' 살 수 있고 살기를 원한다. 의인은 '길을 안내하는 율법'에 관심을 가진다. 그는 끊임없이 묵상한다. 이 율법의 언어를 전적으로 수용하기 위해 자신을 성찰하고 마음으로 되새김한다.(이 율법의 언어들은 아브라함의 여정, 출애굽 그리고 시내산에서 받은 율법을 설명한다.)

이것이 토라의 묵상이다. 이 묵상은 음식을 섭취하듯 말씀을 자신 안에 수용하는 것이다.(비교. 사 31:4, 38:14) 예언자들이 하나님께서 선물로 주신 말씀을 먹는 것과 비슷한 경험이다.(비교. 렘 15:16, 겔 3:1-4) 시편 1편을 시편 전체의 출입문으로 생각할 수 있기 때문에 그리고 시편의 다섯 부분은 모세오경 구조의 전형으로 이해되기 때문에 그의 율법을 묵상하는 것은 곧 시편을 낭송하는 것을 뜻한다.

3-5절의 이중적 비유는 묵상하며 기도하는 의인의 실제적인 삶을 가치 있게 평가하고 있다. 당시에도, 오늘날에도 많은 사람들이 3-5절과는 다른 견해를 갖고 있다. 그러나 우리의 시편은 이 신비주의자들을 실제적 정치가로 간주한다. 토라의 우물가에 뿌리를 내리고 살아

가는 사람은 공동체를 위해서 열매 맺는 사람이다. 하나님을 모르는 사람은 바람에 나는 겨(타작하고 키질할 때 마지막에 남는 것으로, 추수와는 완전히 반대되는 의미이다.)와 같고, 즉 쓸모없이 작은 바람에도 여기저기 날리고 (만약 피부와 옷 사이에 들어가면) 짜증스러운 가려움을 유발하지만 의인은 자신의 풍성한 열매를 나누고 쉼의 그늘을 줄 수 있는 늘푸른나무이다.

6절에는 시인의 낙관적인 결론이 담겨 있다. 의인의 삶의 길은 자신의 능력으로 열매를 맺고 최종적으로 승리하는 것이 아니라 야웨에게 인정받는 것이다. 야웨의 돌봄을 받고 그분의 사랑과 함께하는 것이다. 엄격히 말해서 하나님을 모르는 자의 길은 '길'이 아니다. 그는 모래와 같고 목적이 없다. 6a절과 달리 6b절은 악인에게 야웨의 특별한 간섭이 결여되어 있음을 표현하면서 이를 통해 악인이 스스로 망한다는 사실을 암시한다.

시편의 첫 번째 편집으로 삽입된 3d, 5절은 시편 1편의 인과응보 사상을 나타낸다. 다른 사람에게 복이 되는 사람은 동시에 자신의 일이 형통한 사람이며(3d절; 비교. 수 1:8) 복을 받은 자이다.(비교. 창 12:1-3) 다른 사람에게 무익하고 바람에 나는 불쾌한 겨 같은 사람은 스스로 '심판을 견디지 못하는' 사람이다.(5a절) '겨'는 하나님의 '심판'이라는 주제와 관련해 다양하게 묘사되는데(비교. 시 35:5f., 사 17:13, 습 2:2) 이러한 묘사는 전통을 통해 이해할 수 있다. 5절의 정확한 해석에 관해서는 논쟁이 벌어지고 있다. "하나님의 의롭고 지속적인 통치"(H. 궁켈)가 '심판'을 통해서 이루진다고 하지만, 5b절에는 하나님이 역사의 과정에서 '심판'을 통해 의인에게 상을 주시고 악인에게 벌을 주신다는 사실이 그렇게 강하게 나타나지 않는다. 이후(3세기 혹은 2세기 BC)의 추가 편집에서 우리는 비로소 이스라엘 백성이 종말론적 구원 공동체(비교. 시 149:1)에 속하는지 여부를 결정하는 야웨의 종말론적 심판을 생각할 수 있다. 지금까지 언급한 5절이 함의하는 종말론적 심판에 관한 논쟁은 다음과 같은 견해를 갖는다. 5절에 나타난 하나님의 심판은 온전히 토라를 묵상하는 자가 종말론적인 하나님 나라로 가는 길을 찾는다는 사실을 뜻한다. 하나님 나라로 가는 길을 찾는다는 건 3d절에서 최종적으로 언급하는 '형통'을 말한다. 이 형통은 사실상 야웨께서 '인정하시는 사랑' 속에 뿌리를 내리고 있다.(6a절)

시편 2편

1a 어찌하여 이방 나라들이 분노하며

1b 민족들이 헛된 일을 꾸미며

2a 세상의 군왕들이 나서며

2b 관원들이 서로 꾀하여

2c 여호와와 그의 기름 부음받은 자를 대적하는가?

3a "우리가 그들의 맨 것을 끊고

3b 그의 결박을 벗어버리자" 하는도다!

4a 하늘에 계신 이가 웃으심이여

4b 주께서 그들을 비웃으시리로다.

5a 그때에 분을 발하며 진노하사

5b 그들을 놀라게 하여 이르신다.

6a "내가 나의 왕을 세웠다.

6b 내 거룩한 산 시온에!"

7a 그가 내게 말했다. "너는 내 아들이라!
7b 오늘 내가 너를 낳았도다.
8a (내게 구하라.) 내가 이방 나라를 네 유업으로 주리니
8b 네 소유가 땅끝까지 이르리로다.
9a 네가 철장으로 그들을 깨뜨림이여
9b 질그릇같이 부수리라 하시도다."

10a 그런즉 군왕들아, 너희는 지혜를 얻으며
10b 세상의 재판관들아, 너희는 교훈을 받을지어다.
11a 여호와를 경외함으로 섬기고
11b 그의 발에 입 맞추라.
12a 그렇지 아니하면 진노하심으로 너희가 길에서 망하리니
12b 그의 진노가 급하심이라.
12c 여호와께 피하는 모든 사람은 다 복이 있도다!

개론

일반적으로 시편 2편은 포로기 이전의 제왕시편으로 해석된다. 왕은 대관식 때 신하들이나 왕국의 고위층으로부터 충성의 맹세를 받으며 성전에서부터 궁전의 왕좌까지 행진한다. 이 시편은 예루살렘 대관식 날 혹은 대관식 마지막에 왕이 큰 소리로 낭독한(또는 노래한) 제

왕시편이다. 이런 관점을 수용하는 경우, 이 시편은 기원전 1000년과 587년 사이 예루살렘 왕에게 부여된 성직의 기원을 증명해준다. 하나님은 세상 모든 민족이 야웨의 통치를 인정할 수 있도록 그들을 지도할 사명과 권위를 왕에게 부여하셨다. 그렇기 때문에 왕은 사람들에 의해 쉽게 정복될 수 없는 존재로 간주되었다.

모든 민족을 향한 야웨의 축복과 저주는 그분 백성에 대한 민족들의 행위로 결정된다. 이 사실은 이스라엘의 원역사에서 아브라함에게 주어진 약속이다.(비교. 창 12:1-3) 이스라엘의 이러한 신념은 시편 2편에서 아주 전투적으로 표현되어 있다. 시편 2편은 근동의 정치적 현실과 관련하여 세계 통치에 자신감이 넘쳐 있는 군왕들에 대해 표현하고 있다. 이를 통해 우리는 적어도 시편 2편이 고대 근동의 크고 작은 왕들의 왕정에서 이루어지는 전형적인 대화임을 알 수 있다. 예루살렘 전통은 이미 여부스-가나안 시대의 야웨 종교가 수용한 우주적인 세계관에 따라 형성되었다.

일반적으로 시편 2편이 포로기 이전의 시편이라는 주장을 뒷받침하기 위해서 시편 20, 21, 45, 72, 110편의 관련성이 제시된다. 제왕시편인 이 시편들은 두 그룹으로 분류될 수 있다. 한 그룹(시 20, 21, 72편)은 왕을 야웨의 종으로서 이스라엘의 모범으로 표현한다. 또 다른 그룹(시 2, 45, 110편)은 왕을 하나님(신적인 권위를 위임받은 자 또는 하나님의 아들)으로 본다. 필자는 이러한 차이를 시편의 발생사적 관점으로 설명하고 싶다. 시편 2편의 언어와 모티프의 통일성(특히 야웨와 그의 기름 부음받은 자에게 대적하는 세상 군왕들의 폭동에 대한 사상)을 볼 때, 또한 시편 2편이 포로기와 포로기 이후 시편인 시편 89편을 전제로 한다는 점(비교. 시 2:6-7과 시 89:26-27의 관계)에서 필자는 시편 2편을 포로기 이후의 시편으로 간주한다.(시 2편은 시 45, 110편과 관련된다.) 그러나 이때 이스라엘에는 어떤 역사적 왕정도 존재하지 않았기 때문에 시편 2편은 '메시아적'인 것으로 이해되어야 한다.(7장에서도 계속해서 언급할 것이다.)

시편 2편은 포로기 이후 위협적인 상황에 있는 이스라엘 공동체의 메시아적 소망이다. 시편 2편의 삶의 자리는 승리의 개선가를 부르는 감정이 아니라 오히려 하나님께서 선물로 주신 새로운 하나님의 왕국에 대한 간절함이다.(비교. 사 9:1-6, 11:1-9) 그 나라는 야웨가 모든 혼돈의 세력을 복종시키고 그분의 절대적인 주권이 현실화하는 나라이다.

이 시편의 7-9절은 애굽-헬레니즘적 왕에 대한 사상과 선전의 영향을 강하게 받았다. 이 시편은 실제로 당시 이방 나라의 통치자(알렉산더 대왕과 그의 후계자 프톨레마이오스 왕가) 숭배를 강하게 반대하고 있으며 이를 위해서 논쟁적인 형식을 취하는 가운데 시인의 견해를 드러낸다. 그들은 신들이 아니라 단지 신하들을 거느리는 자들일 뿐이다. 야웨 한 분만이 신이고 그분이 세우신 메시아적인 왕이 진실한 왕이다. 야웨 한 분만이 그가 세우신 메시아적 왕을 통해, 세상 민족이 함께 살아가는 데 필수적인 삶의 질서를 부여하실 수 있다.

신약성서에서 자주 인용되는 시편 2편은 (오늘날보다 소동이 덜하지만) 고대 세계에서 발생했던 폭력에 관한 은유를 사용한다. 그러므로 시편 2편을 이해하려면 이 시편에 나타난 사물을 우선 올바로 이해해야 한다. 시편 2편은 거대한 권력 전쟁에 관한 이야기가 아니다. 오히려 억압받고 있는 공동체의 소망에 대한 비전을 말하고 있다. 시편 2편은 이 소망을 메시아적인 왕을 통해서 말한다. 이 시편은 중요한 여러 질문으로 구성되어 있다.

"이 세상의 역사는 누구에게 속해 있는가? 세상 역사를 주관하는 자는 누구인가? 언제 어떻게 이 세상의 열방은 서로 미워하거나 전쟁을 일삼지 않고 함께 살아가는 하나의 나라를 이룰 수 있을까?" 이와 관련하여 시편 2편은 궁극적으로 "하나님이 모든 것 되신다."는 희망으로 응답한다. 그분에게 피하기를 원하는 모든 사람(시 2:12)에게, 토라가 제시하는 '다스림' 가운데(정치적으로 이해될 수 있는!), 형제가 서로 돕고 사랑하는 행위 안에 소망이 있다고 말한다.

해석

시편 2편 1-4절은 야웨와 그의 기름 부음받은 자[히브리어로 '메시아'(maschiach), 그리스어로 '그리스도'(Christos)]의 세계 통치를 전제로 한다. 모든 안녕을 위해 열방이 그에게 복종한다. 시편 2편에 사용되는 묘사는 애굽과 메소포타미아 텍스트에도 많이 나타난다. 창조주와 그의 대리인인 왕은 질서 정연한 공동체의 삶을 가능하게 하기 위해 모든 열방과 그들의 대표자들을 결박한다.(비교. 3절) 이처럼 창조 질서가 기능하는 곳에는 (우주) 질서가 지배하지만, 반대로 창조 질서가 공격받는 곳에는 무질서가 난무하다. 그러므로 우주 질서가 세워지려면 무질서가 반드시 제거되어야 한다. 이와 같은 상황은 1-3절에 정확히 기록되어 있다.

1절은 청각적인 묘사로 시작된다. 혼돈의 바닷물이 범람하는 것처럼 열방이 사납게 덤벼든다.(비교. 시 46:3, 6, 사 17:12) 시편 1편 2절에서 추천하는 것과 달리 시편 2편의 열방들은 삶을 지원하는 야웨의 안내서를 숙고하지 않는다. 오히려 그들은 헛되고 무의미하게 우쭐거린다. 2절은 시각적인 현상을 한층 강조한다. 요란스러운 군중의 소동 속에서 개별 인물들이 부각된다. 왕들은 전쟁에서 자신을 드러내며(삼상 17:16에 나온 골리앗처럼; 비교. 사 59:3) 하나님의 통치에 역행하는 반란의 패거리들과 함께 무리를 이룬다.(3절) 이와 같은 땅의 왕들의 허황된 반란(비교. 창 11:1-9)에 하늘의 창조주는 당연히 웃음과 비웃음으로 반응하신다.(4절) 하나님은 세계 통치를 손으로 하지 않으신다!

6-7절은 언제나 반복해서 역사 속으로 침범해 들어오는 무질서를 창조주가 '웃고 비웃을 수 있는' 이유에 대해 이야기한다. 그(창조주)가 세우신 왕은 무질서 한가운데를 뚫고 시온 삶의 질서를 지탱해준다. 그러므로 그에게서 무질서를 정복하는 메시아의 형상이 나타난다. (시편 2편에서 소망하는) 이 메시아는 삼중의 하나님 증언으로 표현된다. (1) 그는 '하나님의 아들'이다. 다시 말해 하나님이 왕권을 위임하신다는 관점에서 그는 하나님이 '오늘' 낳은 아들이다. 공식적인 메

시아적 왕으로 세워진다는 것은, 하나님의 기름 부음받은 자가 능력을 부여받게 되는 신비롭고 새로운 탄생이다. 그러므로 기름 부음받은 자는 하나님께서 직접 세계 질서를 다스리고 세우시는 것처럼 그의 능력을 발휘할 수 있다. (2) 하나님의 아들이 지상의 모든 것을 양도받게 되는 것은 '하나님의 아들 됨'의 합법적 결과이자 당연한 귀결이다. (3) 9절에 나오는 위임 성취에 관한 표현은 애굽-헬레니즘적인 묘사에서 기원한다. 성전 성벽과 기념비, 인장 그리고 부적에는 적의 머리를 철 몽둥이로 휘두르는 왕의 모습이 자주 그려져 있다. 다시 말하면 이것은 무질서를 정복하고 질서를 보호하기 위해 늘 재현되는 '거의 성스러운 제의적' 그림이다!

질그릇을 깨뜨리는 것도 제의적 모습이다. 종교의식이 나오는 이집트 비문과 이콘에는 죽은 사람을 위한 제의와 일상적인 성전 제의가 묘사되어 있는데, 이는 시편 2편 9절에도 등장하는 모습이다. 당시 제의에서는 원수들이 가할 수 있는 악한 위협을 마력의 힘으로 쫓아내기 위해 원수가 되는 귀족들의 이름이 쓰인 항아리를 깨뜨린다.

시편 2편의 5, 10-12절(시편 책의 편집자들은 시 1편과 2편을 통일성 있는 본문으로 읽고, 두 시편을 전체 시편 책 앞에 '두 개의 문'으로 놓았는데, 이 구절들은 우리를 편집자들의 이러한 개정 작업으로 소급해 올라갈 수 있게 한다.)은 시편 2편의 본문에 세계 종말의 시기를 부여한다.(비교. 시 1:5) 정치적 역사의 주인공들은 하나님의 진노하심(5절)과 메시아의 권능을 아는 지식(10절)이라는 두 갈림길 앞에 놓여 있다. 즉 야웨의 충성된 신하로서 그분의 세계 통치를 인정(발에 입 맞추기 위해서;

비교. 사 49:22f.)하거나 아니면 임박한 종말의 시기에 진노의 심판으로 멸망하느냐는 결정적 선택 앞에 놓인 것이다.

11-12절은 언어상 신명기적 설교로 소급한다.(비교. 신 6:13-19) 신명기적 설교에서 토라는 이스라엘 삶의 방식으로 가슴 깊이 자리 잡았다. 시편 2편은 시편 1편과 깊이 관련하며 이 관련성은 11-12절에 분명하게 나타나 있다. 열방과 그 왕들(시 1편에 나오는 한 개체인 이스라엘 사람처럼!)이 하나님의 통치하심을 보여주는 토라를 그들 행동의 지침서로 생각한다면, 그들의 길은 성공적이다. 그러나 그렇게 생각하지 않는다면 실패의 나락으로 떨어질 것이다.

시편 149편

1a 할렐루야!

1b 새 노래로 여호와께 노래하며
1c 성도의 모임 가운데에서 찬양할지어다!
2a 이스라엘은 자기를 지으신 이로 말미암아 즐거워하며
2b 시온의 아이들은 그들의 왕으로 말미암아 즐거워할지어다!
3a 춤추며 그의 이름을 찬양하며
3b 소고와 수금으로 그를 찬양할지어다!
4a 여호와께서는 자기 백성을 기뻐하시며
4b 가난한 자를 구원으로 아름답게 하심이로다.

5a 성도들은 영광 중에 즐거워하며
5b 그들의 침상에서 기쁨으로 노래할지어다.
6a 그들의 입에는 하나님에 대한 찬양이 있고
6b 그들의 손에는 두 날 가진 칼이 있으며

7a 이것으로 뭇 나라에 보수하며

7b 민족들을 벌하며

8a 그들의 왕들은 사슬로

8b 그들의 귀인은 철고랑으로 결박하고

9a 기록한 판결대로 그들에게 시행할지로다.

9b 그는 모든 성도에게 찬란함이다.

9c 할렐루야!

개론

지금까지 시편 149편에 대해서는 오해와 오용이 빈번하게 있어왔다. 특히 전쟁에서의 승리를 하나님의 함께하심과 그분의 시간으로 생각하는 곳에서 그리고 하나님의 이름으로 종교전쟁과 신앙전쟁을 일삼는 곳에서 사람들은 자신의 명분과 당위를 시편 149편으로 제시해왔다. 실제로 그렇게 제시된 시편은 설득력을 발휘했고 이와 같은 현상은 오늘날까지 계속되고 있다. 예를 들어 시편 149편은 가톨릭 영주들의 싸움을 위한 노래로 쓰였을 뿐만 아니라 구스타브 아돌프(G. Adolph)의 군사들이 30년전쟁[2] 때 부른 노래 중 하나였다. 뮌처(T.

2 30년전쟁은 1618-48년에 독일을 무대로 벌어진 전쟁을 일컫는다. 최후의 종교전쟁, 서양 최초의 국제 전쟁이라 불리기도 한다. 세 번에 걸친 전쟁(1630

Münzer)는 이 시편으로 농민혁명에 불을 지폈다.

구약시대 이스라엘은 하나님과 전쟁을 서로 연결하는 신학 작업을 수행했다. 특히 포로기 이전의 이스라엘이 이와 같은 작업을 한 것은 확실하다. 당시 이스라엘은 시대와 환경 속에서 어린아이와 다름없었기 때문이다. 당연히 부분적으로는 예언자들이 이런 전쟁신학을 극복하기 위해 부단히 노력했다.

시편 149편은 관련 자료를 정확하게 추정하기가 쉽지 않지만 그 특징을 다음과 같이 분석해볼 수 있다. 시편 149편의 발생 상황(기원전 2세기 유대인 율법학자들의 집단)과 형식(최종적으로는 하나님이 일하실 것이라는 종말론적 찬양시!), 본문의 문학적 배경(시 146-150편의 관련성을 분석해볼 때!), 빈번한 표현(6절에서 접속사 '그리고'는 소위 '그리고-설명'으로 이해된다. 이미 탈굼에서 보여주고 있다.) 등은 시편 149편이 군사적인 노래가 아니라는 것을 말해준다!

시편 149편은 1-4절과 5-9절, 즉 두 개의 단락(연)으로 이루어져 있다. 두 단락은 길이가 달라 고딕의 전통적 양식(문체)을 떠올리게 하지만(H. 궁켈) 다음과 같은 유사한 구조를 보인다. 우선 두 부분(1-3절과 5-6절)의 내용은 찬양 요구이다. 그러고 나서 찬양을 요구하는 동기를 나열하는데, 첫 번째 부분에서는 '원인을 나타내는'(왜냐하면) 동기를, 두 번째 부분에서는 '목적을 나타내는'(하기 위해서) 동기를 진술

-35) 당시 유능한 지휘관이던 구스타브 아돌프(G. Adolph, 1594-1632)는 스웨덴의 왕이 되어 스웨덴을 열강의 지위에 올려놓았다.

한다. 4절에 기술된 원인적 동기는 하나님의 백성에게 일어난 것이고, 7-9절에 기술된 목적적 동기는 열방의 세계에서 일어난 것이다.

시편 149편의 두 단락(연)은 의미론적으로 다양한 구조로 이루어져 있다. 우선 두 연의 각각 마지막 절은 서로 평행을 이룬다. 4b절의 "가난한 자를 구원으로"라는 표현은 9b절에서 "그는 모든 성도에게 찬란함(보석, 영광)이다."라고 보다 구체적이고 신학적으로 설명된다. 야웨가 가난한 자에게 베푸는 최종적 구원은 야웨 자신이다. 가난한 자들을 옹호하고 그들 편에 서는 것, 그들 중 하나와 같이 되는 것(신약성서적으로 말한다면), 바로 그것이 야웨의 구원이다. 이것은 그들이 왕같이 존귀한 존재라는 것을 의미한다.

9b절에서 성도의 "찬란함"이 되신 야웨라는 은유는 5a절에서 "영광"의 모티프와 평행을 이룬다. 이를 통해서 5a절과 9b절은 둘째 연을 의미상 하나로 묶는다. 5a절의 간청, "성도들은 영광 중에 즐거워하며"는 원인론적(그들에게 주어진 영광 때문에)일 뿐만 아니라 방법론적(그들에게 주어진 영광의 상황 속에서)으로도 이해될 수 있다.

"영광"과 "찬란함"이라는 두 요소는 서로 깊이 관련된다. 결론적으로 5a절과 9b절에서 "성도"를 반복해서 언급한 것은 암시이다. 동시에 "모든"이라는 단어가 추가되면서 확장된 9b절의 "찬란함"은 시편 149편에 종말론적, 우주적 관점을 부여해준다.

둘째 연(5-9절)처럼 첫째 연(1-4절)도 의미상으로 묶여 있다. 첫째 연의 처음과 마지막 행의 리듬(Bikolon)은 두 가지 요소, 즉 하나님의 이름 야웨와 결속을 나타내는 개념인 '공동체'(1절) 또는 '백성'(4절)을 통해 서로 나란히 나열된다.

두 개의 연은 서로 밀접한 영향 아래 대조적인 주제를 형성하고 있다. (1) 첫째 연은 진실한 이스라엘에 대한 하나님의 행위를 노래한 반면 둘째 연은 민족들의 세계에서 일어나는 사건을 표현하고 있다. (2) 첫째 연은 진실한 왕이신 야웨의 해방의 능력을 축하한다. 반면에 둘째 연은 세상 왕들의 무력화를 기도하고 있다.

해석

첫째 연(1-4절)에는 야웨 찬양에 대한 폭넓은 요청이 들어 있다. 찬양은 '새 노래'여야 한다. '새로운' 사건을 선포하는 것이기 때문이다. 구약성서의 전통에서 '새로운' 계약과 '새로운' 마음은 '옛날의, 낡은' 상태를 처분한다는 신약성서적 범위를 말하는 것이 아니다. 새것 또는 새롭게 된 것을 의미한다. 시편 149편의 노래도 마찬가지이다. '새 노래'는 하나님의 임재하심이 소멸되었다고 오해하는 공동체(성도의 모임) 가운데 하나님의 임재하심이 새롭고도 궁극적으로 나타나는 경험을 노래한다.

새로운 노래는 그것을 노래하는 자들을 새롭게 할 수 있는 노래이다. 그것은 종말론적인 성취의 비전이 이미 영향력을 미치는 노래이다. 새 노래는 현실과 동떨어져 있는 꿈속에서 불리기를 원하지 않는다. 오히려 새 노래는 구원을 이루시는 하나님의 통치에 헌신하는 정치가 탄생하기를 기원하는 신비로운 노래이기를 원한다. 이와 같은 해방 노래의 주제는 사람이 아니라 야웨이다. 이 노래의 수취인 역시 야웨이다. 여기서 이스라엘은 두 번에 걸쳐 야웨의 애정을 경험한다.

2절은 야웨를 창조주로 언급한다. 이스라엘의 존재 자체를 가능하게 한 이는 창조주 야웨이다. 이스라엘이 역사 속에 등장한 것은, 아브라함의 모습에서 볼 수 있듯 그리고 출애굽 역사에서 확실하게 알 수 있듯 이스라엘 자신의 능력이 아니다. 이스라엘은 역사 속에서 자신들이 소멸되지 않은 게 그들을 자신의 백성으로 선택한 '왕'이신 야웨의 은혜 때문이라고 생각한다. 이스라엘은 출애굽 이후 큰 해방을 기억하는 축제에서 이것을 축하하며 기념한다. 당시 여인들은 미리암을 따라 손에 소고를 들고 춤추며(비교. 출 15:20과 유사한 시 149:3) 하나님의 이름을 찬양했는데(비교. 출 15:1과 유사한 시 149:1, 출 15:2과 유사한 시 149:2) 이처럼 4절에서는 하나님의 이름을 찬양하는 '새로운' 이스라엘을 개념적으로 정의하고 있다.

이 구절은 성서와 역사에서 가장 큰 소동을 일으킬 만한 이스라엘의 정체성에 관한 문제 중 하나이다. 4절은 하나님이 가난한 자를 택하셨다고 선언한다. 가난한 자들은 하나님의 백성이다. 4절에 나타나는 평행법의 구조상 이러한 해석만이 유일하게 가능하다. 가난한 자는 하나님 나라의 은혜가 임하는 대상, 그 이상의 의미를 지닌다. 4절은 단순히 가난한 자들에게 특별한 방법으로 구원이 성취된다는 소식을 말하는 것이 아니다. 결코 아니다. 그것은 선도적인 새로운 표현으로, 하나님의 통치가 가난한 자들에게 전달되고 그들을 통해 이 세상

속으로 흘러 들어간다는 것을 의미한다.(비교. 8장)

시편 149편 4절은 언어상으로 많은 유사성을 갖고 있는 이사야 61장 1-3절로 소급해 올라간다. 시편 149편 4절은 약속된 종말론적 사건이 시편을 노래하는 야웨의 성도들의 공동체 속에서 이미 이루어지기 시작했음을 말하고 있다.

둘째 연(5-9절)은 역사의 종말론적인 징벌자(복수자, Rächer) 야웨에 관한 것이다.(비교. 사 61:2, 63:4, 겔 25:14, 특히 시 10:12-18) 이러한 야웨 이해는 감성적인 면보다 사법적인 범주에서 이뤄진다. '징벌자, 복수자'로서 야웨는 당신 자신을 정의의 하나님으로 계시하신다. 야웨는 권리를 박탈당한 자들에게 권리를 회복시켜주신다. 야웨의 복수는 그의 통치를 통해 악인을 정복하는 것이 목적이다. "하나님은 그의 심판으로 모든 것을 다시 정돈하기를 원하신다. 다시 말해서 '바르게' 세우기를 소망하신다."(A. 다이슬러) 5절 이하에서 강조하는 것처럼 기원전 2세기에 (그리고 모든 시대에) 억압받고 힘을 박탈당한 야웨의 경건한 자들은 이와 같은 야웨의 일하심을 기뻐하며 즐거워할 수 있다. 세상의 역사를 좌지우지하던 세상의 권력을 야웨가 무력화할 것이다.(비교. 8절과 시 2:1-3, 10-12)

그러므로 야웨의 경건한 자들은 종말론적 심판을 소망할 수 있다. 종말론적 소망은 역사의 희생자들에게 그들의 명예와 권리를 되돌려줄 것이다. 하나님의 정의와 사랑을 잃어버린 역사의 지도자들은 징벌을 면치 못할 것이다. 시편 149편에 따르면 이 심판은 오직 하나님의 도구이다. 이 사건에서 가난한 자들에게 주어지는 것은 그들의 하나님을 향한 찬양이다. 그들의 찬양은 그들이 가진 양날의 칼이다!(6절) 가난한 자들의 찬양은 야웨의 은총과 구원이 이미 그들 안에 그리고 그들을 위해서 작동되고 있음을 증명한다. 가난한 자들의 시편은 그들을 새로운 백성으로 선택하신 야웨의 사랑에 대한 그들의 화답이다.

7-9a절에서 볼 수 있듯이 가난한 자를 위해 연대하고, 가난한 자 편에 서시는 하나님은 불편부당한(Neutralität) 분이 아닐뿐더러 부당함을 허락하시는 분도 아니다. 압제자의 추격과 착취, 부의 축적 그리고 그 결과로 빚어지는 가난과 쫓김이 존재하는 한, 이런 사태를 방관할 하나님의 연대는 존재하지 않는다.(인간적인 연대도 물론 존재하지 않는다.) 이와 같은 현실과 관련하여 편파적인 연대와 편들기는 불가피할 수 있다. 다시 말해서 연대는 "가장 먼저 인간의 권리를 찾는 자들에게 주어지는 것이지, 연대를 파괴하는 자들에게는 주어지지 않는다."(D. 미에스) 7-9a절에서 가난한 자를 위협하는 열방과 그 왕들에 대한 하나님의 재판은 가난한 자를 위한 하나님의 결정적인 편들기로, 또 가난을 야기하고 그것으로 이득을 보는 권력자 그룹에 대한 하나님의 대항으로 귀결된다.

역사의 주인이신 야웨를 향해 소리 높인 찬양은 가난한 자와 억압받는 자의 저항이며 존엄성이다. 야웨가 그들 곁에서 함께하신다는 것은, 그들에게 동정심을 가지고 그들을 바로 세우며 구원을 이루신다는 의미이다. 그것은 누구도 빼앗을 수 없는 성도들의 찬란함이며 영광이다.(5a, 9b절) 그러므로 그들의 첫 언어도, 최종적인 언어도 동일하다. "할렐루야, 여호와를 찬양하라!"

'할렐루야로 초대한다'는 것은 착취와 억압의 현상을 참고 견디자고 말하는 것이 아니다. 그런 현상을 겪는 자들에게 이 시편의 노래를 추천하는 것도 결코 아니다. 오히려 이 시편은 가난한 자들이 새로운 사회 속에서 그리고 성도의 공동체 안에서(1절) 함께 살아가는 비전을 제시한다. 이 시편은 권력가와 탐욕스러운 자들을 정복하기 위한 하나님의 역사적 전략과 계획이 열방 위에 펼쳐지고 있음을 확신한다.

하나님의 통치가 정치적 역사를 바꾸는 실체라는 사실은 "권력의 원리가 아니라 형제애에 의거하여 구성되는 새 공동체"(N. 로핑크)에 분명히 드러나 있다. 새로운 야웨 공동체의 기도는 하나님의 일이 인간의 억압 속에서 위태로운 지경에 처해 있다고 확실하게 인식하고 있다. 그러므로 이들의 '하나님 찬양'에는 하나님께서 가난한 자들의 보호자요, 복수자가 되어 그들 삶에 개입해주시기를 원하는 마음이 담겨 있다. 이 시편은 이와 같은 하나님의 개입과 그 방법에 대해서 열어놓고 있지만 개입의 연기 불가능에 대해서는 일말의 의심도 없다.

'기도'를 요청하는 우리의 시편은 가난한 자들의 '투쟁, 싸움'을 배제하지 않는다. 오히려 기도라는 신비는 하나님의 개입(정치)을 촉구한다.

시편 150편

1a 할렐루야!

1b 그의 성소에서(in) 하나님을 찬양하라!
1c 그의 권능의 궁창에서(in) 그를 찬양하라!
2a 그의 능하신 행위로 인하여(in) 그를 찬양하라!
2b 그의 지극히 위대하심을 따라 그를 찬양하라!

3a 숫양의 뿔(나팔) 소리로 그를 찬양하라!
3b 비파와 수금으로 그를 찬양하라!
4a 소고 치며 춤추어 그를 찬양하라!
4b 현악과 퉁소(피리)로 그를 찬양하라!
5a 큰 소리 나는 제금으로 그를 찬양하라!
5b 높은 소리 나는 제금으로 그를 찬양하라!

6a 호흡이 있는 모든 자마다 여호와를 찬양하라!

6b 할렐루야!

개론

시편 150편은 '할렐루야 시편'인 146-150편의 마지막 시편이다. 우리는 뛰어난 음악을 통해 이 시편을 새롭게 경험하기도 했다.(케사르 프랑크, 벤야민 브리튼 외에도 특히 1930년에 이고르 스트라빈스키는 마지막 문장을 합창과 오케스트라를 위한 시편 심포니로 작곡했다.) 이 시편은 시편 전체의 최종 요약이다. 아마 최종 결론으로 저작되었을 수 있는데, 다음과 같은 현상이 그 근거이다.

바로 앞에 있는 시편 149편의 주제어들이 150편에도 나온다.(하나님, 비파, 수금, 소고) 또한 시편 149-150편 모두 "할렐루야"로 시작해 "할렐루야"로 끝맺고, 시편 149편의 "모든 성도"(9절)가 시편 150편에서 "호흡이 있는 모든 자"(6a절)로 표현된 것을 고려할 때 시편 150편은 149편의 연장과 확장이다. 끝으로 시편 150편의 마지막 요청인 "여호와를 찬양하라!"는 시편 149편의 처음 부분인 "여호와께 노래하며… 찬양할지어다!"로 소급될 수 있다.

동시에 시편 150편은 시편 책을 다섯 부분으로 분류하는 시편 41, 72, 89, 106편의 영광송(찬양 형식) 4개와 깊은 관련을 맺으며 마지막에 위치한다. 시편 150편은 시편 전체의 결정체일 뿐만 아니라 총체적인 의미를 지닌다. 성서의 시편으로 노래하며 기도하는 사람은 누구나 그리고 언제 어디서든지 '호흡하는 모든 것'에게 생기를 불어넣는 우주적 찬양에 참여한다. 여기서 찬양하는 자는 찬양과 감사의 형태로 하나님과 함께 있으며 그분에게로 돌아간다.

시편 150편은 후렴구 "할렐루야"로 묶여 있다. 전체 구조는 찬양을 요청하는 10개의 명령형 문장(1b-5b절)으로 이루어져 있는데 여기에는 명령(형)의 화자도, 청자도 언급되어 있지 않다. 다시 말하면 찬양해야 하는 주체가 누구인지 언급되어 있지 않다. '10'은 충만함을 상징하므로 10개 행의 주제는 하나님 찬양의 충만함이다. 숫자 10은 충만함을 의미할 뿐만 아니라 질서 정연한 삶의 아름다움을 암시한다. 삶의 질서 정연한 아름다움은 창조와 역사 안팎에 존재한다. 이 아름다움으로 하나님을 찬양해야 한다.

10회에 걸친 할렐루야 요청은 창세기 1장에 나오는 창조주 하나님의 열 가지 말씀과 출애굽 때 하나님이 시내산에서 선언하신 열 가지 계명(십계명)과 관련이 있다. 우주의 근본적인 질서를 만들고 그 질서를 견고히 한 창조의 열 가지 말씀 그리고 하나님이 그분의 해방된 백성을 위해 선언하신 삶의 질서에 관한 열 가지 계명에 대해 시편 150편의 열 가지 찬양의 언어가 화답하고 있다. 시편 150편은 그 구조를 통해서, 시편(들)이 창조와 역사 속에서 이뤄진 하나님의 구원에 대한 이스라엘의 화답임을 강조한다.

전체 10개의 행은 두 단락으로 이루어진다. 첫 번째 단락은 4개의 행으로 구성되며, 하나님의 현존과 크심에 대한 관심을 표현하고 있다. 장소(성소, 궁창)와 추상적인 개념(권능, 능하심, 위대하심, 충만)이 진술된다. 첫 번째 단락의 4개 행에서 소유대명사를 발견할 수 있다. 전체 10개의 행 가운데 네 번째 행은 중간 휴지이고, 이것은 전치사구의 전환(전치사가 בְּ에서 כְּ로 바뀌고 있다.)을 통해서 나타난다. 연속해서 세 번 '에서'(in)를 사용하다가 넷째 행에서는 전치사 '따라'(gemäß)를 사용하여 첫 연의 단조로움을 깨뜨리고 있다. 사실상 넷째 행은 앞의 3개 행에 대한 요약이다.(뒤에 나오는 "해석"을 참조하라.) 전체적으로 이 단락은 질서와 확고함에 대한 "정적이고 글로벌 지향적인 인상"(H. 쉬바이처)을 제시한다.

두 번째 단락인 다섯째부터 열째 행은 넷째 행에서 정점에 이른 첫 번째 단락의 네 행과는 분명히 구분된다. 5-10행에는 (앞의 내용과 달리) 나팔, 비파, 수금, 소고, 현악과 같은 명사가 나오며, 이렇게 악기를 지칭하는 명사는 본래 역동적인 행위 및 동작을 함의하는 동사에서 비롯되었다. 그러므로 이러한 단어(악기 또는 악기 연주와 춤)는 찬양의 구체성을 드러낸다.

이 단락은 음악과 춤을 통해 다양한 형태의 충만함을 역동적이고 구체적으로 묘사하고 있다. 아홉째(5a절)와 열째(5b절) 행에서는 크기가 다르지만 동일한 악기, 즉 큰 소리 나는 제금과 높은 소리 나는 제금이 언급된다. 연속적으로 반복되는 명령형은 빠른 리듬으로 계속된다. 심벌즈를 흔들듯 경쾌한 음악으로(음악 용어로 말한다면 포르티시모) 6a절에서 시작되는 결말을 준비하고 있다. 할렐루야를 요청하는 전체 10개의 행이 6a절을 향해 나아가고 있다. 6a절은 내용과 형식상 이 시편의 절정이며 동시에 목적이다. 이 문장은 앞에 위치한 내용들을 이어받고 있기 때문에 전체 10개 행의 핵심어인 "찬양하라"를 내세운다. 또한 여러 면에서 앞에 위치한 문장들과 뚜렷한 대조를 이룬다.

시편 150편의 경우 6a절에서 처음이자 유일하게 할렐루야 요청의 수신자인 주체가 언급된다. 이 주체는 "호흡이 있는 모든 자"라는 단일체로 표현된다. 그들의 공동 행위가 그들을 하나의 커다란 주체로 만든다.

6a절은 문장의 첫 번째가 아니라 세 번째에 동사가 위치하는데 이러한 위치 설정 때문에 나머지 행과 다른 형식을 취하게 된다. 다시 말해 후렴구와 10개의 행은 언제나 "찬양하라"(preiset)라는 명령형으로 시작하지만 이와 달리 6a절은 세 번째 위치에서 "찬양하라"(preise)라는 유시브[3] 형태를 띤다. 앞의 열 행에 나타나는 명령형은 공동체를 향해(비교. 시 149:1) 찬양을 강력하게 요청한다. 호흡하는 모든 자를 찬양의 자리로 초대하는 것이다. 결론적으로 시인은 직접명령형으로 말하다가 6a절에서 간접명령형(유시브)을 사용함으로써 '호흡하는 모든 자는 찬양하라.'는 자신의 의도를 환기하고 그 목적을 이루려 한다.

전체 본문의 첫 번째 요청에서 찬양의 대상은 "하나님"으로 표현된다.(1절) 뒤따르는 명령형은 4격 목적어 '하나님'을 인칭대명사("그를")로 대체한다. 첫 번째 요청과 달리 6a절은 하나님의 이름을 가리키는 네 음가(Tetragramm)의 단축형(Jah)을 사용하고 있다. 이 단축형은 후렴구에도 나온다. 야웨를 찬양할 때는 신을 경험하는 모든 형태

---

3 유시브(Jussiv)는 우리말로 '간접명령형'이다.

와 형식을 동원해야 한다! 언제나 이스라엘 신앙과 종교에서 신에 대한 경험은 한 분 야웨에 대한 고백으로 귀결되어야 한다!

6a절은 앞서 언급한 세 가지 특성을 통해 강조될 뿐 아니라 전체 구성의 절정으로서 기능한다. 일반적으로 찬양에 대한 요청은 찬송의 첫 부분과 때로는 마지막 부분에서 볼 수 있다. 마찬가지로 이 시편도 첫 부분과 마지막 부분이 찬양에 대한 요청이다. 그러나 일반적 찬송시와 달리 시편 150편은 찬송의 이유나 주제에 관해서 언급하지 않는다. "이 찬양은 매우 독립적이다. 다른 것에는 어떤 관심도 없다. 이 찬양은 특별한 목적을 가지고 있지 않다. 찬양 자체로 충분하다."(H. 쉬바이처)

이 시편에는 찬양의 목적도, 조건도, 찬양의 한계나 범위도 존재하지 않는다. 찬양을 결속하고 작동시키는 것은 시편의 구조이다. 그렇다. 이 구조를 통해서 결정적으로 찬양의 결속력이 주어진다. 이 시편을 구성하는 13개의 문장에는 찬양을 하도록 이끄는 자와 찬양을 받는 자가 언급된다. 동시에 하나님 이름과 인칭대명사 사용은 다시 한 번 이 시편의 구조에 영향을 준다. 세 번째부터 열한 번째 문장까지 대명사 "그를"이 나타난다. 반면에 처음 두 문장과 마지막 두 문장에서는 하나님의 이름 '야'(Jah)와 명사 '하나님'(Gott)이 나타난다.

그러므로 이 시편의 주제는 하나님에 대한 찬양을 완성하고 이러한 실제적인 행위를 촉구하는 데 있다. 이 시편은 우리의 삶을 하나님 찬양으로 단순화한다. 이 시편의 사상에 따르면 찬양은 삶의 목적이고 완성이다. 하나님의 현존과 능력을 인정하는 것은 무엇을 소유하기 위해서가 아니라 감격의 기쁨과 기적을 경험하기 위해서이다.

해석

처음 4개의 명령형은 하나님의 능력과 자비가 충만한 현존에 관심을 갖는다. 둘째, 셋째 문장에 나타나 있는 전치사구인 "그의 성소에서"와 "그의 권능의 궁창에서"는 일반 주석이 보여주는 것처럼 현세적인 지상의 예배의식과 천상의 예배의식의 통합 속에서 하나님을 찬양하도록 초청된 현세적인 지상 공동체와 천상 공동체를 가리키지 않는다. 여기서는 '누가' 찬양해야 하는지를 언급하지 않고 '누구에게' 찬양해야 하는지를 강조한다. 다시 말하면 "그의 성소와 권능의 궁창에서" 현존하시며 권능을 펼치시는 하나님께 찬양을 드려야 한다.

"성소"(1b절)는 하나님의 보좌가 있는 "궁창"과 동일한 의미를 지니며 평행을 이룬다. 1b절은 시편 60편 6절인 "하나님은 그의 성소에서 말씀하셨다."[4]에서 근거를 찾을 수 있다. 또한 시편 20편 2절의 야웨가 현존하는 예루살렘 성전을 생각할 수 있다. 시편 114편 2절에서 "그의 성소"는 그의 살아 숨 쉬는 성소로서 야웨 공동체를 의미한다고 볼 수 있다. 앞서 제시한 것처럼 시편 150편을 시편 149편과의 관련성 속에서 해석한다면 이와 같은 이해에 가장 빠르게 접근할 수 있다. 첫 번째 명령형이 요청하는 찬양은 야웨가 성도의 공동체 안에서 살아 있는 성소를 완성하신 것에 대한 노래이다. 그 성소에서 야웨는 당신의

---

4 히브리어 성서에서는 '성소'라고 표현되었지만 우리말 개역개정 성서에서는 "그(하나님)의 거룩하심"이라고 번역되었다.

회복과 구원의 능력을 증명하기 원하신다.

전체 10행 중 둘째 행(1c절)은 하나님 권능에 대한 선언으로서 천상의 궁창에 관심을 기울이고 있다. 창세기 1장에 따르면 하나님은 혼돈의 세력을 제지하기 위해서 궁창을 만드신다. 지상 위에 아치형의 궁창이 있지만 밑으로 떨어지지 않는 것에 대해 세상 모든 사람은 깊이 감동하고 있다. 하늘과 땅의 구조가 견고하게 지속되는 것을 보면서 이스라엘은 하나님 권능의 증거를 보았다. 궁창은 확실히 창조가 이루어지는 삶의 공간(집)의 지붕이다. 궁창을 통해서 야웨의 땅은 무질서로부터 보호받고, 궁창 아래에 있는 지상의 생명체들도 보호를 받는다. 그러므로 이러한 요소는 질서를 견고히 하고 지속시키시는 야웨의 창조 행위에 관심을 집중시킨다.

전체 10행 중 셋째 행(2a절)은 이스라엘 역사 속에서 활동하시는 하나님의 권능의 행위에 관심을 기울이고 있다. 특별히 야웨가 애굽의 신들과 권력의 상징인 바로보다 더 큰 권능의 소유자임을 증명하는, 출애굽에서의 하나님 권능에 관심을 기울인다. 모세는 신명기 3장 24절에서 "주 여호와여 주께서 주의 크심과 주의 권능을 주의 종에게 나타내시기를 시작하셨사오니 천지간에 어떤 신이 능히 주께서 행하신 일 곧 주의 '큰 능력'(독일 공동번역성서에서는 "승리")으로 행하신 일 같이 행할 수 있으리이까"라고 말한다. 시편의 언어로 표현되는 복수 형태의 '권능의 증거들'과 모티프의 사용(비교. 시 20:6, 71:16, 106:2, 145:4, 11-12)은 개별적인 구원의 행위가 아니라 야웨의 모든 역사를 생각하게 한다.

전체 10행 중 앞부분인 3개 행은 상승의 효과를 보인다. 이 3개의 행은 야웨 공동체와 창조의 은유로서 하늘의 공간에 관심을 집중하며 전체적인 역사의 시간층에 계속해서 관심을 갖는다. 이 시편은 모든 영역에서 현존하시고 영향력을 발휘하시는 하나님에 대한 찬양을 요청한다.

넷째 행(2b절)이 요약하고 정리하는 것과 같이 찬양의 척도와 근거는 누구와도 비교할 수 없고 한계를 정할 수 없는 '그분의 위대하심'이다.

두 번째 단락에서는 찬양을 위해 이스라엘이 제공할 수 있는 모든 악기를 동원한 연주가 요청되고 있다. 악기 중에는 숫양의 뿔도 있다. 숫양의 뿔은 곡조를 만들어내기보다 신호를 주는 악기였으며, 훗날 성전 예배에서 더는 사용되지 않았다. 이와 달리 나팔은 포로기 이후 성전 예배에서 중요한 역할을 한 금관 악기이다. 이러한 상황은 오늘날까지 회당 예배에도 적용되고 있다. 숫양의 뿔은 국가 이전 시대와 포로기 이전에 이스라엘이 즐겨 사용한 귀중한 악기였다. 숫양 뿔 나팔의 신호는 큰 축제나 전쟁에서 사용되었고, 왕의 제위식에서도 중요한 기능을 했다.(비교. 삼하 15:10, 왕상 1:34, 39:41f., 왕하 9:13) 그것은 왕이신 야웨의 통치가 시작됨을 알렸고(비교. 시 47:5, 98:6) 숫양의 뿔 소리는 특별히 하나님 계시의 현현을 알리는 신호였다.(비교. 출 19:16, 19)

축제의 시작을 알리는 신호음인 숫양 뿔 나팔 소리에 따라 현악기 '비파'와 '수금'이 연주되었다. 두 개의 현악기 중에서 더 크고 가치 있던 비파는 궁전 생활과 같은 귀족적인 환경에서 익숙하게 사용되었다. 반면에 저렴하고 단순한 수금은 민중의 악기였다. 당연히 악기의 이러한 차이점은 하나님의 영광을 노래하는 축제 때 조금도 중요하지 않았다.

축제 공동체에서는 비파 연주 후에 소고를 치며 춤추는 것이 요청되었다. 시편 149편 "해석"에서 살펴본 것처럼 우리는 여성들이 소고를 치며 춤춘다는 이 두 가지 모티프에서 그들 삶의 자리인 축제를 찾아볼 수 있다. 소고는 여럿이 함께 연주할 수 있는 악기로, 공동체가 춤을 출 수 있도록 리듬을 만든다. 그렇기 때문에 사무엘상 10장 5절에서 보여주는 것처럼 소고는 조합과 비슷한 조직을 이뤄 함께 살고 춤을 통해서 환상을 보는 예언자 그룹에서 그 기원을 찾을 수 있다.

이스라엘은 하나님 찬양을 위해 모든 것을 동원하는 것을 축제와 음악의 전통으로 인식했고 지금까지 그러하다. 이는 4-5절에 잘 드러난다. 4-5절에 등장하는 악기는 현악기, 금관악기, 타악기로 구성되어 있다. 물론 4b절에서 두 번째로 언급되는 악기(퉁소 혹은 피리)에 관해서는 여전히 논란이 일고 있지만 여기서 사용된 히브리어는 (학계에서 논쟁되는) '두 개의 피리'와는 달리 단순히 '긴 피리'를 언급한다고 볼 수 있다.

마지막으로 두 가지 제금에 관한 언급은 앞서 우리가 말한 것처럼 찬양의 포르티시모를 표현한다. 발굴 작업에서 얻어진 결과에 따르면 전체 시편에서 150편에만 나타나는 제금은 이미 후기 청동기시대와 초기 철기시대 때 가나안에 널리 분포되었다. 시편 150편은 두 가지 제금의 서로 다른 연주 방법을 효과적으로 표현한다. 이 작은 금속의 심벌즈(두 종류의 제금)는 서로 어울려서 소리를 내는데 첫 번째 제금은 계속 맞부딪혀 비비며 소리를 내고, 두 번째 제금은 전체 악기 소리를 압도하며 서로 힘 있게 쳐서 대미를 장식하는 화음 역할을 한다. 우리의 시편은 이와 같은 음악적인 포르티시모, 즉 시편의 특징적이고 감동적인 절정을 6a절에서 이끌어내고 있다. 여기에서 절정은 축제의 양식과 연결된다. 1-5절에서 짧은 어구의 반복을 통해 점차적으로 강조되는 리듬과 6a절의 단순한 리듬은 대조를 이루며 시편 150편의 고유한 특징을 만들어낸다.

하나님의 공동체 그리고 창조와 역사 속에서 그분의 현존을 찬양하는 것은 사실상 인간 삶의 위대한 일들을 위한 조율과 연습이다. 물론 살면서 여러 부정적인 경험을 하게 되므로 이는 결코 당연하거나 쉬운 일이 아니다. 그러나 의식적이든 무의식적이든 실제 삶에 대한 조율의 의지가 있다면 삶은 살아볼 만한 가치와 보람이 있다. 정확히 말하면 이 시편은 삶에 대한 그리고 하나님에 대한 이와 같은 근본적인 '긍정'으로 우리를 이끈다.

또한 이 시편은 위대한 창조의 축제로 우리를 안내한다. 이 시편에서는 온 세계가 이미 경험한 하나님을 인정하고 그분을 믿는 믿음을 선포하며 축제를 벌인다. 모든 생명체는 서로 분리될 수 없는 공동체로, 이는 하나님이 주신 은혜이다. 이 시편은 모든 생명체를 삶에 대한 성대한 축제로 초대하며 그것들과 연합하기를 원하고 있다. "공동체로 함께 모여"(J. 파이퍼) 축제를 벌이기 원하는 것이다. 공동체로 모인 곳에서는 축제가 벌어지는 게 마땅하다. 우리의 시편은 하나님의 호흡하심에 모든 생명체가 참여하는 축제로 우리를 초대한다. 누구에게나 조건 없이 풍성하게 주시는 하나님 그분을 위해 축제가 열려야 한다. 시편 150편은 앞에 위치한 시편 모두와 관련된 주제를 확실하게 드러내면서, 전체를 통합하는 관점을 제공한다.

시편들(Psalmen)은 하나님에 대한 기쁨, 그분의 현존과 행하심에 대한 기쁨을 표현한다. 하나님의 멀리 계심을 탄원하는 부분에서도 최종적으로는 그분의 가까이 계심을 기쁨으로 확신할 수 있다는 사실을 주제로 한다. 이 시편들에서는 하나님에 대한 성서적 영광송의 기본 구조가 실현되고 있다.

이 시편들은 왕이신 야웨를 위한 '궁정 음악' 같은 본문이자 노래로, 그분과 함께 대화하고 그분을 기쁘게 해드리기를 원한다. 야웨 백성의 삶에 대한 기록이기도 하다.

이 시편들은 창조와 역사가 목표로 겨냥하는 종말론적인 축제의 선취이다. 물론 많은 개별적인 시편들이 구체적인 목적과 동기를 지니고 있다. 몇몇 시편은 위대한 창조의 축제를 목적으로 하는데 시편 150편은 그 축제의 비전을 설계하고 있다. 또한 시편 150편은 시편들 사이에 있는 경계를 허물고 있다. 다시 말해 이스라엘과 열방, 나아가 우주의 모든 생명체가 '모든 것과 함께하시는 하나님'을 소망하며 소망 안에서 연합하기 원하는 것이다.

4장

탄원과 감사

인간의 삶은 행복과 좌절, 성공과 실패, 구원과 재앙의 긴장 속에 놓여 있다. 이스라엘의 경우 삶은 야웨 하나님의 현존 속에 존재하기 때문에 행복과 좌절은 근본적으로 언제나 하나님과 관련된다. 이스라엘 사람들은 삶에서 행복과 구원을 경험하면 그것을 선하신 하나님의 선물로 이해하며 하나님께 감사했다. 또한 위험과 재앙과 불행을 경험하면 하나님이 멀리 계신다고 느끼며 구원자 야웨께 애정을 호소하고 탄원했다. 이러한 감사와 탄원은 즉흥적인 언어로 표현되기도 하지만 탄원시편이나 감사시편 같은 언어 패턴으로도 나타난다.

대부분의 탄원시편과 감사시편은 개인의 구체적인 상황에서 탄생한, 사적이고 즉흥적이고 자유로운 기도가 아니었다. 오히려 이 시편들은 '형식'을 가진 기도로 작성되고 또 사용되었다. 두 장르(탄원시편과 감사시편)의 근본적인 삶의 자리는 가족 혹은 씨족이다. 고난 중에 구원을 간청하거나 구원이 이뤄진 것에 감사하기 위해서 그들은 집(가령 중병을 앓고 있는 가족의 병상) 또는 성소에 모여 간청 예배와 감사 예배를 드렸다. 가족 예배의 중심에는 병든 자, 고발당한 자, 추격당하는 자를 '나'로 표현하는 기도가 있다. 이 기도는 이들(병든 자, 고발당한 자, 추격당하는 자)을 위해서 또는 이들에 의해 '전승된 기도' 중 알맞은 것들을 선택한 것이었다. 공적인 예배라기보다 가족 경건회로 이해될 수 있는 이러한 의식은 매우 다양한 동기를 가졌다. 예를 들어 질병, 공동체 의식에 역행하는 과중한 실수, 하나님의 심판이 요청되는 가벼운 사법적 고발, 가족 구성원의 죽음 등이다. 이러한 상황은 개인의 삶뿐 아니라 일차적인 집단, 즉 씨족 역시 위험에 처해 있음을 의미한다. 그러므로 그들은 '전문가'(일반적으로 제사장 또는 예언자 그룹에 속한 예언자)의 지도 아래 하나님의 관심을 청원하거나 혹은 이미 경험한 구원을 감사하기 위해서 함께 모였다.

개인 탄원시는 고난을 기도자(시인)와 하나님 그리고 기도자(시인)와 주변 사람들의 파괴된 관계로 파악하여 도움을 호소하는 내용을 담고 있으며, 그 구조에는 청원 의식의 과정과 목적이 늘 반영되어 있다. 고난으로부터 구원해달라는 탄원과 청원에 이어 놀랄 만한 믿음의 표현이 나온다. 바로 하나님의 사랑을 경험한 데 대한 감사의 표현이다. 이 세 번째 요소는 소위 '가족 청원 예배'라는 장르의 기원을 통해서 가장 잘 설명될 수 있다. 가족 청원 예배의 목적은 두려움과 고난 한가운데 있는 그들을 야웨께서 떠나지 않으시리라는 확신을 선언하는 것이다.

대부분의 감사시편은 각각의 근본적인 삶의 자리를 잘 드러내 준다. 시편 66편 13-20절은 성전을 감사의 장소로 언급한다. 성전은 사건을 전달하는 매개체이다. 성전은 집결된 단체 또는 공동체 앞에서 제의를 수반하는 장소이다. 성전은 감사한 일들을 고백하면서 희생제사를 드리는 장소이다. 감사 예배에서 희생제물은 공식적으로 다양하다. 시편 116편 13절에 나오는 '헌작의 제의'[1]는 헌주를 의미하는데, 특별히 가치 있는 선물인 기름과 포도주를 재단 아래에 붓는 것이다. 시편 22편 27절은 감사 예배가 제사 음식을 나누는 것으로 끝난다는 사실을 보여준다. 특히 이 제의는 구원받은 자의 삶의 공동체로의 귀환을 뚜렷하게 강조한다. 대다수의 주석가는 시편 107편이 예루살렘 성전에서 장엄한 감사 제사가 행해졌다는 것을 증명하고 있다고 본다.(순례자의 축제와 관련이 있을 수도 있다.) 감사의 노래를 부르기 위해 모인 '큰 공동체'의 감사 제사는 다양한 동기를 지닌다.

감사 노래와 감사 제사의 관련성은 시편마다 다르며, 많은 시편이 제사에 대해 비판적인 입장을 보인다. 어떤 시편들은 분명히 감사 제물을 거부하기도 한다. "내가 노래로 하나님의 이름을 찬송하며 감

---

1 헌작(獻爵, Libationsritus)이란 제사 때 술잔을 올리는 것을 말한다. 가톨릭 미사의 경우 사제가 예수의 피가 될 포도주를 두 손으로 받들어 높이 올리는 행위를 가리킨다.

사함으로 하나님을 위대하시다 하리니, 이것이 소 곧 뿔과 굽이 있는 황소를 드림보다 여호와를 더욱 기쁘시게 함이 될 것이라."(시 69:30-31; 비교. 시 51:17-18)라는 말씀에서 알 수 있듯이 감사의 유일한 대상인 야웨를 선포하며 그분께 기도하는 것을 중요하게 여긴다. 제의 오용(훼손)에 대해 이러한 성찰로 반응하는 것은 단순히 제사를 거부하기 위해서가 아니라 제의에 대한 예언자의 열정적인 비평 때문이다. 겸손한 성찰의 목적은 감사 노래의 핵심 주제인 야웨만이 살아 있는 모든 것의 근원이자 척도요, 목적이라는 사실을 회복하기 위함이다. 물론 이 본문은 때에 따라서 악용되기도 한다.

우리는 지금까지 두 장르의 근본적인 삶의 자리에 관해서 다양하게 이야기했다. 이 삶의 자리들은 매우 분명하다. 우리 앞에 놓인 탄원시편과 감사시편 대부분은 '가족 예배'를 위해 저작된 시가 아니다. 적절한 모델이 생긴 후에는 개별 그룹의 '보석 같은 기도' 속에서 '자유로운 개작'이 이루어졌고 최종적으로 '시편 책'에 수용되었다.

시편 13편

2a 어느 때까지 여호와여 나를 영원히 잊으시나이까?

2b 어느 때까지 주의 얼굴을 나에게서 숨기시겠나이까?

3a 어느 때까지 나의 영혼이 번민하며

3b 종일토록 마음에 근심하오리까?

3c 어느 때까지 내 원수가 나를 치며 자랑하리이까?

4a 여호와여, 나를 생각하사 응답하소서.

4b 내 하나님이여, 나의 눈을 밝히소서.

4c 내가 사망의 잠을 자지 않기 위함입니다.

5a 나의 원수가 "내가 그를 이겼다!"라고 말하지 않기 위함입니다.

5b 내가 흔들리는 것을 나의 대적들이 기뻐하기를 좋아하나이다.

6a 그래서 나는 오직 주의 사랑을 의지하였나이다.

6b 나의 마음은 주의 구원을 기뻐하리이다.

6c 내가 여호와를 찬송하리니 이는 주께서 내게 은덕을 베푸심이로다.

개론

궁켈(H. Gunkel)은 시편 13편을 '개인 탄원시'로 언급했다. 이 시편에서 우리는 방향을 잃어 비탄에 잠긴 자의 탄원이 무엇인지 그리고 탄원의 기도가 어떻게 고난당한 자에게 고난을 직면하고 수용하기 위한 힘을 주는지 알게 된다.

이 시편은 4개의 문장으로 된 3개의 연으로 구성되어 전형적인 탄원시의 구조(3b절은 3a절의 난해한 히브리어 단어를 해석하기 위한 후기의 난외 주석일 수 있다.)를 보이며 다음과 같은 내용을 담고 있다. 탄원(고난에 관한 묘사를 동반함)–고난을 극복하기 위해 야웨에게 간청(야웨께서 고난의 정황에 간섭하셔야 하는 근거를 동반함)–야웨에 대한 신앙고백(찬양과 감사 선언을 동반함). 탄원시편은 고난당하는 자가 신뢰를 바탕으로 절박한 상황에서 탄원할 수 있도록 한다. 또한 도움이 될 만한 길로 그를 안내하기 원한다.

3연으로 구성된 구조는 문장뿐만 아니라 단어를 통해서도 인식할 수 있다. 이 시편의 첫째 연(2a-3c절)에는 접속사가 없는 4개의 의문문이 줄지어 (연결되지 않은 채) 나타난다. 처음 2개의 의문문은 시인에 대한 야웨의 행위를 주제로 삼는다. 세 번째 의문문은 기도하는 시인 자신의 행위와 관련되어 있다. 네 번째 의문문은 원수들의 행위를 탄원한다. 인칭대명사('내' 원수)를 통해 시인의 원수로 규정되고 있는 이들은 시인과 가까운 사람들이다. 이런 원수에 관한 표현은 5a절에도 나타난다.

둘째 연(4a-5a절)에는 야웨를 향한 3개의 명령형(생각하사, 응답하소서, 밝히소서)이 나타나는데, 이러한 명령형은 접속사 없이 4개의 의문문이 줄지어 나타나는 첫째 연과 구분되게 하는 요소로 작용한다. 이 명령형은 목적을 나타내는 두 개의 접속사(~하지 않기 위해서)와 연결되어 있다.

그러고 나서 5b절에서 셋째 연이 시작된다. 거울에 비친 듯 명확한 시간 순서로 대적들의 행위(5b절)와 시인의 행위(6a절)가 언급된다. 물론 마지막 두 절(6b-6c절)은 모두 시인의 의지를 표현하고 있지만 내용상 핵심은 전적으로 야웨의 구원 행위이다. 이 점에서 마지막 두 절은 각각 첫째 연과 둘째 연 처음에 나타나는 두 절(2a, 4a절)과 상응한다.

3개의 연에 있는 단어들은 다음과 같이 서로 얽혀 있다. (1) 첫째 연과 둘째 연에서 하나님의 이름 야웨는 첫 문장(2a, 4a절)에 나타나지만 셋째 연의 경우 마지막 문장(6c절)에 나타난다. 그러므로 하나님의 이름 야웨는 (시인의) 언어 행위의 중요한 단계를 열고 닫는다. (2) 히브리어 본문을 보면 첫째 연과 셋째 연의 각각 마지막 절이 동일한 전치사를 통해 서로 연결되어 있다.[3c절: "나를 치며"(עָלָי, 알라이) - 6c절: "내게"(עָלָי, 알라이)] (3) 첫째 연의 첫 번째 문장과 두 번째 문장에서 시인은 의문문을 통해 야웨의 행위를 탄원하며 그분을 고발하는 부정적 의지를 드러낸다. 반면 둘째 연의 첫 번째 문장과 두 번째 문장에서는 명령형을 통해 야웨에게 도움을 요청하는 긍정의 의지를 드러낸다. 이런 면에서 첫째 연과 둘째 연의 각 두 문장은 부정과 긍정으로 동기가 서로 상응한다. (4) 셋째 연의 첫 번째 문장(5b절)과 세 번째 문장(6b절)에는 “기뻐하다”(גִּיל, 길)라는 동사가 사용된다. 이 동사는 5b절에서 시인의 대적들이 비아냥거리며 기뻐하는 것을 표현한 반면, 6b절에서는 시인이 주의 구원을 기뻐하는 것을 표현한다.

해석

첫째 연(2a-3c절)은 네 번 반복해서 나타나는 비난 섞인 질문인 “어느 때까지”(עַד־אָנָה, 아드-아나)로 이뤄져 있다. 일반적으로 다른 질문들(출 16:28, 민 14:11, 수 18:3, 렘 47:6, 합 1:2, 시 62:3, 욥 18:2, 19:2)은 인내의 한계를 강조하는 질문, 곧 ‘얼마나 더 오랫동안’(עַד־מָתַי, 아드-마타이; 추가로 비교. 시 6:3, 74:10, 80:4, 82:2, 90:13, 94:3, 8)이라고 묻지만 “어느 때까지”라는 이 질문은 “얼마나 더 오랫동안”보다 더 강한 비난과 고발을 뜻한다. 질문 형태로 된 고발의 수신자는 야웨이다. 네 개의 질문 안에는 고난을 경험하는 다양한 영역이 표현되어 있다. 그렇다. 고난을 장애물(Störung)로 느끼는 경험 그리고 삶의 파괴로 느끼는 경험을 표현하고 있다.

고난당하는 자는 가장 먼저 신학적 근거를 바탕으로 고난에 저항한다. 성서의 인간은 자신의 건강과 안녕을 하나님의 가까이 계심으로 이해한다. 성서의 인간은 ‘하나님을 사랑하는 자들에게 모든 것이 최상’이라는 신앙의 증거로 건강과 안녕을 경험한다. 성서의 인간은 ‘하나님의 가까이 계심'이라는 선물을 '그분이 원하시는 길을 가는 것, 그분의 명령과 삶의 규범을 따르는 것'으로 이해한다. 기도와 삶의 현장 속에서 자신을 하나님께 맡기는 것이 복되고 성공적인 삶의 조건이었다. 이것이 이스라엘 사람들에게 기본적인 원칙이었으며 정확히 2절은 이 기본적인 원칙에 관해 탄원하고 있다.

야웨 하나님이 그분의 임재 속에서 그분을 섬기는 자에게 안녕과 삶의 충만함을 보장하신다는 게 기본 원칙이라면, 모든 고난의 형태는 야웨에 대한 의심을 발생시킨다. 그리고 고난당하는 자는 하나님께 저항하게 된다. 여기서 가장 인상적인 것은 그가 자신의 고난을 하나님의 멀리 계심과 어둠 속에 계심으로 느끼는 것이다. 이 시편은 야웨의 구원사와 제의에 관한 전통적인 상투 문구를 계속 사유한다. 그리고 이와 같은 야웨에 대한 문구는 완전히 상반된 두 갈래의 감정을 표현한다. 야웨는 이스라엘이 기억하고 회상하는 하나님이다. 다시 말해 이스라엘은 처음 맺은 관계를 통해 야웨를 가장 절대적인 믿음의 대상으로 이해하며, 고난을 종결시키는 하나님으로 파악한다. 그러므로 이 시편의 시인은 자신이 겪는 고난의 상황과 관련하여 자신을 '잊으신'(비교. 시 10:12) 야웨를 통렬하게 비난하고 있다.

그러나 다른 한편으로 시인은 하나님 야웨를 인간에게 애정을 품으시는 선한 분, 얼굴을 들어 자신을 섬기는 자를 바라보시는 분으로 이해한다. 그렇기 때문에 '하나님의 얼굴을 보다.'라는 표현은 (고난받는 자가) '구원을 받다'와 동의어가 된다. 불행과 고난은 야웨가 그분의 얼굴을 숨기신다는 것을 의미한다. '야웨가 그의 얼굴을 숨기신다.'는 것은 시인에게 여러 가지를 의미한다. 시인은 자신의 고난을 하나님과 자신 사이에 놓인 담 같은 것으로 이해한다. 시인은 하나님이 자신에게서 그분의 사랑을 거두실까 봐 두려워한다. 시인은 하나님의 사랑 없이 삶을 영위할 수 없다. 시인은 자신을 '왕의 얼굴'을 볼 수 없는 자, 즉 왕의 접견이 허락되지 않은 청원인처럼 느낀다. 시인은 왕이 자신의 고난을 알고 도와줄 것이라 소망해봤자 소용없다고 느낀다.

이것이 시인의 상황이다. 그럼에도 불구하고 그는 이와 같은 자신의 상황과 타협하기를 원하지 않는다. 그래서 '어느 때까지입니까?'라는 '비난 섞인 질문' 형식을 택하여 탄원한다. 이 질문은 모든 힘을 쏟아버려 더 이상 버틸 수 없다는, 고난받은 자의 기진맥진한 상황을 표현한다. 다른 한편으로는 저항의 질문을 집요하게 이어가면서 현재와 같은 상황이 더는 지속될 수 없다는 것을 명백하게 드러낸다. 이 질문은 하나님이 고난받는 자의 하나님으로 인정받을 수 있는 시간이 더는 없다는 사실을 그분이 인식하시기를 원한다. 고난당하는 자가 행복에 대한 권리를 되찾도록 하나님이 실제적으로 일해주시기를 시간적으로 압박한다.

고난당하는 자의 이 질문은 야웨 하나님의 일하심과 고난의 상황 사이에 있는 실존적 모순을 비난한다. 고난당하는 자의 이 질문은 고난의 상황에서 야웨가 자신을 붙잡아주시지 않는 것처럼 보일지라도 그분을 절대적으로 의존하기 원하는 시인의 확고한 결심에서 출발한다. 인간은 야웨에 대한 근본적인 믿음 없이 삶을 영위할 수 없다. 시인은 이와 같은 근본적인 믿음에 뿌리를 깊이 내리고 하나님을 절대적으로 의존하며 그분의 간섭을 강요하고 있다. 이것은 성서에서 가장 깊은 탄원의 역동성이다. 이 탄원은 하나님이 부재하시는 것 같은 어둠 속에서 그리고 수수께끼와 같은 상황에서도 그분을 절대적으로 의존하는 것이다. 이 시편의 탄원 속에서 고난당하는 자는 자신의 삶을 위해 하나님과 맞서 투쟁하는 주체가 된다.

하나님을 향하여 여전히 비난을 쏟아내는 세 번째(3a절)와 네 번째(3b절) 질문은 고난의 정신적, 사회적 영역을 표현하면서 하나님의 간섭을 촉구한다. 고난은 삶과 미래에 관심을 갖고 있는 인간인 '나'를, 다시 말해서 나의 '영혼'을 파괴한다. 시인은 3a절(그리고 확장된 3b절)에서 자신에게 닥친 고난을 호소하며 그 원인과 의미에 대해 계속 질문한다. 이 질문은 삶의 의욕을 잃은 채 냉담 속에 있는 그를 억누르고 정신적 힘을 마비시킨다. 그럼에도 불구하고 여기서 비난 섞인 질문인 '어느 때까지, 얼마나 더 오랫동안?'은 개인적인 나의 파멸을 저지하는 길이다. '더 이상 견딜 수 없습니다!'라는 고난당하는 자의 외침은 모든 이데올로기에 대한 저항이다. 고난을 창조 이후에 주어진 삶의 필수적인 것으로 너무나 성급하게 설명하면서 동시에 정신적인 고통과 육체적인 아픔을 부수적인 측면으로 밀어버리는 모든 이데올로기에 대한 저항이다.

우리의 시편 13편은 단호하다. 고난은 삶의 의지와 성실성을 공격한다. 세 번째 질문 "어느 때까지"는 신학적, 목회적으로 감상적인 온화한 노래를 거부한다. 그리고 고난에 대한 경건한 수용과 저항 없이 고통을 감수하는 모든 형식을 거부한다.

네 번째 질문 "어느 때까지"라는 고통이 계속되는 영역을 폭로하고 있다. 고난당하는 자의 고난은 불행과 고통, 질병, 의인화된 악의 힘 등 두려움을 주는 경험과 관련이 있다. 이것은 실제로 원수에게 당하는 고통 혹은 가족이나 친구에게 외면당하는 경험이다. 또한 두려움에 방치되거나 사람들의 적의 혹은 불신을 보게 되는 경험이다. 그것은 정신적인 세계의 악한 힘을 의인화하며, 의인화된 세계에 자신을 투영하여 옷을 입힌 개인적인 두려움일 수도 있다. 사람들은 흔히 고난을 사회적 관계의 파멸로 이해하며 두려워하고 고통스러워하는데, 이는 다음과 같은 이집트 격언에도 잘 표현되어 있다. "불행의 날에 사람은 친구가 없다."

이와 같은 경험은 탄원시편에서 거의 항상 언급되는 원수들과도 관련이 있다. 시편에 나타나는 시인의 원수들에 관하여 거의 100가지의 다양한 명칭이 있다. 키일(O. Keel)의 연구["원수들과 하나님을 부인하는 사람들: 개인 탄원시에 나타나는 적대자들에 관한 이미지 연구"(SBM 7), Stuttgart 1965]는 시인의 원수들을 두 가지 전형적인 모습으로 구분한다. 원수들의 명칭에 관한 키일의 연구에서 첫 번째 유형은 원수의 행위 자체를 윤리적으로 판단하기보다 원수의 적대감을 강조한다. 즉 원수의 위험과 위협을 강조하는데, 우리의 시편에 '원수'(Feinde)와 '적대자'(Widersacher)로 언급되는 부류가 여기에 속한다.

두 번째 유형을 칭하는 대표적인 명사는 '라사'(rasa)이다. 이는 무신론자 그리고 하나님에 대한 범법자를 의미하는 말로, 윤리적인 측면을 한층 더 강조한다. 그들은 하나님을 향하여 적대적으로 악과 폭력을 행하는 자들이다. 그들은 사회적으로 지대한 영향력을 행사하는 고위층 무리로 규정된다. 포로후기 때 약한 이스라엘을 압박하는 민족들 그리고 야웨 종교의 원수가 되는 모든 사람이 이 유형에 속한다.

시편 13편 3c절과 5a절에 나오는 단수 형태의 "원수" 그리고 5b절에 나오는 복수 형태의 "대적들"에 대한 주석은 다양하다. 시인은 많은 원수 중 음모 주동자, 특히 적대적 증오와 위험을 통해서 두각을 나타내는 주동자를 자주 언급한다. 히브리어에서는 단수 형태가 종종 장르의 명칭을 표현하기 때문에 이와 같은 형태의 변화는 양식의 변형일 것이다. 다른 시인의 경우는 이를 통해서 다양성을 강조하기도 한다. 그러므로 복수 형태이든 단수 형태이든, 다시 말해 그룹이든 개인이든 이 원수는 "특정한 어느 개인이 아니다. 개인 혹은 집단적인 원수 세력은 적대적으로 전면에서 대치하고 있는데, 이러한 적대 세력은 불특정 다수라고 할 수 있다."(O. 키일)

이러한 복수 형태와 단수 형태의 변화는 시편 13편에서 구체적으로 나타난다. 시인이 아무리 많은 원수(그를 압박하고 이용하는 원수, 그를 비방하고 함부로 대하며 무시하고 비웃는 원수, 그를 종속시키고 있는 사람들이나 질병과 불행, 악령과 죄 등등)에 둘러싸였다고 할지라도 고대 근동의 사고로는 이 모든 것이 하나로, 즉 많은 얼굴을 가진 하나의 커다란 원수로 종합된다. 고난당하는 시인에게 불행은, 이미 승리를 드높이며 시인 앞에 서 있는 '기세등등한' 원수의 공격이다. 원수는 시인을 향해 "내가 그를 이겼다!"라고 말할 준비가 되어 있다.(5a절) 또한 시인은 이 원수가 언제나 구체적으로 행하는 것, 곧 4c절에서 언급되는 원수의 선언을 고난으로 경험한다. 원수의 선언은 삶의 한가운데서 경험하는 파괴적인 힘으로 '죽음'을 의미한다.(5b절에서 시인의 불행을 기뻐하는 대적들은 '동맹자들'이다.)

물론 사람이 성서에서 이야기하는 것처럼 풍요로운 삶을 누리다가 늙고 기운이 다하여 죽게 된다면 그러한 죽음은 '원수'로 경험되지 않는다. 그러나 질병, 불행, 전쟁, 죄와 혐의 등으로부터 위협과 공격을 받으며 짧은 생을 마감하게 된다면 그러한 죽음은 '원수'로 경험된다. 병든 자들은 죽음의 문턱에서 탄원한다. 사람들은 불행이 닥칠 때 적대적인 죽음의 발톱 아래 놓여 있다고 생각한다. 그와는 달리 행복을 되찾거나 구원을 경험한 사람들은 자신이 '죽음에서' 구원받았다고 말한다. 혼돈의 세력인 죽음은 인간의 원수일 뿐만 아니라 하나님의 원수이다. 그러므로 '어느 때까지 나의 원수들이 나에 대하여 승리의 노래를 부르도록 허락하실 것입니까?'라는 질문은 하나님을 직접 겨냥하고 있다. 죽음의 공격은 생명을 사랑하시는 하나님(지혜서 11:26)의 권능에 대해 회의적인 질문을 필연적으로 동반하기 때문이다.

둘째 연(4a-5a절)은 고난을 끝내달라는 청원이다. 이 청원은 탄원시편의 구조와 사건의 구성에서 매우 중요한 요소이다. 이 청원에서 고난당하는 자는 자신 곁에 가까이 계신 하나님께 질문한다. 하나님이 자신의 고난을 막을 수 있을 뿐만 아니라 막아주실 것이라고 확신하기 때문이다. 탄원은 매우 강하게 정의를 내세운다. 야웨가 가난한 자와 억압당하는 자의 변호인이 되셔서 고난의 상황을 통제할 수 없는 것[2]을 정의에 대한 공격으로 폭로한다. 반면에 청원은 야웨의 사랑과 믿음에 기초한다. 탄원시편의 청원이 거의 독점적으로 야웨께만 향하고 있다는 사실을 우리는 주목할 수 있는데, 이는 한편으로 청원이 기도의 상황과 연관된다는 것을 말해주며 다른 한편으로는 탄원시편의 근본적인 삶의 자리를 생각하게 한다. 청원 예배에 참석하는 자들은 청원하는 자 뒤에서(ipso facto) 간접적으로 언급되는데 사실상 이들은 청원하는 자가 고난을 극복하도록 힘을 합해 돕는다. 물론 공동의 청원 예식과는 상관없이 그들은 이미 고난당하는 자에 대한 연대감을 갖고 있다.

대부분의 탄원시편처럼 시편 13편에도 청원의 요소에 관한 자료가 많이 나타나 있지 않다. 특별한 상황을 묘사하는 자료가 거의 나타나지 않기 때문에 시인 자신을 표현하는 다양한 실체는 미해결 부분으로 남겨둔다. 이와 같은 독특성은 많은 시인이 한 것으로 시편의 특징적 형식의 결정체이다. 다른 시편처럼 이 시편의 둘째 연에는 원수들에 대한 어떤 저주나 원수의 멸망에 대한 소원도 나타나지 않기에 우리는 원수의 멸망을 추론하여 해석할 수밖에 없다.

세 번의 명령형은 견디기 힘든 지속적인 고통을 다시 한 번 강조하는 간절하고도 절실한 청원이다.(이미 탄원 부분에서 강조) 이 명령형은 고통의 징후에 관해 악평하는 것은 아니다. 첫째 연 2a절과 2b절에 한 번씩 나오는 "어느 때까지"라는 질문이 보여주는 것처럼 고난의 깊

2 다른 번역을 참고하면, 야웨가 가난한 자와 억압당하는 자의 변호인으로서 고난의 상황을 통제할 수 없는 가능성을 정의에 대한 공격으로 폭로한다.

은 심연을 겨냥하고 있다.

"고난당하는 자의 고난은… 극복될 수 있다. 하나님께서 그에게 다시 은혜를 베푸신다면 모든 것이 제자리로 돌아오고… 하나님이 다시금 그를 바라보고 그에게 귀를 기울이신다면 모든 것이 선하게 제자리를 찾을 수 있다."(C. 베스터만) 4a절은 서론적인 청원의 기능을 한다. 두 번의 명령형은 고난당하는 자가 이해하고 받아들이고 믿을 수 있는 하나님 야웨의 애정을 경험하게 해달라는 간구이다. 세 번째 명령형인 4b절은 구원과 도움에 대한 실제적인 청원이다. '내 하나님이여, 나의 눈을 밝히소서!' 대다수 주석가의 생각처럼 이것은 안질로부터 치유해달라는 청원이 아니며 또한 어두운 마음이 치유되기를 원한다는 은유적인 표현도 아니다. 이 청원은 지치고 연약하며 노화된 눈을 언급하는 구약성서적 배경을 근거로 해야 이해될 수 있다. 이 청원은 죽음에 이르는 질병과 삶의 용기에 대한 상실과 생명력의 소멸에 관한 은유로 이해될 수 있다. 예를 들어 이와 동일한 은유는 시편 6편 7절, 38편 10절, 예레미야애가 5장 17절이다.

> 이러므로 우리의 마음이 피곤하고 이러므로 우리 눈들이 어두우며 시온 산이 황폐하여 여우가 그 안에서 노나이다(애 5:17-18)

> 내 심장이 뛰고 내 기력이 쇠하여 내 눈의 빛도 나를 떠났나이다(시 38:10)

이 구절은 생명력과 삶의 기쁨이 되돌아오면 눈이 다시 밝아지며 빛을 낼 것이라는 사실을 은유한다.(삼상 14:27, 29에서 요나단이 꿀을 먹었을 때 그의 지친 눈은 다시 빛을 내기 시작한다.) 신명기 34장 7절은 "모세가 죽을 때 나이 백이십 세였으나 그의 눈이 흐리지 아니하였고 기력이 쇠하지 아니하였더라"라고 말한다. 에스라는 그의 회개기도에서 바빌론 포로의 종결을 이야기하며 다음과 같은 긍정적 은유로써 표현한다. "이제 우리 하나님 여호와께서 우리에게 잠시 동안 은혜를 베푸사 얼마를 남겨 두어 피하게 하신 우리를 그 거룩한 처소에 박힌 못과 같게 하시고 우리 하나님이 우리 눈을 밝히사 우리가 종노릇하는 중에서 조금 소생하게 하셨나이다."(스 9:8) 이 간청은 삶의 의지와 생명력을 회복하기 위한 기도이다. 야웨는 고난받는 자를 그의 삶의 강렬함 속으로 다시 이끌어야 한다. 이를 통해서 죽음은 그 파괴적인 힘을 잃게 된다. 빛이 어둠을 몰아내는 것처럼 야웨가 빛과 생명의 원천으로 임하시는 곳에는 죽음의 그늘이 차차 사라진다.

시편 13편 4c절과 5a절은 목적을 나타내는 두 개의 부정 문장(~하지 않기 위해서)으로 이뤄져 있다.[3] 이를 통해서 시편의 기도자는

---

3 우리말 개역개정 성서는 4c절과 5a절을 다음과 같이 번역했다.

4c 두렵건대 내가 사망의 잠을 잘까 하오며
5a 두렵건대 나의 원수가 이르기를 내가 그를 이겼다 할까 하오며

이 번역은 히브리어 성서에 나타나는 '목적을 나타내는 두 개의 부정 문장'의 특징을 살리지 못하고 있다. 히브리어 성서의 본문을 사역하면 다음과 같다.

야웨의 간섭을 촉구한다. 목적을 나타내는 이 두 개의 부정 문장은 야웨께서 다음과 같은 사실을 인식하도록 시도하고 있다. 즉 시인의 운명에서 '야웨의 간섭'이 문제의 전부가 아니며, 야웨의 존재와 그의 영향력이 위험에 처해 있다는 점이 문제라는 사실 말이다.

물론 이 두 문장은 이미 삶에 대한 시인의 의지와 회복을 목적으로 하고 있다. 하지만 시인이 드리는 기도의 주제는 근본적으로 '고난의 끝'이 아니라 시인의 소망이다. 시인은 야웨가 자기 삶의 원천이 되기를 소망한다. 이 시편에서 시인의 소망이 완성되지는 않지만 그는 셋째 연에서 여전히 자신의 미래를 소망하고 바라보는 역동성을 표현한다.

이 시편은 가족 공동체에서 이뤄지는 청원 예배의 쉐마, 즉 관례적이며 공적인 과정을 반영한다. 이 과정에서 예식을 진행하는 자(예언자, 제사장)는 하나님의 위로를 그들의 말로 전한다. 그리고 우리가 앞에서 본 것처럼 이 부분 뒤에 신앙고백과 감사 찬양이 이어진다. 이 요소들이 셋째 연에 잘 나타나 있다.

셋째 연(5b-6c절)은 대조적 평행법을 보여주는 신앙고백으로 시작된다. 시인은 그가 두려워하던 원수들로부터 불완전하게나마 부분적으로 독립을 발견한다. 우리는 본문에서 그들이 실제적인 원수인지 또는 그의 상상 세계에 존재하는 원수인지를 결정할 수 없다. 어쨌든

4c 내가 사망의 잠을 자지 **않기 위해서**
5a 나의 원수가 "내가 그를 이겼다."라고 말하지 **않기 위해서**

명확한 것은 고난당하는 자가 원수들의 행위를 통해 인격적 고립과 몰이해를 경험한다는 사실이다. 그렇다. 그의 주변인들은 고난받는 자를 그저 평화를 깨뜨리는 자로만 간주한다. 이것은 너무나 자주 발생하는 일이다. 그의 주변인들은 고난당하는 자에게 동정심을 갖지 않는다. 오히려 고난당하는 자를 피하고 싶어 한다.

고난당하는 자는 그의 불행한 운명을 도리어 기뻐하며 환호를 쏟아내는 사람들의 악한 행위를 경험하는데, 5b절에는 시인의 그러한 경험이 언급되어 있다. 즉 시인은 자신의 불행을 기뻐하는 원수들의 협의에 관해 이야기한다. 여기에는 예전 친구들이 갑자기 원수가 되어버린 경험도 숨겨져 있다. 고난당하는 자나 병든 자는 더는 이전 친구들의 모임에 속할 수 없고 그들로부터 소외당한다. 이전 친구들은 병든 자를 방문하여 악의적으로 충고하며 고난당하는 자를 괴롭힌다. 고난당하는 자는 그들의 행위(그들이 그들 편에서 고난당하는 자를 이해하는 행위)를 '공격'으로 경험한다. 병든 자들과 고난 가운데 있는 자들의 고백을 통해 우리는 그들의 현실과 환상과 투영이 언제나 서로 융합한다는 사실을 알 수 있다. '내가 흔들린다.'는 표현은 '나는 이미 혼돈과 죽음의 세력 속에 있다.'는 것을 뜻한다. 시편은 고난당하는 자들이 경험하는 이 두려움과 환상과 투영을 의식에서 무의식 세계로 쫓아내지 않고 그대로 드러낸다. 이것은 고난당하는 자들을 마비시키는 이러한 '투영'으로부터 그들을 해방하기 위해서 그리고 그들을 신앙고백으로 안내하여 새로운 삶의 용기를 찾게 하기 위해서이다. 그들이 언제나 생각하고 말하는 것은 "나는 오직 주의 사랑을 의지하였나이다."(6a

절)이다.

히브리어에는 '신뢰하다'를 표현하는 두 개의 동사가 있다. 하싸(חָסָה)와 바타(בָּטַח)이다. 두 동사는 서로 다른 의미를 갖고 있으므로 주의해야 한다. 동사 하싸는 신뢰를 얻기 위해 노력하는 '과정'을 표현한다. 더 나아가 쉽게 흔들릴 수 없는 결심을 전제로 하는, '신뢰로의 드라마틱한(극적인) 피난'을 표현한다. 우리는 이 동사를 '자신을 숨기기 위해 피난처를 찾는다.'고 번역할 수 있다. 이와는 달리 6a절에 나타나는 동사 바타는 과정보다 '결과'를 표현한다. 이 동사는 신뢰의 확고함을 말한다. "의미상 자신의 원수들이 사라졌기 때문에 사람들이 안전하다고 느끼며 쉬는 상태이다."(K. 세이볼트) 이 동사는 흔들리지 않는 확신에 찬 정신적 측면을 의미하며, 5b절에 언급된 '흔들림'과 반대되는 상황을 표현한 것이다.

고난당하는 자는 (흔들리지 않는) 바위 위에서 평강을 발견한다. 혼돈의 중심에서 그를 견고하게 지켜주는 바위는 야웨의 헤세드, 곧 야웨의 인애하심이다. 헤세드는 사람뿐 아니라 하나님에게서 강하게 표출되는 특징이 있다. 헤세드는 다른 사람의 생명을 구원하고 지원하는 자발적 연대감이다. 이 연대감 안에서 인간은 인간적 존재로서 힘을 다하고 하나님은 그분의 입장에서 신적 존재로서 힘을 다하신다. 야웨가 고난당하는 자를 돕고 구원하며 그의 가장 깊은 곳에 생기를 주신다는 사실, 야웨는 한번 맺은 관계를 결코 포기하지 않으시는 하나님이라는 사실이 신뢰의 기본이다. 이 신뢰에 근거하여 시편 13편의 시인은 자신의 고난에 도전한다.

시인은 고난당하는 자를 사랑하며 그와 가까이 있기를 원하는 분으로 하나님을 바라본다. 그는 하나님을 신뢰함으로써 자신의 삶이 고난으로 점철되지 않기를 확고하게 기대하려고 한다. 무엇보다도 이 시편은 야웨를 탄원하는 자의 구원자로 증명하기를 소망한다. "나의 마음은 주의 구원을 기뻐하리이다." 3c절과 5a절을 자세히 보면, '구원'(Nomen)의 행위가 필연적으로 소환되고 있다는 것을 알 수 있다. 야웨의 구원 개입은 무엇보다 전쟁에서(백성을 구원하심) 그리고 재판절차에서(개인을 구원하심) 나타난다. 죽음의 싸움에서 야웨는 승리자이다. 이것을 우리 시편은 확신에 차서 증명하고 있다. 탄원과 청원의 전체적인 역동성은 시인의 죽음의 싸움을 야웨가 마침내 수용하여 대신 싸우는 것을 목적으로 한다. 그 결과 고난당하는 자는 구원을 얻게 되고, 야웨가 죽음을 이기셨다고 고백하며 승리의 환성을 지를 수 있다.

시편 13편은 6b절에서 야웨가 죽음의 전쟁에서 승리를 거둘 것이라는 확신을 고백한 후 6c절에서 야웨를 향한 찬양으로 끝난다. 6c절의 이 찬양은 탄원시편에서 시인에게 요구되는 흥미진진한 길을 요약하고 있다. "이제 시인은 그가 처음에 말한 상황 속에 더 이상 서 있지 않다. 그의 시편은 탄원으로 시작한다. …그러나 그의 시편은 미래를 확신하는 신뢰의 언어로 결말을 맺고 있다. …하나님 앞에서 고난을 탄원하는 자는 (탄원 후) 더 이상 탄원에 머물지 않는다. 물론 이 상태에 이르려면 고난에 대한 토로가 전제된다. 신뢰 가득한 확신은 고난당하는 자가 하나님 앞에서 자신의 마음을 털어놓는 탄원의 언어들을

통해서 일어난다."(C. 베스터만)

6c절에는 야웨께 감사의 노래를 부르겠다는 약속이 표현되어 있는데 우리는 여기 6c절에서 사용된 동사 '완성하다'(גָּמַל, 가말)와 이유를 나타내는 접속사 '왜냐하면'(כִּי, 키)을 통해서 그 이유를 설명할 수 있다. 여기에서 사용된 동사 '완성하다'는 '나에게' 또는 '나에 대하여'(עָלָי, 알라이)를 의미하는 전치사구를 갖는다. 그러므로 이와 같은 문법적인 구조와 특징으로 인해 6c절 후반부를 "그는 나에게 선하심을 행하였기 때문이다."(6c절)라고 번역할 수 있다.[4]

이와 같이 6c절에서 표현된 약속을 재현하는 사람은 당연히 시편의 마지막 부분에 있는 '완성하다'의 신학적인 중요성을 수용한다. 이 동사는 엄밀히 말해 '선하심을 행하다'가 아니라 '실행하다, 완성하다, 행동하다'를 의미한다. 즉 중요한 강조점이 행위의 '선하거나 악한' 가치에 있지 않고 성취된 행위로서의 행함에 있는 것이다.

시인은 야웨가 권능을 행하며 그분의 모든 뜻을 완성하신다는 것을 정확하게 인식하고 있다. 이 주제는 욥기 1장 21절("주신 이도 여호와시요 거두신 이도 여호와시오니")에도 언급된다. 하늘 그리고 땅 위에서 그분의 뜻이 이뤄지는 것, 이것이 시편에서 말하는 삶의 희망이다.

4 우리말 개역개정 성서에서는 "은덕을 베푸심이로다"라고 옮겼다.

시편 30편

2a 여호와여, 내가 주를 높일 것은 주께서 나를 끌어내사

2b 내 원수로 하여금 나로 말미암아 기뻐하지 못하게 하심이니이다.

3a 여호와 내 하나님이여!

3b 내가 주께 부르짖으매 나를 고치셨나이다.

4a 여호와여, 주께서 내 영혼을 스올에서 끌어내어

4b 나를 살리사 무덤으로 내려가지 아니하게 하셨나이다.

5a 주의 성도들아, 여호와를 찬송하며

5b 그의 거룩함을 기억하며 감사하라.

6a 그의 노여움은 잠깐이요,

6b 그의 은총은 평생이로다.

6c 저녁에는 울음이 깃들일지라도

6d 아침에는 기쁨이 오리로다!

7a 내가 형통할 때에 말하였나이다.
7b "나는 영원히 흔들리지 아니하리라!"
8a 여호와여, 주의 은혜로
8b 나를 산같이 굳게 세우셨더니
8c 주의 얼굴을 가리시매
8d 내가 근심하였나이다.

9a 여호와여, 내가 주께 부르짖고
9b 그리고 나의 하나님(당신)께 은혜를 간구하기를
10a "나의 피가 무슨 유익이 있으리요?
10b 내가 무덤에 내려갈 때에
10c 진토가 어떻게 주를 찬송하리이까?
10d 주의 진리를 선포하리이까?
11a 여호와여, 들으시고 내게 은혜를 베푸소서!
11b 여호와여, 나를 돕는 자가 되소서!"

12a 주께서 나의 슬픔이 변하여
12b 내게 춤이 되게 하시며
12c 나의 베옷을 벗기고
12d 기쁨으로 띠 띠우셨나이다.
13a 내 마음으로 주를 찬송하게 하심이니
13b 이는 (더 이상) 잠잠하지 아니하리이다.

13c 여호와 나의 하나님이여!

13d 내가 주께 영원히 감사하리이다.

개론

이 시편은 죽음의 고난에서 구원받은 자가 하나님께 감사를 고백하는 '개인 감사시'이다. 그는 죽음의 세력에 정복당했던 자신의 생명을 구원해주신 데 대해 감사한다. 생명의 위기와 회복은 그에게 생명에 관한 새 관점을 열어주었고, 이는 하나님에 대한 강렬한 경험이 되었다. 시편 30편의 시인은 자신의 감사를 야웨께 드리는 기도 그리고 야웨를 위한 증언의 형식으로 표현한다.

이 시편의 마지막 절에서 시인은 고난과 구원을 경험하며 다음과 같은 사실을 깨닫게 된다. 즉 야웨께서 시인을 죽음의 세력에서 구원하셨으며 이를 통해 생명의 근원으로 증명되시고 영광을 받으신다는 사실 말이다.

먼저 이 시편의 2-6절은 감사 노래의 일반적인 구성을 보여준다. (1) 감사 선언. 이것은 종종 선취된 감사에 관한 설명과 연결된다.(2절) (2) 회상적 감사. 이것은 고난의 내용과 야웨를 부름 그리고 야웨의 구원 개입에 관한 보고로 이뤄져 있다.(3-4절) (3) 공동체 안으로의 초대. 이는 이미 경험한 하나님에 대한 찬양으로 연결되며 (대부분) 교훈적인 결론으로 이뤄져 있다.(5-6절)

이 시편은 다시 한 번 7절에서 구원의 중요성을 담은 회상적 감사를 이야기한다. 시편의 첫 번째 부분(2-6절)이 구원의 외적인 과정(나를 살리사, 4절)을 강조하는 것과 달리 두 번째 부분(7-13절)은 사건의 내적인 영역을 다루고 있다. 구원받은 자들은 그들의 삶이 감사로 이뤄진 것을 경험한다. 이와 같은 감사의 이야기는 고난(7-8절)과 도움 요청(9-11절) 그리고 구원(12절)의 요소들로 이뤄져 있다. 야웨에 대한 신앙고백과 그의 생명력의 선언은 야웨께서 앞으로 삶을 이루실 것이라는 소망으로 연결되고 구원받은 자들의 이야기로 끝난다.

해석

시인은 하나님을 찬양하겠다는 다짐으로 이 시편을 시작한다. (2절) 그의 다짐에는 성서적 감사의 본질적인 순간이 표현되고 있다. 2a절에서 '높이다'로 번역된 (매우 익숙한) 히브리어 동사는 '호다' (hodah)이다. '호다'는 항상 하나님과 관련해서만 사용되며 감사의 '사건'(Vorgang)을 표현한다. 2a절의 경우 '높이다'(동시에 '찬양하다', '알리다'라는 뜻도 있다.)를 의미함으로써 감사의 사건을 나타내고 있다.

감사하는 자는 무엇보다도 가장 먼저 놀랍고 감격스러운 일을 행하신 하나님을 바라본다. 하나님은 그에게 감사의 대상이다. 그는 단순히 자신에게 주어진 은혜에 감사하는 것이 아니라 은혜를 주신 이와 만날 수 있음에 감사하고 있다. 시인은 그분께 찬양과 감사를 드리기

원한다. 이와 같은 하나님과의 만남 속에서 그가 경험하는 것은 단순한 과거 사건이 아니다. 그가 경험하는 건 지속적으로 영향을 주며 그의 삶 전체를 아우르는(6b절), 그가 가족과 지인들 나아가 공동체 모두에게 선포해야 하는(5절) 현실이다. 그러므로 감사시편은 '사건이 해결되다'라는 말로 규정할 수 있는 일시적인 감사 제의를 위한 기도가 아니다. 감사시편은 삶 전체를 '기적'으로 수용하기 위한 연습이다.(비교. 13d절의 "감사")

시인은 그의 하나님을 야웨로, 즉 삶이라는 선물과 자유를 주신 분으로 경험하는데 이러한 상황은 죽음의 위협에 대한 은유로 표현된다. 이 은유들은 매우 구체적이고 명확해서 두려움과 절망의 긴장감을 생생하게 나타낸다. 또한 이 은유들은 규정되지 않고 개방되어 있기 때문에 인간이 죽음의 세력에 속수무책으로 당하는 다양한 상황을 이야기해준다. 여기에는 우리가 이미 다른 시편에서 말한 질병, 고난, 중상모략과 추격, 억압과 가난, 거부, 죄 등 인간의 삶을 방해하는 현상들이 나타나 있다. 혼란스러운 죽음의 세력과 지옥(지하 세계)이 팔을 뻗어 인간의 삶을 위협한다. 하나님의 살리심(4b절)을 얻지 못한 사람, 즉 생명력과 삶의 용기를 상실한 사람은 성서의 관점에서 '죽음에 이른 것'이다.

시인은 이 사실을 뼈저리게 경험하고 있다. 보다 정확히 말하면 시인은 두 부분(2-6절, 7-13절)에서 두 가지 관점을 고백하며 설명한다. 2절은 첫 번째 영역을 요약하고 있다. 야웨는 지하의 깊은 샘에서 두레박을 끌어올리듯 시인을 죽음의 고난에서 끌어올리셨다. 그는 그를 삼킬 듯한 물에 휩싸이고 죽음의 세력 한복판에 있었다. 그가 있던 깊고 협소한 곳에는 생명의 어떤 공간도 더 이상 존재하지 않았다. 그의 삶은 원수들의 웃음거리가 되었다. 여기서 원수들은 대부분의 시편에서 일반적으로 나타나듯 적대적인 삶의 세계와 시인 개인의 두려움이다. 이 두 가지는 시인을 속수무책의 상황으로 몰아간다. 그러나 하나님은 시인을 이 상황에서 해방하신다.

시인은 3-4절에서 은유법을 사용하여 감사할 이유를 설명한다. 그리고 그가 어떻게 야웨를 '자신에게 애정을 기울이시는 하나님'(나의 하나님)으로 경험했는지를 다시 한 번 은유법으로 고백한다. 그 은유는 다음과 같다. (1) 야웨는 치료의 능력이 있는 선한 의사로서 그를 치료하신다.(3b절) 다시 말해 야웨는 시인이 겪는 죽음의 위협을 소멸할 뿐 아니라 그에게 새로운 삶의 가능성을 허락하심으로써 그를 회복시키신다. (2) 야웨는 이스라엘을 애굽에서 이끌어내신 하나님으로서(4a절) 그를 지옥과 죽음의 종살이로부터 해방하실 수 있다. (3) 야웨는 창조주로서 죽은 자를 다시 살리실 수 있다. 그를 어두운 감옥과 같은 무덤에서 일으키심으로써 말이다.(4b절) 모든 생명이 그분의 선물이다.

시인은 그러한 하나님을 공개적으로 고백하고 찬양하기 원한다. 그리고 야웨를 신뢰하는 자들에게 노래로 이 신앙을 고백하고 하나님(그분의 이름인 '여호와')을 회상하라고 요청한다.(5절) 그에게는 죽음의 위협을 견뎌낼 수 있는 삶의 통찰이 있다.(6절) 인간의 삶은 좌절의 삶이다. 아픔과 눈물이 있다. 저녁과 밤이 있다. 다시 말해서 불행과 두

러움의 시간이다. 그러나 동시에 그리고 최종적으로 하나님의 임재를 경험하는, 기쁨에 찬 환호가 존재한다. 떠오르는 태양처럼 밝고 따뜻한 아침이 있다. 하나님의 진노와 숨어 계심과 심판은 우리 삶을 아우르고 변화시키는 그분의 자비에 비하면 단지 '순간'일 뿐이다.(짧고 또 무겁지 않다.)

시인은 자신에게 닥친 것을 한 번 더 되돌아보며 표면적인 자기 신뢰를 고백한다.(7절) 적어도 시인은 건강, 성공, 행복을 당연한 것으로 여겼다. 더욱이 그것을 자신의 능력으로 실현했다고 생각했다. 지옥이 갑작스럽게 손을 뻗을 때까지 말이다. 하지만 이제 시인은 이러한 축복이 하나님에게서 온 은혜의 선물임을 알고 고백한다. 하나님은 그를 든든한 산 위에 세우셨다.(8ab절) 그래서 혼돈의 홍수 세력이 그를 정복하지 못한다.(이러한 관점은 특히 시 46편에서 찾아볼 수 있다.)

또한 시인은 불행이 갑자기 들이닥친 것은 야웨께서 그분의 얼굴을 자신에게서 돌리셨기 때문이라는 것을 안다.(8cd절) 시인은 저돌적이고 과격하게 고통과 고난의 근원을 하나님에게로 거슬러 올라가 찾는다.(비슷한 내용으로는 시 104:29과 욥 1:21이 있다.) 이것은 시인이 자신과 청중 그리고 함께 기도하는 자들에게 인식시키는 삶의 현실이다. 야웨가 은혜로 사람들을 지켜주시면 그들은 의지할 곳을 갖는다. 하지만 야웨가 노하시면 그들은 좌절한다. 즉 무덤으로 내려가게 된다.

시인은 다음 사실을 더욱더 깊이 알고 고백한다. 야웨는 그분의 화내심을 후회하기도 하신다.(비교. 호 11:9) 야웨는 "자비롭고 은혜롭고 노하기를 더디하고 인자와 진실이 많은 하나님"이시기 때문에(출

34:6) 우리의 마음을 감동시키고 우리의 청원을 들어주신다. 야웨는 '홀로 그리고 자신 안에서' 존재하기를 원하지 않으시며, 자신을 증명하고 현현하기 원하신다. 고난 중에 있는 시인은 이와 같은 하나님 이해에 근거하여 호소한다. 말하자면 이것은 하나의 논증이다. 이 논증으로 하나님을 '공격'하고 있는 것이다.(9-11절) 피가 멈추고 휘날리는 진토처럼 되어버린 죽은 자는 이 땅에서 하나님이 삶(생명)의 원천임을 증언할 수 없다. 오직 살아 있는 자만이 가능하다. 무엇보다도 삶이 선물이라는 것을 실제로 경험한 사람들만이 가능하다. 그들은 죽음의 물결에 휩쓸릴 때 하나님만이 삶의 원천임을 경험했기 때문이다.

12절에서 시인의 이러한 경험은 두 가지 대조적인 은유를 통해 요약된다. 불행으로 인해 베옷을 입은 죽은 자의 탄원은 돌연 축제에서 춤을 추는 기쁨으로 바뀐다. 마치 고된 추수를 마친 후 또는 잦은 전쟁을 치르고서 춤을 추듯 말이다. 야웨는 그가 입고 있던 베옷이라는 결박을 풀어주셨다. 그리고 반짝이는 기쁨의 띠로 둘러진 옷을 그에게 입혀주셨다. 이것은 자비로운 아버지 비유(비교. 눅 15:11-32)에 나온 것과 비슷한 경험이다. 죽음에서 회복된 삶은 견고해진다. 이러한 경험을 뚜렷이 떠올리는 자는 가슴에 생명이 충만해져서 더 이상 잠잠하게 머물 수 없다. 그는 자신에게 삶(생명)을 선물하신 하나님을 위해 날마다 증인이 된다.(13절)

이 시편은 이후에 첨가된 '성전 낙성가'라는 제목에서 알 수 있듯이 기원전 164년 마카베오혁명 이후에 성취된 '성전 정화'를 기리는 하누카의 축제시편이 되었다. 그리고 해마다 이 경축일 축제 때 읽혔다.

이 시편에서 '나'는 이스라엘 백성으로 이해된다. 미드라쉬 테헬림이 지적하고 있는 것처럼 이 시편은 포로기부터 기원전 2세기경 셀레우코스가의 압박으로부터 해방되기까지의 이스라엘 역사를 반영하고 있다.

초기 교회는 이 시편을 부활절 전야 성찬 예배에 사용했다. 그 외에 이 시편에 관한 5세기 초 자료가 예루살렘에 존재한다. 저녁 예식을 위해 모인 공동체는 6절에 표현된 내용, 즉 저녁에는 눈물, 아침에는 기쁨을 실천했다. 그들은 무엇보다도 4절의 기도가 예수의 입에서 고백되는 것을 들을 수 있었다. "나는 죽었습니다. 당신은 나에게 생명을 다시 주셨습니다. 내가 주께 영원히 감사하리이다!" 초기 교회는 이처럼 시편의 결론적인 핵심어를 자신의 신앙으로 고백하고 있다.

시편 40편

2a 내가 여호와를 소망하고 소망하였더니

2b 나에게 귀를 기울이사
2c 나의 부르짖음을 들으셨고
3a 나를 소멸의 웅덩이와
3b 수렁에서 끌어올리시고
3c 내 발을 반석 위에 두사
3d 내 걸음을 견고하게 하셨도다.
4a 새 노래를 내 입에 두셨으니
4b 곧 우리 하나님께 올릴 찬송이로다.
4c 많은 사람이 보고 두려워하여
4d 여호와를 의지하리로다.

5a 여호와를 의지하는 자는 복이 있도다.
5b 교만한 자와 거짓에 치우치는 자를 돌아보지 아니하는 자.

(교만한 자와 거짓에 치우치는 자를 돌아보지 아니하는 자는
복이 있도다.)
6 여호와 나의 하나님이여, 주께서 행하신 기적이 많고
우리를 향하신 주의 생각도 많습니다.
누구도 주와 견줄 수가 없나이다!
내가 널리 알려 말하고자 하나
너무 많아 그 수를 셀 수도 없나이다.

7a 당신은 제사와 예물을 기뻐하지 아니하시며
당신이 귀를 파고 내게 들려주셨나이다.
7b 번제와 속죄제를 당신은 요구하지 아니하시나이다.

8 그때에 내가 말하기를 "보소서, 내가 왔나이다.
나를 가리켜 기록한 것이 두루마리 책에 있나이다!
9 나의 하나님이여, 내가 주의 뜻 행하기를 즐기오니
주의 법이 나의 심중에 있나이다.
10 내가 많은 회중 가운데에서 의의 기쁜 소식을 전하였나이다.
보소서, 내가 내 입술을 닫지 아니할 줄을 주께서 아시나이다."
11 여호와여, 당신은 알고 계시나이다.
나는 주의 공의(구원의 행위)[5]를 내 마음(깊은 곳)에 숨기지

---

5 쨍어는 '공의'에 해당하는 히브리어를 '구원의 행위'로 번역한다.—옮긴이 주

아니하였나이다.
주의 성실과 구원을 선포하였으며
내가 주의 인자와 진리를 많은 회중 가운데에서 감추지
아니하였나이다.
12 여호와여, 주의 긍휼을 내게서 거두지 마소서.
주의 인자와 진리로 나를 항상 보호하소서.

13 수많은 재앙이 나를 둘러싸고
나의 죄악이 나를 덮치므로 우러러볼 수도 없으며
죄가 나의 머리털보다 많으므로 내가 낙심하였음이니이다.
14 여호와여, 허락하소서. 나를 구원하소서!
여호와여, 속히 나를 도우소서!
15 내 생명을 찾아 멸하려 하는 자는 다 수치와 낭패를 당하게 하시며
나의 해를 기뻐하는 자는 다 물러가 욕을 당하게 하소서.
16 나를 향하여 "하하 하하" 하며 조소하는 자들이
자기 수치로 말미암아 놀라게 하소서.
17 주를 찾는 자는 다 주 안에서 즐거워하고 기뻐하게 하시며
주의 구원을 사랑하는 자는 항상 말하기를
"여호와는 위대하시다!" 하게 하소서.
18 나는 가난하고 궁핍하오나 나의 주께서는 나를 생각하십니다.
주는 나의 도움이시요, 나를 건지시는 이시라.
나의 하나님이여, 지체하지 마소서.

개론

시편 40편에는 죽음의 위협에서 구원해주심에 감사하고, 삶과 정신의 지주이신 야웨께 신뢰를 고백하고, 불행과 죄로 인한 무거운 짐을 벗게 해달라고 탄원하며, 하나님이 지체 없이 간섭하여 해방해주시기를 간청하는 등 인간 삶의 모든 역동성이 농축되어 있다. 엄밀히 말해서 이 시편은 '시편들의 합성'이다.

시편 40편은 독립적인 두 개의 시편으로 구성되었다. 우리는 시편을 구성하는 연을 새롭게 확장하여 찬양을 만들기도 하는데, 이처럼 시편의 시인들도 (특히 구약성서 후기에) 이미 주어진 시편에 감동하여 본래의 시편을 확장하곤 했으며 이는 놀랄 일이 아니다. 때로 어떤 시편에서는 몇 개의 행에 단순한 언어적 변화를 주기도 하고(비교. 시 115, 135-136편) 때로 다른 시편의 본문을 부분적으로 수용하여 '새로운 시편'을 만들기도 했다.(시 108편은 시 57:7-11과 시 60:5-12을 요약하고 있다.)

특히 시편 40편은 감동적인 합성 기술을 보여준다. 감사시편 40편을 분석해보면 2-3절, 4c절과 4d절, 5절이 이전에 독립적인 짧은 시편이었음을 알 수 있다. 이 짧은 시편들에 4a절과 4b절 그리고 6-12절이 추가됨으로써 '새로운 찬양'으로 확장된 게 시편 40편이다. 또한 이 찬양(시편)에는 다른 탄원시편이나 간청시편의 내용이 단순한 방식으로 보충되어 들어가 있기도 한다. 시편 40편 2-12절은 독립적인 본문으로 전승된 시편 70편(시 40:14-18)과 연결되어 있다. 물론 '원본'인 시편 70편은 40편 14-18절 본문에서 거의 변경되지 않았으며 40편 6-12절과 40편 14-18절 사이의 내적인 연관성은 키워드의 반복적(재귀적) 사용을 통해서 더욱 강조된다.

시편 40편의 이와 같은 성장 역사(여기서는 의미상으로)는 성서적 하나님 이해(성찰)의 생명력을 증거한다. 우리는 시편 40편에 기술된 개인의 구원 사건(감사시편: 2-3절, 4cd-5절)이 이스라엘 구원의 역사와 서로 융화되는 현상을 볼 수 있다. 시인은 2-3절과 4cd-5절에서 자신을 고난에서 구원하신 하나님께 감사의 노래를 부른다. 이어서 6-12절에서는 하나님이 기뻐하지 않으시는 희생제의(7절)에 대해 이야기하고 율법과 토라, 두루마리 책이 그의 심중에 있음(8-9절)을 노래한다. 여기서 시인은 자신의 개인적인 구원 사건을 이스라엘의 구원 역사(희생제의의 상대화, 율법과 토라와 두루마리 책)에 투영하여 성찰하고 감사하며 노래한다. 이처럼 시편 40편은 한 개인의 구원 사건이 이스라엘의 구원 역사와 융화하는 신앙의 현장으로 이곳에서 시인은 하나님의 즉각적인 일하심(시 40:6-12)을 새로운 차원에서 만난다.

야웨께서 개인의 삶과 민족의 역사를 그분의 선함과 성실함으로 지켜주시고 돌보신다는 공식적인 신앙고백은 거듭되는 고난과 죄 가운데 있는 자들을 새로운 확신으로 이끌어준다.(시 40:14-18) 이러한 신앙고백 속에서 고난받는 자들은 그들의 고난과 죄가 계속해서 동일한 상태로 개인과 공동체에 머물지 않을 것임을 확신한다. 성서의 하나님께서 그분의 선택이 기본적으로 억압받는 자와 가난한 자를 위하고 있음을 계시하시기 때문이다. '감사-신앙고백-탄원-청원'의 순서를 가진 이 시편은 일반적인 탄원, 감사 고백의 주제(비교. 시 22편)와 구별된다. 이 사실에 비춰 우리는 시편 40편이 실제적인 기도의 체험과 그 가치를 담고 있다고 이해할 수 있다. 인간은 언제나 하나님을 향해 청원하며 그 청원은 기본적으로 하나님의 자비에 뿌리를 둔다. 신학적으로 말하면 은총은 언제나 인간의 삶을 붙든다. 하나님을 향한 인간의 모든 걸음은 언제나 우리를 지키고 인도하시는 그분의 손에 붙들린다.

시편의 신학과 언어는 포로기와 포로기 이후의 시간을 보여준다. 이 시편에서 하나의 '작은 감사시편'이 되고 있는 시편 40편 2-5절은 예언자 예레미야의 일생과 네 번째 하나님의 종의 노래, 이사야 52장 13절부터 53장 12절에 의해서 고무되며, 결론에 해당하는 축복송(5절)은 필연적 소망으로 새로운 시작을 노래한다. 기원전 587년의 재앙 속에서 시인은 '새로운 시작'을 새로운 신들, 곧 이방신이나 세상 권력이 아니라 야웨에게서 찾으라고 요청한다. 시편 40편 6-12절의 '새 노래' 형식은 예레미야 31장 31-34절에 나오는 '새 계약'을 열정적으로 발산한다.(비교. 겔 36:16-28) 시편은 심중에 있는 토라를 언급하면서 성전과 토라를 넘어서는 하나님의 직접적인 임재를 강조한다. 이를 통해 우리는 이 시편이 예루살렘 예배 공동체와 (제물 없이 예배를 거행하던) 디아스포라 예배 공동체 모두의 기도였다는 사실을 알 수 있다.

우리는 이 시편을 점점 (신학적·정치적 이유에서) '성전 예배'를 반대하는 집단의 기도로 생각할 수 있다. 시편 40편은 이와 같은 견해를 최소한 14-18절의 삽입과 또 한 번의 편집을 통해서 잘 지적하고 있다. 시편 40편 14-18절은 삽입된 부분으로 '억압받는 자와 가난한 자'(18절)의 간청이 그 내용이다. 시편 40편 14-18절이 목적을 가지고 수용된 본문(시 70편!)이라는 사실은, 40편 14-18절이 개인 전기에 관한 표현이 아니라 오히려 집단의식의 표현으로 이해될 수 있음을 말해준다.

이와 같은 형태 속에서 이 시편은 야웨의 신속한 구원을 요청하는 소수 사람들의 기도 그리고 구약성서 후기 이스라엘의 기도가 되었다. 이들의 기도는 "야웨가 이스라엘 백성의 고난을 알고 계시며 이스라엘은 그분의 백성이 된다."라는 중요한 전승과 일치한다.(비교. 출 3:7)

결론적으로 13절은 시편 40편이 다른 시편의 본문들과 지속적으로 연관성을 갖고 편집되어 왔음을 보여준다. (최종적으로) 삽입된 이 구절은 시편 38편 5절과 11절 내용을 계속 생각나게 한다. 우리는 시인이 그 안에 있는 단어들을 가장 쉽게 인식할 수 있는 방식으로 새롭게 조합했음을 알 수 있다.

해석

2-4절에서 4ab절을 제외한 나머지 부분(2a-3d, 4cd절)은 독립된 하나의 완결 본문이었다.("우리 하나님께"라는 표현은 일반적으로 사용된 하나님 이름 야웨와 시인의 '개인적 관계'를 넘어서는 놀라운 표현이라고 볼 수 있다. 시 40:2-4의 내용을 살펴보면, 2-3절은 형식상 순서적으로 바로 뒤에 놓인 4ab절보다 오히려 4cd절과 의미상 깊은 관련성을 가진다.

다시 말하면 2-3절과 4cd절의 깊은 의미상 관련성은 4ab절로 인해 중단된다. 한편 4ab절은 6절과 관련된다!)

이 본문(2-4절)은 감사시편의 주제를 다룬다. 본문의 핵심은 감사에 관한 설명(2b-3d절)이다. 연이어 미래에 대한 소망이 표현된다. 시인을 위한 야웨의 구원 행위는 그 행위의 역동성 때문에 많은 사람에게 인식된다.(4cd절) 이렇게 (4ab절이 빠진) 원래의 시편은 야웨를 '충성 관계로 맺어진, 동행하시는 분'으로 이해하는 축복의 찬양으로 끝난다.(축복 찬양의 기능은 이 책의 3장에 나오는 시 1편을 참조하라.)

이 시편의 시작은 감사시편의 일반적인 형식에서 벗어나 있다. 대개 감사시편은 시작 부분에 선언(비교. 시 30:1) 또는 감사 예물을 드리기 위해 축제에 참여하는 가족이나 지인들을 향한 요청(비교. 시 30:4)이 들어가는데 이 시편은 그렇지 않다. 오히려 야웨에 대한 소망의 고백을 앞에 배치하여 강조한다.(2a절) 바로 여기에 이 작은 시편(2-4절)의 목적이 드러난다. 이 시편은 야웨의 구원 능력에 대한 소망을 확신 있게 전하기 원한다. 그것은 동일한 소망을 갖도록 다른 사람을 격려하기 위함이다. 이 소망은 이 작은 시편의 처음과 끝을 서로 연결하는 '절정'이기도 하다.

시인은 자신의 고난과 야웨의 구원 상황을 입체적으로 표현하기 위해 은유법을 사용한다. 이처럼 입체적 은유로 표현된 상황들의 공통점은 고난받는 자가 자신의 고난을 죽음의 위협으로 생각하고 있다는 점이다. 더럽고 냄새나는 진흙투성이인 깊은 수렁(Grube)은 감옥으로 사용되는 빈 웅덩이(Zisterne)를 암시하고 있다.

예를 들어 우리는 예레미야서에서 정적들이 예레미야를 체포하는 상황을 생각해볼 수 있다. 예루살렘 고관들은 눈에 거슬리는 예언자들이 더 이상 예언할 수 없도록 예레미야 예언자를 근위대 뜰에 있는 웅덩이 속에 던진다. "그 구덩이에는 물이 없고 진창뿐이므로 예레미야가 진창 속에 빠졌더라."(렘 38:6) 웅덩이를 보다 주의 깊게 살펴보면 우리는 구약성서에서 다양하게 제시된 구금이나 고문 방법(비교. 출 12:29, 사 44:22, 슥 9:11, 애 3:53)이 얼마나 잔인했는지를 분명하게 인식할 수 있다.

이 웅덩이는 깊은 무덤의 형태를 띠고 있다. 매우 깊으며, 옆 출입구 없이 오직 위에서만 열 수 있는, 비교적 작은 구멍이 있다. 이 웅덩이에 떨어지거나 던져진 사람은 스스로 나올 수 없었다. 볼록한 큰 병처럼 위는 열려 있지만 내벽을 타고 올라갈 수 없었기 때문이다. 게다가 웅덩이의 바닥에는 심하게 더러운 오물과 진흙이 가득했다. 그곳에 갇힌 사람의 오물까지 더해지면 이루 말할 수 없이 끔찍했다. 이것은 강제수용소의 경악스러운 학대와 고문처럼 인간의 존엄성과 삶의 의지를 주도면밀하고 조직적으로 공격했다.

시인은 이와 같은 파괴적인 죽음의 세력 너머에 야웨가 계신 것을 바라보며 그분을 확고부동하게 붙잡고 있다. 여기서 시인은 야웨에 의해 죽음으로부터 구원을 받는다. 그는 야웨에 대한 믿음을 확고하게 지키며 야웨는 그에게 구원을 통하여 새로운 삶을 선물하신다.

이 시편은 출애굽 전승의 언어를 다시 끄집어낸다. 야웨는 (지하세계에 있는!) 파괴의 무덤으로부터 시인을 인도해내셨다. 이전에 이스라엘 백성을 애굽에서 구원하신 것처럼 말이다. 시인은 3ab절과 3cd 절에서 각각 대조되는 은유로 자신의 경험을 표현하고 있다. 이제 야웨께서 시인의 걸음을 견고하게 하셨기에 그의 길은 가라앉지도, 흔들리지도 않는다.

이 시에는 인간 내부의 가장 깊은 곳에서 솟아오르는, 하나님을 향한 탄원과 소망이 묘사되어 있다. 시인은 모든 소외로부터 해방된다. 그는 존엄성과 자유를 지킬 수 있는 능력을 부여받는다. 그는 하나님 앞에서 그리고 하나님과 함께 자기 삶의 주체가 된다.

시인은 이 작은 시편 곳곳에서 선물로 주어진 해방을 이야기한다. 나아가 해방의 경험을 확신 있게 증언한다. 그렇다. 시인은 그가 있던 이스라엘을 넘어 '많은 사람'에게 증언하고 있다.(비교. 사 52:13-53:12, 사 52:13-53:12은 이사야에 나타나는 네 번째 하나님의 종의 노래이다. 하나님의 종은 멸시와 질고와 고난을 겪는다. 그리고 '많은 사람'이 놀라움 속에서 그것을 목격하게 될 것이다.)

시편 40편의 2-5절과 6-12절은 언어상 그리고 문체상 다양한 면에서 구별된다. 이 단락(시 40:2-12)에서 시인은 7ab절이 말해주는 것처럼 야웨가 구원의 행위를 통해서 고취하신 '새 노래'를 부르고 해석한다. 하나님은 벙어리가 아니시다. 그분은 인간과 대화를 나누시는 분이다. 그분은 사람과 만나신다. 그분은 예언자에게 한 것처럼[비교. '나는 너의(그의) 입에 나의 말을 두었다.'(신 18:18, 렘 1:9)] 시인의 입에 말을 주신다.

그래서 시인은 자신을 구원하신 하나님의 행위를 증언한다. 더 나아가 야웨께서 이스라엘 백성에게 그들 역사의 시작브터 쏟아부으신, 비할 수 없는 구원의 기적과 은혜를 고백하면서 자신에게 베푸신 하나님의 구원 행위를 그 구원 행위 중 일부로 이해하고 증언한다. 그러나 시인은 그 구원 행위만을 증언하지 않는다.(6절) 자신에게 베푸신 하나님의 구원이, 자신과 이스라엘에게 거저 주시는 야웨의 선하심에서 비롯되었음을 또한 증언한다.

하나님은 이스라엘에게 그에 상응한 행위를 기대하며 은혜를 베푸신 것이 아니다. 인간의 어떤 행위도 하나님의 구원의 원인이 될 수 없다. 그뿐 아니라 값비싸고 아름다운 희생제의(7절에서 네 번에 걸쳐 설명되는 제사 방식은 전체 희생제의를 대표한다.)를 야웨께서 '필요로 하거나 원하시는 것'도 아니다. 이처럼 시인은 자신을 구원해주신 하나님에 대한 경험과 하나님 백성의 '역사의 시작'에 관한 성찰을 바탕으로 희생제의를 이해한다.

희생제의에 관한 시인의 이해는 포로기의 재앙으로부터 구원받은 이스라엘 민족의 사건에 대한 깊은 인식이다. 새롭게 하시는 야웨의 애정은 예루살렘 성전 예배를 통해 '봉헌되는 제의'로 인함이 아니라, 야웨의 긍휼과 은혜와 신실하심에서 시작된다.(비교. 12절) 이러한 인식은 이 시편에서 야웨가 '귀를 통하여 들려주신' 계시처럼 간주된다. 야웨는 어떤 대리적 희생물도 원하지 않으신다. 그분은 자신을 위한 이스라엘의 의무적 행위로부터 자유로우시다.

8절에서 시인은 "나를 가리켜 기록한 것이 두루마리 책에 있나이다!"라고 고백한다. 여기서 시인은 제물 대신에 '야웨께서 나를 위해 행하신 행위를 증언할 수 있는 두루마리'를 드린다. 즉 하나님의 구원 행위를 기록한 말씀에 따라 찬양을 드린다. 그리고 새롭게 갱신된 계약에 따라 가슴속에 새긴 규례를 따르겠다고, 그 준비된 마음을 드린다.

그는 하나님을 만남으로써 삶의 변화를 경험하고 새 노래를 공개적으로 부른다. 이렇게 증언되는 야웨의 긍휼은 그의 생애 전체를 보호하실 것이다. 시인은 이 긍휼을 강하게 언급한다.(12절) "개론"에서 간략하게 해석한 것처럼 시인의 확신, 즉 야웨께서 그분의 긍휼로 자신의 생애 전체를 보호하실 것이라는 확신은 시편 40편 14-18절(=시 70편)의 청원 기도와 연결된다. 시인의 확신은 이후 본문에서 6-12절과 관련성을 갖고 여러 변형된 형태로 제시된다. 40편 14-18절의 청원을 시작하는 명령형 "허락하소서"(14절)는 시인의 준비된 마음을 설명하는 9절과 연결된다. "나의 주께서는 나를 생각하십니다."(18절)라는 신뢰의 표현은 이스라엘을 향한(위한) 야웨의 '생각'을 '새 노래'로부터 수용하고 있다.(비교. 6절)

'구원의 행위'를 나타내는 일반적인 히브리어 단어 '예슈아'(יְשׁוּעָה)는 이 시편 본문(11절)에서 '구원'을 표현하는, 의미상 동일한 단어 '테슈아'(תְּשׁוּעָה)로 대치된다. 이 시편은 14-18절을 통해서 전체적으로 가난한 자와 억압받는 자의 기도가 되고 있다. 가난한 자와 억압받는 자는 이 기도를 통해서 권력자의 '조롱과 비웃음'(비교. 16절의 인용구)에 저항한다. 그들은 이 기도를 통해서 야웨가 그들의 하나님 되시며, 그들과 하나님이 운명적으로 서로 묶여 있다는 사실을 기억한다.

시편 40편 7-10절에는 칠십인역의 히브리서 10장 5-10절 내용이

다르게 표현되어 있다. 가령 히브리서 10장 5절 "당신은 나에게 한 몸을 예비해주셨다."가 시편 40편 7절에서는 "당신이 귀를 파고 내게 들려주셨나이다."라고 표현되었다. 히브리서 10장 5절 이후에서 말해주는 것처럼 그리스도가 세상에 오셨을 때 시편 40편 7-10절은 그리스도의 기도로 인용되었다. 여기서 예수의 삶과 죽음은 순종을 통해 성취된 자기희생을 의미한다. 또한 시편에서 선포된 희생제사는 그리스도론을 통해 더욱 그 의미와 가치가 축소된다.

5장

하나님의 백성

실제로 시편에는 구약성서 인물들이 하나님과 맺은 내적이고 개인적인 관계를 증언하는 내용이 담겨 있다. 구약성서의 하나님은 복수의 하나님이고 신약성서의 하나님은 사랑의 하나님이라는 생각은 기독교의 매우 인습적이고 상투적인 생각이다. 이처럼 어리석은 생각은 시편 증언에 의해 모욕을 당하며 동시에 통렬하게 비난당한다.(비교. 이 시편들은 10장에서 다룰 것이다.) 이스라엘 개인 혹은 백성은 하나님과 맺은 사랑의 계약과 부부 계약 관계(비교. 예언자 호세아의 설교)를 통해 자신을 이해한다. 사랑하는 아버지이자 어머니로서의 야웨는 구약성서(uralttestamentlich)에 잘 드러나 있다. 예수의 주기도문 역시 매우 구약성서적이다!

이스라엘은 그들의 존재와 특성 그리고 바탕과 그들의 성취를 하나님 야웨의 은혜로 생각하고 그것을 언제나 반복해서 고백해왔다. 이러한 고백은 역사성을 지닌다. 기원전 13세기 혹은 12세기에 다양한 그룹과 부족이 '이스라엘'로 함께 결속한 것은 그들 모두가 '야웨의 백성'이라는 인식을 가지고 있었기 때문이다. 다시 말해 이스라엘은 출애굽의 하나님이신 야웨의 가족이자 친족이었다. 바로가 그들을 이끌며 지배할 수 없었다. 소수의 부유층과 다수의 소작농 및 수공업자로 구성된 가나안의 봉건적 체제가 그들의 사회형태를 규정하지 않았다. 그들은 하나님 야웨께서 통치하시는 평등한 사회질서를 원했고 그 질서 속에서 삶을 영위했다.

그것은 종교사적으로 볼 때 고대 근동의 정치적 새로움(Novum)이었다. 하나님은 대가족처럼 함께 살아가는 하나의 민족을 형성하셨다. 그들은 피라미드식 왕정도, 성직자 계급 중심의 신정정치도 아니었다. 바로 '형제들로 이뤄진 통합 민족'이었다. 이 민족 안에서 각자는 자신의 생계와 명예를 지킬 수 있었다. 그것은 하나님의 은총이었다! 하나님이 이스라엘의 하나님 되신다는 것은 곧 이스라엘이 그분의 백성이 된다는 것이었다. 그래서 이스라엘은 동맹 예식을 위해 신명기 신학을 마련했다. "나는 너의 하나님이 되고 너는 나의 백성이 될 것이다."(신 26:17 이후에 나타난 주제는 예레미야를 비롯한 구약성서 여러 본문의 모델이 된다.)

이스라엘은 다양한 이유로 당시 다른 국가들과 비슷한 국가형태를 갖춰갔으며 그렇게 예루살렘에 정치조직이 들어서고 예배 중심지가 마련되었을 때 하나님과 이스라엘의 관계 개념은 변경되고 확장되었다. 자신의 백성과 함께 살아온 하나님 야웨는 '그들과 함께, 그들로부터' 현존하기 위해서 특별한 장소를 선택하신 하나님으로 이해되었다. 당시 신학자들은 사실상 가나안과 애굽, 메소포타미아의 사상을 받아들이며 그것에 동화되었다. 고대 근동의 사상이 부분적으로 야웨 종교 속으로 들어와서 다소 변경되기도 했다. 야웨는 '신들의 왕', '온 땅의 왕'이 되었다. 그는 '신의 도시'에서 위대한 왕으로서 거주했다. 작은 신전의 산은 '창조와 세계의 산'으로 이해되었다. 그곳으로부터 평화로운 낙원의 강이 흘러 인간과 온 땅을 행복하게 한다. 가장 높은 분이요, 하늘과 땅의 창조주이자 왕이신 야웨의 도시에서 신비스러운 혼돈의 세력이 전부 파괴된다. 적의 무리의 모든 공격은 그 무리의 신들의 산에서 산산조각으로 부서졌다. 이스라엘은 그들의 구속을 핵심 주제로 삼으며 특별히 '시온'이라는 장소를 선호하는데, 이런 이유로 그들의 신학은 '시온신학'이라고 불린다. 이 신학에서 이스라엘 백성은 특별한 역할을 하지 않는다. 궁극의 왕이신 야웨의 대리인으로서 예루살렘 왕이 중심에 서 있을 뿐이다.

성전은 (비가시적인) 야웨 하나님의 거주지이다. 야웨 성전과 왕의 궁전이 예루살렘에 나란히 건축되었다는 사실 그리고 성전과 궁전의 크기를 비교할 때 성전이 작은 '궁전 예배당'에 어울릴 만한 규모였다는 사실을 미뤄볼 때 우리는 신학적인 관점과 중요도의 변화를 인식할 수 있다. 시온신학이 '민족신학'(Volkstheologie)과 마주보는 위치에 있는 것은 이와 같은 변화를 의미한다.

그러나 두 신학은 무엇보다도 포로기에 들어와 더욱 밀접한 연관성을 갖고 발전해갔다. 시온은 이스라엘 백성이 그들의 민족사를 낭독하고 설명할 때 민족의 역사를 회상하는 특별한 장소가 될 수 있었다. 시온은 예배를 드리고 토라를 배우는 장소였다. 그 후 시온은 점차 이스라엘의 형제애를 나눌 수 있는 전형적인 장소로만 머물지 않고 민족을 위한 장소로 이해되었다.(비교. 사 2:1-5) 산 위의 도시, 그곳은 정의가 빛을 발하여 불의의 어둠을 밝히는 곳이었다.(비교. 마 5장)

우리는 이제 세 편의 시편을 주석하게 된다. 이 시편들은 특별히 짧지만 각각의 성장 역사를 시사하고 있다. 이 시편들은 이스라엘이 시온신학과 민족신학을 통해서 자신을 하나님의 백성으로 이해하려고 노력했음을 드러낸다. 그리고 이를 통해서 의로운 삶의 길, 즉 모든 사람으로부터 정의롭다고 인정받는 그러한 삶의 길을 찾으려고 노력했음을 전형적으로 보여준다.

시편 47편

1 성가대 지휘자를 따라서, 고라 자손의 시

2a 너희 만민들아, 손뼉을 치고
2b 기쁨의 환성을 하나님께 외쳐라.
3a 왜냐하면 가장 높으신 여호와는 두려우시고
3b 온 땅에 큰 왕이 되심이로다.
4a 그가 만민을 우리에게
4b 나라들을 우리 발아래에 복종하게 하시며
5a 우리를 위하여 기업을 택하시나니
5b 곧 사랑하신 야곱의 자랑이로다.
6a 하나님께서 즐거운 함성 중에 높이 올라가심이여
6b 여호와께서 나팔 소리 중에 올라가시도다.

7a 찬송하라, 하나님을 찬송하라!
7b 찬송하라, 우리 왕을 찬송하라!

8a 왜냐하면 하나님은 온 땅의 왕이심이라.

8b '지혜'의 시로 찬송할지어다!

9a 하나님이 뭇 백성을 다스리시며

9b 하나님이 그의 거룩한 보좌에 앉으셨도다.

10a 뭇 나라의 고관들이 모임이여

10b 아브라함의 하나님의 백성과

(아브라함의 하나님의 백성으로서)

10c 왜냐하면 세상의 모든 방패는 하나님의 것임이여

10d 그는 높임을 받으시리로다.

개론

시편 47편의 부제목인 "성가대 지휘자를 따라서, 고라 자손의 시"를 보면 이 시편이 고라 자손과 연관되어 있음을 알 수 있다. 고라 자손은 영향력 있는 지파로, 성전 관리에서 가장 중요한 부분 중 하나인 '출입'을 총괄(대상 9:19)했다.(오늘날 '직업협동조합' 정도에 해당한다.) 민수기 16장에서 설명하는 것처럼 모세와 아론에 반역했던 고라 자손은 제사장 직분을 받으려고 애썼다. 그러나 시편의 편집에서 보여주는 것처럼 그들은 제사장 직분 대신에 예루살렘에서 성전 음악을 담당하는 지도자 역할을 하게 된다.

예루살렘 성전 성가대에는 공식적으로 '합창대'와 '오케스트라'가

서로 경쟁했다. 고라의 자손들과 아삽의 자손들이다. 더욱이 시편은 '노래집'으로 편집되었고 연속적으로 나타나는 시편의 상당수는 두 그룹('자손'에는 '구성원'도 포함된다.)에 귀결된다. 고라 자손의 시편으로는 42-49편과 84-85편, 87-88편이, 아삽 자손의 시편으로는 50편과 73-83편이 전승되었다. 두 시편 그룹은 각각 특별한 신학적 그룹의 특징을 가진다.(고라 자손의 시편은 아삽 자손의 시편보다 특징이 더 강하다.) 하지만 그들은 다양한 면에서 서로 통일성을 가지고 있기 때문에 그들의 공통 근원지를 신학적·예배적 전통에서 찾는 것은 설득력을 지닌다. 무엇보다도 그들은 두 가지 관점에서 일치한다. (1) 그들은 예루살렘 성전을 야웨의 거주지와 큰 축제의 장소로 노래한다. 또한 시온을 야웨가 그의 구원 행위와 공의의 권능을 계시하는 장소로 그리고 신들의 산으로 축하하며 칭송한다. 그들은 시온을 이스라엘뿐만 아니라 온 세상 민족을 위한 하나님의 특별한 계시와 하나님 인식의 장소로 이해한다. (2) 그들은 일차적으로 집단적인 특징을 지닌다. 다시 말해서 '우리' 노래들은 성전에서 '우리 공동체'가 은혜를 경험하는 것에 관해 언급한다. 물론 이와 같은 집단적인 특징은 개인적인 열망을 표현하는 본문(노래, 기도)에서도 나타난다.(예. 시 42-43, 84편)

이 두 시편 그룹은 시편 책의 편집층(참조. 이 책의 2장)에서 핵심인 '다윗 시편'[51-71(72)편]을 둘러싸고 있는 두 개의 표피와 같다. 이것은 시편 42-85편의 다양한 성장과정을 보여준다.(여기서 구체적인 근거를 제시하기는 어렵다.) 아삽 자손은 다음을 통해서 '다윗 시편'인 51-71(72)편을 그들의 찬양집으로 만들었다.

첫째, 아삽 자손의 시편인 시편 50편의 위치는 매우 중요한 의미를 시사한다. 이 시편은 다윗 시편 앞에 단독으로 위치하면서 아삽 자손의 시편의 전체 방향을 제시하며 목표를 설정해준다. 이와는 달리 시편 73-83편은 아삽 자손의 시편의 '끝을 장식하는 결론'이다.(비교. 시 50편과 83편 사이의 신학적 주제의 관계!) 아삽 시편은 고라 자손에 의해서 수용되고, 고라 자손의 시편은 적절한 틀을 형성한다. 고라 시편은 42-49편과 84-85편으로 이들 사이에 있는 아삽 시편(50편과 73-83편)을 감싸 안고 있는 셈이다.

우리는 고라 시편을 '모서리 시편'(Eckplsalmen)이라 부를 수 있다. 여기서 모서리 시편은 주제를 통해서 서로 밀접한 신학적 관계를 형성한다. 시편 42-43편(하나의 시편)은 84편과 일치하고, 44편과 85편은 고라 자손 시편의 정신적 공통점이다.(고라 자손의 시편은 다윗 시편, 아삽 시편 그리고 고라 시편을 아우른다.) 고라 시편은 부분적으로 포로기 이후의 수집물이다. 시편 42-85편이 아삽 시편의 외부적인 틀이라는 사실은 앞서 언급한 것처럼 고라 자손이 예루살렘의 성전 음악 분야에서 지도자 역할을 수행했을 것이라는 추측을 뒷받침한다.

고라 자손의 시편은 포로기 이후 고라 자손의 합창과 오케스트라의 주요 레퍼토리가 되었는데, 그 이전에 이미 그들의 '원작' 대부분은 포로기 이전의 예루살렘 예배에 근원지를 둔다. 이것은 우리의 시편 47편에도 해당된다. 시편 47편은 포로기 이전의 첫 번째 기록(5행으로 구성된 두 개의 연: 2-3a, 6절과 7-8a, 9절)과 포로기 이후의 편집(지금 우리에게 주어진 시편으로서 2-6절과 7-10절, 두 개의 연으로 나눌 수 있다.)

으로 구분할 수 있다.

포로기 이전의 시편 부분에서 두 개의 연(2-6절과 7-10절)은 동일하게 구성되었다. '왜냐하면'으로 시작하며 근거를 표현하고 있는 문장이 찬양을 위한 요청(명령형)에 뒤따르고 있다.(세 개의 행이 세 번에 걸쳐 명령과 근거를 이루는 틀로 나타난다!) 근거를 나타내는 명사문장(Nominalsatz, 체언문[1]) 뒤에는 연속해서 과거시제인 두 개의 동사문장(Verbalsatz)이 나타난다. 그러므로 동사들은 명사문장의 내용을 실행한다.(3a절: 가장 높으신→6a절: 높이 올라가신다/8a절: 왕→9a절: 백성을 다스리신다) 장르적 분석에 따르면 두 개의 연은 '명령적 찬양시'이다.

특별히 앞에서 언급한 관련 용어(Terminologie), 예를 들어 '가장 높으신'(3a절), '높이 올라가신다'(6a절), '왕'(8a절), '백성을 다스리신다'(9a절)가 말해주는 이 명령적 찬양시는 법궤가 이동했다가 다시금 성전 안에 안치된 후에 야웨가 우주의 왕으로 새롭게 등극하는 상징으로서 예루살렘 가을 신년 축제 때 찬양되었다. 이 찬양시는 야웨께서 시온을 선택하신, 그 의미 깊고 신비로운 일을 연주하고 해석했다. 야웨는 '이스라엘 안에서' 그리고 '세계 민족 안에서' 구원의 공정한 왕권을 행사하기 원했다.

포로기 이전의 '야웨 왕 찬양시'는 이론의 여지 없이 야웨의 권능에 집중하고 있다.('우리 왕은 세상 왕권을 행사하신다!') 이와는 달리 포로기 이후의 추가 편집은 '이스라엘과 세상의 백성'이라는 주제를 성찰

---

1 체언문(體言文)이란 동사 없이 명사만으로 된 문장을 말한다.

한다. 우리가 10ab절을 창세기 12장 1-3절과 이사야 19장 24-25절의 범위에서 해석할 수 있다면(참조. "해석") 하나님의 백성의 범주를 알 수 있다. 시편 47편 10절은 우주적인 범주에서 하나님의 백성을 가늠하는 절정의 표현을 포함하고 있다. 이것은 성서 이후 이스라엘과 교회의 관계에서 매우 시급한 신학적·정치적 현실의 문제이다.

해석

첫째 연은 두 개의 명령형을 가진 2절로 시작한다. 이 두 개의 명령은 세계의 민족들에게 왕에 대한 충성의 맹세를 요구하고 있다. '손뼉'뿐만 아니라 '기쁨의 환성'(비교. 왕상 1:40, 왕하 11:12)도 예루살렘 제왕 등극 예식과 관련된 용어이다.이 용어들은 '왕이신 하나님' 야웨의 등극 예식을 전하고 있다. 항상 반복되는 형태로 주어지는 이 이야기는 매우 본질적인 이야기이다.(본문에 숨어 있을 수 없다.) 다시 말해서 여기서의 요청은 구체적으로 예루살렘 뜰에 있는, 인접한 민족들로부터 '파견되어 온 사람들'을 향하고 있다. 그들은 법궤 이동에 참석한(또는 참여해야만 했던) 사람들이다.

이 요청은 신화적, 예배의식적이다. 시온에 계신 왕 야웨는 '가장 높은 분'과 '두려운 분' 이외의 다른 분으로 생각할 수 없다.(3a절, 이와 같은 두 가지 표현은 예루살렘 전승의 전형적인 표현형식이다. 비교. 창 14:18-20, 시 46:4, 76:8, 13, 83:19, 97:3, 99:3) 동시에 야웨는 왕으로서 모든 신과 민족 위에 계신 분이다.(3b절) 그렇기 때문에 충성의 맹세에 대한 요구는 신화적 예식으로 온 땅을 향하고 있다. 전체적으로 이 시편의 배경은 '일반적인 근동'을 범위로 한다. 동시에 이 시편의 배경은 야웨적 혹은 이스라엘적이다. 고대 근동의 신이던 왕들(Götterkönige)은 그들의 신적인 왕권을 위해 다른 신들뿐만 아니라 혼돈의 세력과 싸운다. 반면에 야웨의 공적 즉위식은 평화로운 법궤 행렬(Ladeprozession)이다.(6절) 이것은 고대 근동의 신이던 왕들처럼 야웨가 겨우 왕의 통치권을 위해 싸워야만 하는 것이 아님을 시사한다. 이것은 '단지' 그가 우주적 왕의 통치권을 행사하기 원하는 장소를 상징한다.

물론 더 남아 있는 것이 있다. 시편 47편에 따르면 이 신적인 장소는 천상의 왕의 대리인으로서 현세의 왕에게 맡겨진 곳이 아니라 이스라엘이 상속받은 땅이다. 야웨가 그의 왕권을 수행하는 이 장소는 이스라엘이 그들의 왕이신 야웨("우리 왕", 7b절)의 백성으로 행복하게 ("야곱의 자랑", 5b절) 살아갈 수 있는 땅이다. 야웨는 야곱(이스라엘)을 사랑하기 때문이다.(5b절) 여기서 이스라엘은 '왕의 민족'으로 표현된다.(비교. 4절의 왕권 은유) 동시에 10절부터 그에게 부여되는 메시아적 존엄성은 승리에 찬 제국주의적 산물로 오인될 수는 없다.(비슷하게 유추할 수 있는 은유를 시 2편의 메시아적 '하나님의 아들'의 비전에서 그리고 시 8편의 '인자'에 관한 비전에서 만날 수 있다. 비교. 이 책의 3, 9장에 나오는 두 시편을 참조하라.)

둘째 연(2a-6b절)은 다시 요청으로 시작한다. 여기서 동일한 명령형을 여러 번 반복함으로써 수사적으로 절정을 이루고 있다. 수신자는 명확하게 언급되어 있지 않지만 내부 상황("우리 왕", 7b절; "온 땅의 왕", 8a절)과 예배의 상황을 보면 예배드리는 공동체라고 볼 수 있다. 예배 공동체에게 '악기 연주'가 요청(6절)되는 것으로 미뤄보아 우리는 다음과 같은 현상을 이해할 수 있다. '시편은 악단을 동반하여 노래할 수 있다!' 시편은 이스라엘에게 '성전 음악'으로 야웨를 경외하고 그를 기쁘게 하기를 요청하고 있다. 또한 야웨 즉위식을 영화로운 축제로 만들기를 요청한다.(8a절) 이것이 의미하는 바는 우선 9절에서 암시되는데 9절에는 이사야 6장에 잘 알려진 야웨에 대한 이해가 담겨 있다. 야웨는 성전(스랍들 위, Keruben)에서 '거룩한 자'로 보좌에 계신다. 야웨는 심판자와 구원자로서 계신다! 이와 같은 암시를 통해서 6절을 다음과 같이 이해할 수 있다. 야웨의 법궤는 그의 왕좌인 시온산을 '오른다.' 그의 즉위식은 장엄하며 신성하다.

우리 시편의 10절을 보면 단지 이스라엘뿐만 아니라 평화롭게 하나가 된 "뭇 나라의 고관들"과 "세상의 모든 방패"(권력)가 야웨의 보좌를 바라보고 있다. 전승된 히브리어 본문에 따르면 '아브라함의 하나님의 백성'으로서 각 민족의 대표자들이 시온에 모인 것으로 번역할 수 있다. 본문은 두 개의 수기 원본(Lesarten, 手記原本)으로 아브라함 전승을 수용하고 있다. 첫 번째는 '온 땅의 모든 족속을 축복하기 위해' 야웨께서 아브라함(=이스라엘)을 선택하시고 축복하셨다는 창세기 12장 3절이다. 그뿐 아니라 예레미야 3장 14-18절과 4장 2절, 스가랴 8장 13절도 이와 같은 아브라함 전승을 수용하고 있다.

예레미야와 스가랴에 수용된 아브라함 전승은 신학적·정치적 유토피아로서 시온과 연결되어 있는 '축복신학'(비교. 이 책의 6장에 있는 시 126편을 참조하라.)을 구체화하고 수정한다. 예레미야와 스가랴에 수용된 신학적·정치적 유토피아는 이사야 19장 24-25절에 표현되어 있다. "그 날에 이스라엘이 애굽 및 앗수르와 더불어 셋이 세계 중에 복이 되리니 이는 만군의 여호와께서 복 주시며 이르시되 내 백성 애굽이여, 내 손으로 지은 앗수르여, 나의 기업 이스라엘이여, 복이 있을지어다 하실 것임이라."(비교. "기업"이라는 표현은 시 47:5a에 나타난다.) 전통적으로 이스라엘을 일컫던 명예로운 호칭, '나의 백성'과 '내 손으로 지은 것'은 이사야 19장 24-25절에서 야웨가 이스라엘의 철천지원수들을 가리키는 데 사용된다. 그러나 이스라엘 역사의 원수들도 이스라엘과 '관련된다면'(사 19:24) 야웨의 축복의 대상이다. 그렇다고 이스라엘이 복의 통로라고 말하는 것은 아니다. 복은 야웨께서 직접 주신다. 민족들이 이스라엘과 함께 평화롭게 야웨의 보좌 앞에 모이는 것으로 충분하다. 이것이 매우 중요하다.

여기서 이사야 2장 1-5절의 위대한 비전을 이해하지 못하는 사람이 누구일까? 사실상 시온은 모든 민족을 위한 '국제 평화의 학교'이다. 이 비전이 이루어진다면 모든 민족은 학교를 통해서 하나님의 백성이 된다. 시편은 예배를 통한 선취(Vorwegnahme, 소위 예언의 성취) 속에서 "야웨가 온 땅과 온 민족을 통치하신다!"라고 노래한다.

교회는 소망(!)의 증인으로서 영적 충전을 위해 그리스도 승천일에 이 시편을 노래한다. 교회는 적어도 아우슈비츠 사건 이후 10절을 이해하기 시작한 것일까? 어떻게 이해하고 있는 것일까?

시편 15편

1a 여호와여, 당신의 장막에 머무를 자 누구오며
1b 당신의 성산에 사는 자 누구오니이까?
2a 그는 정직하게 행하며
2b 공의를 실천하며
2c 그의 마음에 진실을 말합니다.

3a 그의 혀로 남을 허물하지 아니하고
3b 그의 이웃에게 악을 행하지 아니하며
3c 그의 이웃을 비방하지 아니합니다.
4a 그의 눈은 망령된 자를 멸시하며
4b 여호와를 두려워하는 자들을 존대합니다.
4c 그의 마음에 서원한 것은 해로울지라도 변하지 아니합니다.
5a 이자를 받으려고 돈을 꾸어주지 아니하며
5b 뇌물을 받고 무죄한 자를 해하지 아니합니다.
5c 이런 일을 행하는 자는 영원히 흔들리지 아니합니다.

개론

이 시편은 우리를 예루살렘 성전의 행정구역으로 옮겨놓는다. 이 시편은 어쩌면 포로기 직전(7세기쯤)이나 다분히 포로기 직후(5세기 초)의 상황으로 우리의 자리를 옮긴다. 좁은 의미에서 성전의 행정구역은 출입구 앞에 번제단을 설치해놓은 성전의 가장 중요한 건물로서, 당시 성전 뜰을 구성하는 담으로 둘러싸여 있었다. 성전 뜰은 성전과 동일하게 직사각형이었다. 엄밀히 말해서 우리는 두 개의 앞마당을 언급할 수 있다.(시편에서는 이에 관하여 보다 다양하게 언급한다. 예를 들면 시 65:4, 84:4, 10, 100:4) 번제단이 있는 쪽(동쪽)에서 대각선 방향으로 담이 놓이면서 앞마당을 두 부분으로 나누기 때문이다.

동쪽(기드론 골짜기)에서 성전 행정구역으로 들어가는 사람은 가장 먼저 외부를 두른 담의 출입구를 지나 성전 바깥뜰에 이른다.(성전의 출입구와 번제단에 가는 길은 단지 제사장만 자유롭게 출입할 수 있도록 허락되었다!) 성전 행정구역으로 가는 사람은 또한 성전 안뜰을 두른 담의 출입구를 통과해야만 한다. 성전 안뜰을 위한 이 출입 시설(Toranlage)은 시편 118편 19절 이하에서 언급하는 '의의 문'일 것이다. 이 문에서 예배 공동체에게 구체적인 의의 본질을 선포했기 때문에 '의의 문'이라고 하는 것 같다. 성문 앞에서 선포된 의의 본질은 야웨가 그의 공동체에 은혜를 베풀어주셨고, 그들의 모든 일상 속에서 의로 함께하셨다는 것이다. 우리는 이 시편이 이러한 상황에 사용되었다는 것을 충분히 생각할 수 있다. "이 시편은 교훈적, 경고적인 특징과 예

술성이 내포된 간결한 선언 부분을 언급하는데, 이것을 대략 짧은 설교로도 볼 수 있다."(W. 베위에르린)

우리는 이 시편의 또 다른 삶의 자리를 생각할 수 있다. 대다수의 주석가는 이 시편과 관련하여 역대하 23장 19절에 관심을 기울이는데 여기에는 대제사장 여호야다가 성전 문 앞에 문지기를 세워 '부정한 자'(예. 나병환자)를 들어오지 못하게 한 사건이 나온다. 우리는 이 사건을 통해서 이 시편의 또 다른 삶의 자리를 '성전 출입에 관련된 토라'의 본문에서 찾을 수 있다. 이 본문은 소위 제사장적 특징을 갖고 있다. 제사장들이 세운 '성전 문지기'의 역할은 고대 근동과 특히 애굽에 널리 퍼져 있는 일반적인 전통이었다. 그들의 일은 성전 방문자들을 위해서 예배를 준비하는 것이었다. 애굽에서는 성전 문지기의 역할뿐 아니라 성전 출입을 허락하는 조건을 성전 문(기둥이나 가장자리)에 적어놓았다. 우리는 헤롯 성전의 기둥에 새겨진 비문에서도 이를 알 수 있다. 이 규정들은 부분적으로 헬라어와 라틴어로 기록되었다.

해석

성전 영역, 곧 성전 문 앞이나 또는 제단과 성전이 있는 성전 뜰로 들어가는 성전 출입문에서 야웨가 요구하시는 도덕적 품성이 선언되었다는 사실은 우리의 시편과 중요한 관계를 가진다. 우리의 시편은 야웨께 질문하며 시작하고 있다.(15:1) 성전을 방문하는 자가 보호

받을 수 있는지, 거룩한 성전(Heimat)에서 이스라엘의 하나님과 만나려면 어떠한 전제 조건을 갖춰야 하는지 등을 묻고 있다.(비교. 시 24:3-6)

이 질문에 대하여 2-5b절은 점차적으로 강화되는 듯한, 여러 층으로 구성된 대답을 제시한다. 2절은 세 가지의 일반 원칙으로 구성된 대답이다. 또한 본보기가 될 수 있는 사회적 관계를 총체적으로 표현하고 있다. 이 대답은 서로 비슷하게 구성된 다섯 행, 즉 3a, 3b, 3c, 5a, 5b절을 통해서 확정된다.(과거에 이루어진 행위, 결정을 통해서 달라질 수 있는 현재의 상태를 표현하기 위해 부정 완료형을 쓰고 있다.) 3a, 3b, 3c, 5a, 5b절은 '공동체에 필요한 의'에 위기를 가져다줄 수 있는 구체적인 행위들을 언급하고 있다. 우정과 이웃 관계는 때때로 돈과 혀로 이루어지는 교제 때문에 희생된다. 불의한 경제적 이익이 발생하는 곳에서 이웃 사랑은 좌절된다.(이자 요구와 뇌물수수는 야웨의 윤리에 어긋날 뿐 아니라 "사회적 일상에서 하나님의 백성이 되라."는 명령에 모순된다. 이자 금지 부분에 관하여는 출 22:24, 레 25:35-38, 신 23:20을, 뇌물수수에 관하여는 출 23:8, 신 16:19을 참조하라.) 달성하고자 하는 목적을 위해 혀를 함부로 한다면 그 혀는 무서운 살인 도구가 될 수 있다.(비교. 시 12:4, 57:4)

결론적으로 4절(구체적으로는 4ab절)은 (다소 불쾌한!) '망령된 자'와 '야웨를 두려워하는 자'로 세상을 구분하는 대답을 제시하고 있다. 4c절에 사용된 언어들이 원본문에서 비롯되었는지는 불분명하다. 독일공동번역에 따르면 이 대답은 무언가를 약속하거나 맹세했다가 난

처해진 사람에 대해 표현하고 있다. 그럼에도 불구하고 그는 서원한 것을 지키는 자이다. 이처럼 이 시편은 성전 출입을 위한 전제 조건으로서 야웨가 요구하시는 도덕적 품성을 가진 자에 대해 언급한다. 2절의 분사("정직하게 행하며")로 시작하여 5절의 분사("이런 일을 행하는")로 구성된 약속("영원히 흔들리지 아니합니다.")의 내용으로 끝나는 것이다. 이것은 다음의 사실을 생각하게 한다. '성전 입장 허가를 위한 예식'을 나타내는 '원본문'인 짧은 1, 2, 5c절은 우리 시편의 기초가 되고 있다. 이 구절들의 윤리적 경향은 미가 6장 6-8절에서 보다 강조된다.

미가 6장 6-8절처럼 우리의 시편도 역시 (그것의 모든 성장과정에서) 예배의 정결 규정이 아니라 삶에서 요청되는 이웃과 주변 사람들과의 신뢰 관계를 강조하고 있다. 그러므로 우리는 여기에서 정말로 예식 참여를 위한 승인(허락)과 불허를 결정하는 출입에 관한 제사장의 토라가 공적으로 존재했는지를 질문할 수 있다. 시편 15편은 제사장 전통보다 더 강하게 '예언자적 지혜' 전통의 영향을 받았다. 우리는 예언자적 지혜 전통의 영향을 (시 15편과 이웃하고 있는) 시편 12편과 14편에서도 만날 수 있다. 날마다 일상 속에서 자신의 이웃을 부정하지 않는 사람은 예배 속에서 보호와 고향과 축복과 삶의 성취를 만날 수 있다. 더 나아가 이웃 사랑이라는 요청에 응답하기 위해 자신의 혀와 돈을 사용하는 사람은 예배 속에서 보호와 고향과 축복과 삶의 성취를 찾을 수 있다.

이 시편은 예배를 위해 모인 공동체를 향한 '예언자 비평적'(도전적) 요청이다!

시편 133편

1a 순례자를 위한 시, 다윗의 시
1b 보라, 어찌 그리 선하고 아름다운가?
1c 만약 형제가 진정으로 연합하여 동거한다면 말이다!

2a 머리에 있는 보배로운 기름이
2b 수염에 흘러서
2c – 곧 아론의 수염에, 그의 수염은 그의 옷깃까지 내림 같고 –
3a 헤르몬의 이슬이
3b 시온(이욘)의 산들에 내림 같도다.

3c 거기에서 여호와가 축복을 명하셨나니
3d 곧 영생이로다!

개론

요한 헤르더(Johann Gottfried Herder)는 시편 133편을 가리켜 "한 송이 장미를 선물해주는" 본문이라고 말한다. 고대 교회 전통이 이 시편을 높이 평가한 것처럼 아우구스티누스(Augustinus)는 다음과 같이 말했다.

"이 짧은 시편은 널리 알려져 있고 자주 언급된다. 우리 귀에 아주 달콤하기 때문에 시편 책을 잘 모르는 사람이라도 133편만큼은 즐거이 노래한다. 시편 133편은 형제들을 결속시키는 사랑처럼 달콤하다. 그 달콤한 울림과 우리 가슴에 머무르는 아름다운 곡조가 있기에 수도회가 존재할 수 있었다. 이 시편의 부름에 응답한 형제들이 한 공동체 안에서 함께 살기를 원하게 된 것이다. 이 시편은 많은 사람을 불러 모으는 트럼펫 소리와 같았다. 그 소리는 분열되고 흩어진 이들을 향해 울려 퍼졌고 온 땅 사람들은 하나가 되었다."

이 시편은 히브리어 정경으로 채택된 이래로 많은 사람의 입을 통해 계속 언급되어 왔지만 오늘날 우리가 이해하기는 그리 쉽지 않다. 궁켈조차도 그의 시편 주석서에서 다음과 같이 말한다. "독특한 고대 근동의 색채 때문에 시편 133편 비유들은 이해하기가 쉽지 않다. 이런 이유로 이 시편에 나타난 교훈적인 언어를 설명하기 위해 역사적 노력이 있었다. 이러한 노력의 역사는 '고난의 역사'였다."

우리는 여기서 고난의 역사를 다룰 수는 없다. 그에 관한 또 하나의 이야기를 이 책에 추가하고 싶지 않다.

시편 전체의 편집 과정에서 이 시편은 '순례자의 노래'로 규정되고 불렸다. 다시 말해서 시편 133편은 '시온 순례자들의 소책자' 속에 있는 노래이다. 이 소책자의 특징에 관해서는 시편 126편을 주석할 때 짧게 다룰 것이다. 거기에서 언급되는 일반적인 내용은 시편 133편에도 해당된다. 유복하든 궁핍하든 대부분 사람들이 이상적이라 여기던 일상에 관한 짧은 노래(1bc, 2ab, 3ab절)는 '시온의 노래'로 변화되고 확장되었다.

이 시편의 2c절에는 시온신학의 전형적인 표현이 담겨 있는데, 이를 통해 우리는 시편 133편이 시온신학 편집의 산물임을 확실하게 알 수 있다.[2] 그리고 산문 언어를 사용하고 있는 것 또한 전형적인 시온신학의 편집이다. 그뿐 아니라 이 시편에는 시온신학의 특징인 '축복'에 대한 언급도 포함되어 있다. 주목할 만한 점으로는 3b절에서 본래 '이욘'(Ijjon)이었던 장소가 '시온산'이라는 명칭으로 변경되었다는 사실이다. 이에 관해서는 다음에 나오는 "해석" 부분을 참조하라.

시편 133편의 구조는 아주 단순하다. 시인은 자기 삶의 경험을

2 "곧 아론의 수염에, 그의 수염은 그의 옷깃까지 내림 같고"라는 2c절의 표현은 시온신학과 깊은 관련성을 가진다. 야웨는 아론이 성소에서 중재자가 될 수 있도록 그의 머리 위에 기름을 부었다.(참조. 출 29:7, 레 8:12) 이때 향기로운 기름이 그의 머리 위에 부어져 그의 긴 수염을 타고 흘러내렸다.(참조. 출 30:23-30) 시인은 그러한 광경을 연상하면서 하나님의 가족들이 향기로운 은혜가 흘러내리는 예배 장소에 모여 있는 것을 '아론의 수염'에 비유해 표현하고 있다.

찬양한다.(1b, 1c절) 그의 경험은 그가 널리 알리려는 지혜에 관한 교훈과 평행을 이루고 있다. 1절에서 표현되는 경험과 지혜에 관한 교훈은 두 개의 비유(2ab, 3ab절)를 통해서 분명히 언급된다. 확장된 시온의 순례자 노래라고 할 수 있는 시편 133편은 2c절을 통해 그리고 무엇보다 신학적 강조가 이뤄지는 결말 형식을 통해서 '일상'의 형제애를 '예배'의 형제애로 바꿔놓는다. 하나님 백성의 내면에는 사회정치의 현실과 예배의 현실(예배 공동체, 예배 공동체의 결속)이 혼합되어 있다. 그들은 이 두 가지 영역에서 각각의 정체성을 확인하고 발전시켜간다. 확실히 시편 133편은 기독교 공동체에게 신뢰할 만한 '교회의 노래'였다.

해석

이 시편은 주위의 집중을 환기하는 감탄사 "보라"(1b절)로 시작한다. 그리고 "어찌 그리 선하고 아름다운가?"라는 질문을 앞부분에 배치하여 호소의 상황을 강조하고 있다. 즉 '이미 경험한 것이 삶에서 얼마나 필요한 것인지'에 관한 성찰을 질문 안에 담고, "만약"(1c절)이라는 표현을 사용하여 강조하는 것이다. 이것은 설득과 권면을 목적으로 하는 지혜(교훈)의 대화 형식이다.

독자는 이 시편에서 "무엇을 위해 애쓰는가?"에 대한 답을 두 가지 얻게 될 것이다. 즉 이 시편은 시온신학으로 편집되기 전부터 이미 사회 공동체 안에서의 형제애를 가르치고 있었다. 또한 이 시편의 시온 편집층은 시온에서 예배드릴 때 공동체 안에서 경험하는 형제애를 찬양한다. 그러므로 시편 133편은 사회윤리를 추구하는 형제애를 이야기하려고 애쓴다.

이 윤리는 무엇보다도 신명기에서 포기할 수 없는 하나님 백성의 표징이었다.(Nota Ecclesiae!)[3] 형제애의 행위로 증명되어야 하는 매우 구체적인 형제윤리(Bruderethik) 말이다. 형제윤리는 도움이 필요한 '누구에게나' 그리고 '모든 순간에' 조건 없이 도울 것을 요구한다. 형제가 굶주리거나 헐벗고 있다면, 재판에서 부당한 대우를 받는다면, 재정적 압박에 시달리고 있다면, 가축을 잃어버렸다면, 양식이 충분하지 않다면, 야생 멧돼지로 밭이 망가졌다면 이 모든 상황에서 구체적인 형제윤리가 나타나야 한다.

이 형제애는 혈연상의 형제뿐 아니라 하나님 백성의 모든 구성원에게 해당된다. 신명기의 정의에 따르면 모두가 이스라엘의 '형제'이다. 신명기 15장 12절이 보여주는 것처럼 여성도 속한다. 그리고 개인적인 원수도 '형제'이다. 원수가 고난을 겪고 있다면 그들도 도와야 한다. 형제애로 말이다.(비교. 출 23:4f.을 반영하는 신 22:1-4을 보라.) 형제애는 어떤 이념도, 동정도 아닌 사회정치적인 선택이다.(비교. 느 5장) 이 시편은 두 가지 아름다운 비유를 통해 형제애의 실체와 구체적인 실천 방법

---

3 노타 에클레시아(Nota Ecclesiae)는 16세기 교회의 상징이다. 종교개혁 이전에 노타 에클레시아는 우주적 교회를 지향하며 네 가지 기본 개념, 즉 하나 됨(Einheit), 구원(Heiligkeit), 보편성/관대성(Katholizität) 그리고 사도됨(Apostolizität)을 주장했다.

을 보여줌으로써 '형제애에 따른, 형제애 안에서의' 삶을 명시하고 있다.

우선 '흘러내리는 이슬'에 관한 묘사를 살펴보자. 특별히 이슬의 흘러내림을 강조하는 이유는 호세아 6장 1-4절과 13장 3절 말씀을 짧게 분석함으로써 설명할 수 있다. 호세아가 이스라엘 백성에게 회개를 촉구하며 야웨에게로 돌이키자고 말할 때(호 6:1-3) 야웨는 호세아 6장 4절에서 이렇게 말씀하신다.

> 에브라임아 내가 네게 어떻게 하랴 유다야 내가 네게 어떻게 하랴 너희의 인애가 아침 구름이나 쉬 없어지는 이슬 같도다

그리고 호세아 13장 3절에서 '이슬'은 심판에 관한 비유의 언어들과 함께 사용되고 있다.

> 이러므로 그들은 아침 구름 같으며 쉬 사라지는 이슬 같으며 타작 마당에서 광풍에 날리는 쭉정이 같으며 굴뚝에서 나가는 연기 같으리라

두 개의 본문(호 6:4와 13:3)에서 아침 햇살에 의해 마르는 이슬은 불안정, 무가치, 몰락, 임박한 종말을 묘사한다. 빠르게 사라지는 이슬은, 촉촉하게 흘러내려 성장과 삶을 가능하게 하는 이슬과 대조적이다.

그렇다면 이제 시편에 나오는 '흘러내리는 이슬'에 관한 묘사를 구약성서 전통의 배경에서 살펴보자. 구약성서 전통에 따른다면 흘러

내리는 이슬은 다음과 같이 이해할 수 있다. 모두가 서로에게 형제와 같이 행한다면, 실제로 그렇게 행한다면 그들은 서로의 삶을 지원하는 이슬과 같다. 그렇다! 서로의 삶을 지원하고 가능하게 할 것이다. 그들은 주변에 필요한 이슬이다!

그러나 전승된 히브리어 본문을 보면 동쪽에 길게 놓인 헤르몬산에서 시온산으로 이슬이 흘러내릴 것이라고 생각할 수 없다. 이 문제를 해결하기 위해 주석가들은 셀 수 없을 정도로 다양한 의견을 제안해왔다. 이러한 난제가 앞서 언급한 '시편 해석의 고난 역사' 중 하나이다.[4] 이에 관해서는 여기서 폭넓게 논쟁할 수 없지만 필자는 이르쿠(A. Jirku)와 궁켈이 제시한 '해결안'을 수용하고 싶다. 궁켈은 그의 시편 주석서에서 다음과 같이 기록한다.

> 구름에 덮인 채 높이 솟아 있는 헤르몬에는 이슬이 가득하다. 그러나 헤르몬은 질 좋은 습기를 자신을 위해서만 소유하지 않는다. 헤르몬 이슬은 헤르몬 앞에 있는 작고 낮은 산들, 즉 3b절에 나온 것처럼 시온(이욘) 산들로 흘러내린다. 그러나 예루살렘 산(시온산)들은 헤르몬과 결코 인접해 있지 않은데, 이는 다음과 같은 사실을 분명하게 말한다. 수염이 머리 밑과 옆에 있는 것처럼 헤르몬과 예루살렘 산들을 우리가 유추할 수 없다는 사실 말이다.
>
> 그렇다면 "헤르몬의 이슬이 시온(이욘)의 산들에 내림 같도다."

4 "개론" 부분을 참조하라.

(3ab절)라는 표현을 어떻게 이해할 수 있을까?

우선 헤르몬의 이슬을 받는 산들은 예루살렘 산들이 분명 아니다. 그렇다고 이 구절은 헤르몬에 인접해 있거나 그 아래에 위치하는 구릉, 언덕 등에 관해 이야기하고 있는 것도 아니다. 그러므로 여기서 우리는 다른 이름이 존재한다는 사실을 수용해야만 한다. 시인은 북이스라엘의 산들을 언급했을 것이다. 그리고 그가 언급한 이름은 시편 필사자에 의해 익숙한 이름으로 변경되었다. 이르쿠는 이 상실된 이름을 '이욘'(Ijjon)으로 추정했다.

열왕기상 15장 20절, 열왕기하 15장 29절, 역대하 16장 4절에 나오는 이욘은 헤르몬의 남서쪽 기슭에 위치한다. 메륵 아윤(merg 'ajun)에 있는 화산으로 말미암은 비옥한 지역을 포함하는 이 지역은 오늘날 레바논에 속한다.

그러므로 필자는 궁켈의 제안이 설득력 있다고 생각한다. 이욘산을 시온산이라고 의도적으로 변경한 데서 알 수 있듯 이 시편은 전반적으로 시온신학의 영성 속에서 확장되고 또한 그렇게 설명될 수 있기 때문이다.

시인은 형제애의 생동하는 영향력을 '흘러내리는 이슬'(3ab절)에 관한 묘사를 통해 설명하고 있는데, 이와 동일한 맥락에서 '머리에서 수염으로 흘러내려오는 기름'도 논리적으로 이해할 수 있다.

종종 언급되듯 여기서 기름은 축복받은 삶을 상징한다. 이는 단순히 왕이나 제사장의 기름 부음을 뒷받침하는 근거가 아니다. 어차피 기름 부음의 의미는 우리에게 여전히 숨겨져 있다.(제사를 드리거나 나라를 통치하는 법적 권한으로 생각해볼 수 있다.) 다음에서 언급하는 두 가지 관찰 결과는 우리 시편이 축복에 관해 언급한다는, 즉 아론과 아론 계열의 성직 수여식을 기념하고 있다는 견해를 반대한다.

첫째, 우리의 시편은 여기서 "보배로운 기름"(최고의 기름)이라는 표현을 사용한다. 여러 자료(왕하 20:13, 사 39:2, 전 7:1, 렘 6:20)에 따르면 이 기름은 특별한 가치의 기름, 곧 향수를 말한다. 반면에 예배에 사용된 기름은 '기름 부음을 위한 기름'(출 29:7, 40:9), '거룩한 기름', '나의 거룩함을 위한 기름'(시 89:20)이거나 또는 단순히 '기름'으로 언급되는데, 시편 133편에서 말하는 "보배로운 기름"과는 다르다.

둘째, 필자가 볼 때 머리 위의 기름은 예배와 관련하여 축복을 상징하는 묘사가 아니라 오히려 예배 외의 것, 가령 축제와 기쁨을 표현하는 언어유희적(상징적) 언어라 할 수 있다.('이슬이 흘러내리듯 기름이 흘러내리는')

이와 관련해 이집트에서 발견되는 그림을 살펴보자. 그 그림에는 축제 중 행해지는 관습이 묘사되어 있다. 식사 때 손님들의 머리 위에 소위 '기름구슬'(예를 들어 꽃으로 장식한!)이라고 하는 향기로운 기름을 얹는 관습 말이다. 머리 위에 얹어진 기름구슬은 식사 동안 머리를 타고 내려와 축제 참가자와 축제 장소를 가득 채운다. 이러한 관습은 시편 23편 5절에도 암시되어 있다.(비교. 이 책의 10장) 또한 시편 45편 8절과 이사야 61장 3절은 '기쁨과 환호의 기름'으로 강조하여 언급하고, 아가 1장 3절과 4장 10절은 기름의 향기를 서정적으로 묘사한다.

이러한 문화적, 문학적 배경을 근거로 2ab절을 다음과 같이 해석하는 데는 어떠한 의심의 여지도 없다. 형제애에 따른 공동체 생활은 좋은 향기를 가진 기름과 비교할 수 있다. 공동체 안에서 선을 행하며 영향을 미치는 것은 좋은 향기를 내는 기름과 같다. 이 기름은 식사하는 동안 꽤 늦은 밤까지 축제에 참여한 남성들의 머리에서 수염으로 흘러내리는 기름과 비교할 수 있다.

시편 133편에 묘사된 기름과 이슬에는 한 가지 공통점이 있다. 기름과 이슬이 만들어내는 한 가지 효과(Wirkung)가 그것인데, 즉 이슬은 형제애의 생동하는 영향력을 나타내고, 기름은 축제에서 발산되는 기쁨을 표현한다. 그러나 "아론의 수염"은 이 두 가지가 나타내는 언어유희적 묘사('흘러내리다') 및 의미와 거리가 멀다. 그리고 이러한 사실은 시편 133편 2c절이 시온신학의 편집으로 확장되었다는 우리의 가설을 뒷받침한다.

그렇다면 예루살렘 제사장에게는 매력이 되고 시온 순례자에게는 가치 있는 신학적 상징이 되었던 "아론의 수염"의 특별함은 무엇일까? 대답은 간단하다. 여기서 '아론'은 대제사장 역할을 담당하는 자를 말한다. 대제사장의 존엄성을 나타내는 것 중 하나는 수염이었다. 일반 이스라엘 사람이 짧은 턱수염(예루살렘에서 발견되는 질그릇에 이러한 모습이 새겨져 있다.)을 가지고 있었던 데 반해 대제사장은 페르시아 제국에서 정결예식을 행하는 고위직 공무원처럼 전형적인 긴 수염을 갖고 있었다. 이 모티프를 가진 시온신학의 편집(우리가 보기에는 다분히 의도적이다.)은 축제의 마지막에 자신의 얼굴을 예배 공동체로 향하고 축복하는 대제사장의 임무를 상기시킨다.(뒤이어 나타나는 시 134편도 마찬가지이다!) 이 시온신학의 편집(2c절)은 다음과 같은 사실을 말해준다.

시편 133편 1절에서 시인은 그가 추구하는 형제애를 묘사한다. 시인이 사회정치적 일상 속에서 이루기 원하는 형제애는 예배 공동체, 즉 축복하는(!) 아론의 대제사장들 주변으로 모여드는 시온의 예배 공동체를 연출한다. 이는 결론적으로 2c절이 시온신학의 편집이라는 사실을 말해준다.

모여든 공동체를 축복하는 대제사장의 존엄한 모습은 스냅사진처럼 전면에 부각된다. 필자는 이 편집 작업이 시온의 예배에서 축제의 기름과 이슬로 비유될 수 있는 형제들의 공동체적 삶을 실제로 성취했다고 본다. 시온의 예배는 축제의 축복 순서에서 절정과 종결을 이룬다. 시온의 축복은 삶의 보호, 삶의 능력 그리고 삶의 기쁨을 매개하는 것이다.(비교. 3ab절)

축복하는 대제사장을 묘사함으로써 시온신학 편집의 특징은 보다 두드러지는데(일반적으로 아론 계열의 제사장들에게 성직을 수여할 때 기름 부음의 예식을 행하는 것은 이 편집과 관련된 게 아니다.) 이는 두 가지 관점을 시사한다.

첫째, 시락서 50장 1-21절(특히 50:20f.)에서 표현하는 것처럼 본문은 수염에 국한하는 것이 아니라 대제사장의 전체적인 모습을 찬양적, 서정적 시의 주제로 삼고 있다. 축복하는 대제사장의 모습은 본문의 절정이다. 물론 레위기 8-9장에서 레위기 9장 22절의 축복에 관한 언급은 아론 제사장의 성직 수여식 이야기의 결론에 속한다.

둘째, 어쨌든 우리는 시온신학 편집으로 규정할 수 있는 시편 133편 3ab절을 대제사장과 그의 형제 제사장의 성직 수여식과 관련한 흘러내리는 축복에 근거하여 해석할 수는 없다. 시편 134편 3절에 나오는 것처럼 오히려 "야웨께서 시온으로부터 너를 축복하신다."라는 시온의 축복신학의 의미에서 이해해야 한다. 시온으로부터 삶과 구원과 기쁨이 땅과 온 세계로 흘러내린다. 세계의 신비의 중심은 시온이다.

시온과 교회가 세상을 위한 이슬과 축제의 기름이 되려면 시편 133편에서 말하는 형제애의 두 차원, 곧 예배와 사회가 그들(시온과 교회) 속에 살아 있어야 한다. 둘 중 하나가 누락되거나 부족하면 형제애는 삶을 지원하고 형성하며 삶에 행복을 가져다주는 그 인도적인 특징과 역동성을 잃어버린다. 그러므로 형제애는 앞으로도 더 크게 선포되어야 한다.(3d절)

6장

민족의 역사 속에서 삶

구약성서는 안녕과 행복에 관해서 진지하게 가르친다. 이러한 이해는 가시적이고 경험 가능한 변화와 밀접한 관계가 있다. 이 변화는 역사적, 사회적, 정치적 현실 안에서 이루어지는데 여기에는 포기할 수 없는 전제 조건이 있다.

구약성서에서 언급된 하나님 나라의 도래는 영혼의 내적 평화로 제한되어서는 안 되고 또 신앙으로 인식되는 현실의 범주로만 제한되어서도 안 된다. 오경(토라)은 바로의 종살이에서 이스라엘 민족이 구원받은 사건을 역사적, 정치적 사건으로 보고 그것이 어떻게 가능했는지를 설명한다. 야웨는 그분 자신을 이스라엘의 하나님으로 표명하시며 이스라엘에게 거주지와 자유를 주셨다. 그리고 이스라엘은 이 사실을 축제로 기꺼이 기리며 기뻐한다.

이스라엘 민족은 오경을 통해 그들의 역사 영역에서 신학적 의미를 묵상한다. 역사를 망각하는 것은 재앙을 가져오지만, 역사를 기억하는 것은 구원으로 이어진다. 이것이 '역사시편'의 관점이다. 역사시편을 해석하면 다음과 같다.

시편 114편

? 할렐루야!

1a 이스라엘이 애굽에서 나오며

1b 야곱의 집이 언어가 다른 민족에게서 나올 때에

2a 유다는 그의 성소가 되고

2b 이스라엘은 그의 왕국이 되었도다.

3a 바다, 그가 보고 도망하며

3b 요단은 물러갔으니

4a 산들은 숫양들같이 뛰놀며

4b 작은 산들은 어린 양들같이 뛰었도다.

5a 바다야, 네가 도망함은 어찌함이며

5b 너 요단아, 네가 물러감은 어찌함인가?

6a 너희 산들아, 숫양들같이 뛰놀며

6b 작은 산들아, 어린 양들같이 뛰놂은 어찌함인가?

7a 땅이여, 너는 (네) 주의 얼굴 앞에서 떨지어다.

7b 곧 야곱의 하나님의 얼굴 앞에서(이다).

8a 그가 반석을 변화시켜 못물이 되게 하시며

8b 차돌로 샘물이 되게 하셨도다!

개론

시편 113-118편은 "할렐루야"를 언급하며 시작하는 시편들로, 이러한 찬양 시편들의 모음집을 소위 '위대한 할렐'이라고 한다. 시편 114편은 위대한 할렐에 속한다고 볼 수 있다. 이 모음집의 노래는 후기 구약성서 시대에 가족 축제인 유월절 식사 때 불렸다. "이에 그들이 찬미하고 감람 산으로 (나아)가니라"(마 26:30, 막 14:26)에서 "찬미"는 유월절 식사 때 부른 노래를 말하며 위대한 할렐, 곧 시편 113-118편 노래를 암시하는 것이다. 이 '할렐'은 오늘날에도 여전히 유대의 유월절 때 불리고 있다.

헬라어와 라틴어의 시편 번역은 시편 114편과 뒤이어 나오는 115편을 한 편으로 본다. 하지만 원래는 한 편이 아니었다. 물론 시편 114편에 나오는 이스라엘의 해방이 시편 115편의 '야웨 유일신 경배 사상'과 '이방 신으로부터 돌이키는 이스라엘의 길'을 의미한다는 점에서 두 시편은 공통의 신학적인 결말을 갖고 있다. 또한 두 시편 모두 출애굽의 하나님이 하늘과 땅의 창조주라는 점을 기본 주제로 한다.

시편 114편과 115편은 편집을 통해 연속적인 순서로 배열되었다. 그리고 이러한 편집은 시편 114편 1b절과 시편 115편 2절의 관련성을 드러낸다. 시편 115편 2절에 나오는 열방의 질문("그들의 하나님이 이제 어디 있느냐?")은 시편 114편 1b절의 다소 이해하기 어려운 표현에 대한 상세한 주석이 될 수 있다. 이에 따르면 애굽은 '불분명하게 말하는 민족'이다. 야웨가 인간에게 맡기신 삶의 공간인 '땅'에 대한 강조(시 115:5f.)는 언어상으로 시편 114편 8절과 연결된다.

그럼에도 불구하고 이 두 개의 시편은 형식과 표현 모든 면에서 각각 독립적인 시편이라고 할 수 있다. 서로에게 종속된 하나의 시편이 아닌 것이다. 시편 114편이 115편과 다른, 하나의 독립된 시편이라는 점은 다음과 같은 형식에서 확실하게 알 수 있다. 네 개의 단락, 즉 네 개의 연으로 구성된 114편은 (1) 1-2절에서 주어가 네 번 나오며, 이 주어들은 표현이 다르지만(이스라엘-야곱-유다-이스라엘) 하나의 동일한 의미를 나타낸다. 이 단락은 과거의 경험을 과거시제로 표현하는 이야기체로 구성되어 있다. (2) 3-4절에서는 네 개의 새로운 주어가 등장한다. 그리고 과거시제 동사를 사용한 문장들이 병렬로 연결되어 있다. 이런 점에서 1연과 2연은 같은 관점의 이야기이다. (3) 5-6절은 내용을 강조하기 위해 의문사를 사용한다. 제시된 질문은 당시 출애굽 사건과 관련이 있으며, 이야기 형식이 아니라 직접 호칭을 사용한 대화 형식으로 구성되어 있다. (4) 7-8절도 직접 호칭을 사용하며, 명령형을 사용해 새로운 수신자인 '땅'과 대화를 나누고 있다.

이 네 개의 연은 교차대구법으로 이뤄져 있다. 안쪽에 있는 두 개의 연은 의미상 매우 밀접하게 연결되며, 바깥에 있는 두 개의 연은 "야곱의 집"과 "야곱의 하나님"이라는 키워드로 서로 연결된다.

첫째 연은 이스라엘 역사의 기초인 구원의 사건, 즉 출애굽을 노래하면서 그 시작과 목적을 언급한다. 출애굽은 이스라엘과 그분(첫째 연에서는 하나님이 인칭대명사로만 언급되다가 7절에 가서야 그가 누구인지 알려지고 강조된다.)이 가장 깊은 관계를 맺은 사건이었다. 둘째 연은 출애굽의 긴 여정을 주목하면서 창조주 하나님의 계시를 신비롭게 묘사한다. 셋째 연에서는 둘째 연에 묘사된 사건들이 감동적인 질문의 형태로 나타난다. 이 질문은 예기치 않았던 특별한 상황, 현재에도 계속 영향을 미치는 그 새로운 상황을 떠올리게 한다. 온 땅을 향해 요청하는 넷째 연은 땅과 물이라는 모티프를 통해 둘째, 셋째 연을 다시금 강조한다. 또한 분사("변화시켜", 8a절)[1]를 통해 이해의 지평을 종말론적으로 확장한다.

특히 이 시편의 시적, 신학적 아름다움은 첫째 연에서 넷째 연으로 점점 고조되는 '역동성'(dynamic)에서 찾을 수 있다. 우선 첫째 연에서는 출애굽 사건, 즉 이주하는 이스라엘 백성의 모습이 눈앞에 펼쳐지듯 생생하게 묘사된다. 이후 둘째 연부터 이스라엘이 더 이상 언급되지 않다가 넷째 연에서는 하나님의 모습이 매우 강력하게 묘사된다.(요단이 물러가고 산들이 뛰노는 등)

---

1 히브리어에서 분사는 진행, 과거, 현재, 미래 등 모든 시제로 해석이 가능하다.－옮긴이 주

이 시편은 첫째 연에서 출애굽을 노래하다가 넷째 연으로 가면서 그 의미와 영향을 보다 깊은 차원으로 표현하는데, 이것이 바로 '운동력'(Bewegung)이다. 이 시편은 하나님의 생명 창조가 이스라엘 구원을 통해 영향력을 발휘하는 것을 온 땅이 보고 인식하도록 해방된 이스라엘로 눈을 돌린다. 야웨는 '이스라엘의 출애굽 사건을 통해서' 그리고 '그 사건 안에서' 땅 위에 역사하심을 보여주셨다. 두 개의 중심 연은 이 사실을 점진적으로 드러내는데, 가령 둘째 연 "바다, 그가 보고 도망하며…"(3a절)에서는 단지 현상만을 표현하다가 넷째 연에서 '바다'가 창조주와 구원자의 활동을 보았다는 사실을 분명하게 이야기한다. 물론 이것은 셋째 연에서 (답변을 요하지 않는) 수사적 의문문으로 이미 언급된 내용(이스라엘의 출애굽을 통해 바다, 요단, 산들이 확실하게 변화되었다!)이다. 넷째 연은 이 변화가 어느 정도인지를 결론처럼 설명하며 더 나아가 이들 변화에 대해 놀라움으로 반응할 것을 요청한다.

이 시편 본문은 대부분 찬양이다. 하지만 명령형 할렐루야를 제외하면 찬양시를 대변하는 모든 요소가 결여되어 있다. 그러므로 이 시편은 어떤 장르의 시라고 특정할 수 없다. 왕이신 야웨를 위한 노래로 분류하는 것이 가장 설득력 있을 것이다.

1-4절: 통치자 왕으로서 야웨의 등극

5-8절: 그의 왕권의 지속적인 영향력

우리는 이 시편 화자의 '생동감 있는' 묘사를 통해 출애굽의 영향력을 확신하는 공동체에 대해 생각할 수 있다. 해방된 역사를 기억하며 증언하는 예배는 이 시편의 근간을 이룬다. 이러한 예배는 이 시편의 '오늘날' 역할이기도 하다. 암시적이지만 이 시편은 이를 분명히 하고 있다.

시편 114편의 언어와 정신적 세계는 포로기 이후의 사상을 담고 있다. (1) 이 시편은 이사야 40-55장의 신학적 이념과 사상으로부터 영향을 받고 있다. (2) 3절에서 홍해 기적과 요단강 도하 사건을 나란히 기술하는 것은 포로기 이후 신학에서 가능했다.(수 3-4장) (3) 왕으로서의 야웨의 통치를 증명하는 출애굽 사상은 후기의 본문인 출애굽기 15장 1-18절과 19장 6절에 근거한다. (4) 8절은 신명기 8장 15절, 32장 13절에서 영감을 받았다.

해석

첫째 연(1-2연)은 출애굽에 대한 생생한 기억으로 시작된다. 이 연에서는 무엇보다도 제사장 문서의 전문용어인 '나오며'(벗어나다, 이주하다; 비교. 원제사장 문서인 출 12:41, 16:1, 19:1과 신명기적 문서인 출 13:8) 동사가 네 가지로 묘사된다. 우선 출애굽은 애굽을 떠나는 것이다. 이스라엘은 지금까지의 삶의 세계로부터 해방된다. 비로소 이집트는 그들의 관심 밖에 존재하게 된다. 이스라엘은 애굽에서 살던 시간에 종지부를 찍고 '고통과 위험에서' 벗어난다. 여기서 '자유롭게 되다', 즉 '벗어남의 자격을 얻다'라는 동사는 특히 중요하다. 다시 말해서 이 동사의 두 가지 함축적 의미(뉘앙스)가 중요하다.(비교. 삿 16:20, 삼상 14:41, 왕하 13:5, 겔 15:7, 특히 출 21:2-11, 레 28:28ff., 27:21, 사 49:9)

그러고 나서 세 번째로 이 동사는 출발에 관한 사상, 어떤 일과 계획의 시작에 관한 사상을 표현한다.(삿 2:15, 왕하 18:7 등) 출애굽은 앞으로 일어나게 되는 새로움을 향한 출발이다. 네 번째로 '나가다'[벗어나다, 이주하다(jaza)]라는 동사는 싸움과 전쟁으로부터의 탈출을 묘사하는데(비교. 출 12:41, 민 1:3, 20ff., 신 20:1, 23:1) 이 함축적 의미는 둘째 연과 셋째 연에서 특히 강조된다.

이 시편의 첫 부분에 해당하는 히브리어 본문은 출애굽 이야기에서 네 가지 관점(돌이킴, 자유로움, 출발, 투쟁)을 구체적이고도 폭넓게 다루면서 강조한다.["이스라엘의 이주를 통해서"−히브리어로 부정사(Infinitiv)가 사용됐다.] 이제 이 시편은 이스라엘이 그들의 역사 속에서 (첫 번째) 출애굽을 감행할 때 무엇이 일어났는지(2-6절), 무엇이 항상 작용했는지(7-8절)를 노래하기 원한다.

가장 먼저 1b절은 이스라엘이 출애굽을 통해 무엇으로부터 해방되었는지를 설명한다. 그들은 "언어가 다른 혼합 민족에게서 나왔다." 여기서 사용되는 동사(방언을 하다, 이해할 수 없는 말을 하다)는 성서에 한 번 나오기 때문에 그 분명한 의미를 특정할 수 없고 본문을 통해서만 파악할 수 있다. 이 본문은 "언어가 다르고 서로 타협하기 어려운 (애굽) 백성과의 만남이 재앙의 상황이요, 야웨의 심판이다."라는 의미로 해석된다.

이사야 33장 19절은 예루살렘이 언어를 이해할 수 없는 (이방) 백성으로부터 구원과 자유를 얻었다고 표현한다. "네가 강포한 백성을 보지 아니하리라 그 백성은 방언이 어려워 네가 알아듣지 못하며 말이 이상하여 네가 깨닫지 못하는 자니라." 심판의 언어인 예레미야 5장 15절도 유사하다. "여호와의 말씀이니라 이스라엘 집이여 보라 내가 한 나라를 먼 곳에서 너희에게로 오게 하리니 곧 강하고 오랜 민족이라 그 나라 말을 네가 알지 못하며 그 말을 네가 깨닫지 못하느니라."(비교. 신 28:29도 비슷하다.)

여기서 이방인의 언어는 낯섦과 적대감 그리고 삶의 위협의 증후이다. 우리의 시편에 따르면 이스라엘은 우세한 애굽을 다음과 같이 느끼고 있다. 애굽은 소통할 수 없는 민족이고, 이해하기 어려운 개화된 문명을 가졌으며, 무엇보다도 그들이 섬기는 신들과 그들의 기도 및 규례는 이스라엘 민족에게 혼란을 가져오는 종교이다. 그러므로 우리의 시편에서 '애굽에 있는 이스라엘'은 실향(失鄕), 속수무책, 격리, 천민화, 문화와 종교의 불안정을 표현하는 은유이다. 이러한 상황에서 이스라엘은 애굽을 탈출한다. 그리고 이러한 탈출(이주)은 이스라엘의 새로운 실존으로의 출발이다.

이스라엘은 애굽에서 탈출했고 이후 예상치 못한 고난을 경험한다. 하지만 애굽과의 관계를 종결한 후 그들은 다른 놀라운 관계를 형성하게 되었다. 이스라엘은 하나님의 성소가 되고 이스라엘은 그분의 왕국이 된 것이다!(2절) 이러한 관계 형성은 단지 이스라엘만이 아니라 이스라엘 하나님에게도 해당되는 것이었다. 출애굽의 여정은 하나님께서 이스라엘의 존재를 문화적, 정치적으로 변모시키는 데 적합했다. 이처럼 이스라엘은 하나님 없이 스스로 새로운 존재로 거듭난 것이 아니었다. 이스라엘은 출애굽을 통해서 새로운 존재로 거듭나기 위한 전제와 조건을 훈련했다. 이스라엘은 하나님의 성소가 되고 하나님 현존의 생생한 거처가 되었다. 뭇 민족의 신들이 계시의 매개체로서 그림과 형상과 신전을 가지고 있던 것과 달리, 이스라엘의 하나님은 출애굽에서 자기 백성에게 그분 자신을 계시하셨다. 해방된 이스라엘은 야웨의 살아 있는 성전이었다. 이스라엘은 야웨를 그들의 해방자로 찬양하고 기억하기 위해 그리고 자유를 계승하기 위해 해방을 기념하는 축제에서, 야웨에게 헌신하는 곳에서 그분의 선택된 제사장 역할을 수행한다.

당연히 이스라엘은 그들 자신만을 위한 야웨의 성전이 아니다. 그분의 성전은 '이스라엘로부터' 그리고 '이스라엘 안에서' 온 세계를 변화시키는 일을 시작한다. 다음 문장은 이러한 관점을 구체화하고 있다. "출애굽을 통해서 이스라엘은 하나님의 왕국이 되었다." 이것은 출애굽의 정치적 영역을 강조한 말이다. 야웨는 시내산에서 이스라엘에게 당신 왕국의 규례를 제시하신다. 야웨는 그들이 이상적인 사회에서 기본적인 가치와 자유, 형제애를 가지고 살아가도록 규례를 제시하신다. 하나님의 통치를 긍정하는 것이 인도적, 사회적 공동체의 전제이자 가능성이라는 사실은 이스라엘에게서 가시화되어야 한다. 야웨가 이스라엘의 하나님이기를 원하신다는 사실은 야웨가 이스라엘을 돌보고 보호하신다는 것을 의미한다. 야웨는 왕 같은 그의 백성 이스라엘에게 이 세계와 역사 속에서 이미 구원을 행하기 시작했다는 사실을 보여주시기 원한다. 더 나아가 그분은 이 백성 안에서 왕이 되신다. 야웨의 왕권은 뭇 민족 신들의 왕권과 구별된다. 뭇 신들의 왕이 만신전(萬神殿)의 통치자로 군림하여 지배하는 것과 달리, 왕이신 야웨는 당신의 전권을 이스라엘을 돌보는 통치에서 나타내신다. 야웨가 왕 되시며 어떻게 왕 되시는지는 이스라엘에게서 가시화되어야 한다.

첫째 연(1-2절)은 출애굽의 주체로 이스라엘 야곱의 집과 유다를 언급한다. 이러한 다양한 표현은 성서에 소개된 크고 작은 전승과 관련된다. '유다'와 '이스라엘'은 서로 분리된 두 개의 왕국을 의미할 수 있다. 또한 (필자는 그 가능성이 희박하다고 생각하지만) 예루살렘 중앙성전을 생각해본다면 유다는 특권을 가진 '성전'과 관련성을 가질 것이다. 그뿐 아니라 유다는 포로후기의 이스라엘처럼 부분이 아니라 전체인 이스라엘을 함축한 것일 수 있다.

유사한 본문인 출애굽기 19장 3-5절처럼 이스라엘과 유다의 개념은 그 둘을 구별할 수 있는 분명한 특징들을 상실하고 두 개념을 서로 교환할 수 있게 되었다. 이것은 긍정적 변화를 의미한다. 시편은 출애굽 당시 이스라엘과 유다가 아직 분리되지 않았음을 강조한다. 서로 경쟁 관계에 있는 (두 개의) 나라와 교회는 야웨의 성전과 왕국이 될 수 없다. 출애굽은 '하나의' 이스라엘을 목표로 한다.(사회적으로 다양한 형태 안에서!) 이것은 첫째 연에서 강조된다. 즉 첫째 연 처음과 끝에 한 번씩 사용되는 명사 "이스라엘"은 첫째 연의 테두름을 구성하는 문체론적 특징을 통해서 출애굽이 '하나의' 이스라엘을 목표로 한다는 것을 강조한다.

둘째 연(3-4절)은 첫째 연에서 노래하고 있는 사건의 무대와 장면을 표현한다. 이스라엘이 애굽으로부터 탈출하여 거룩한 왕이신 야웨의 백성이 되는 사건이 정치 역사에서 일어났다. 이 사건은 역사의 구조를 변경한 사건이었다. 사용된 표현뿐 아니라 그것에 연결되는 전통과 합쳐져 그리고 삽입된 비유를 통해서 둘째 연은 세 가지 영역을 시사한다. 이 세 가지 영역에서 이스라엘의 출애굽은 역사를 변경하며 결정하고 있다. 우리는 사건의 첫 번째 영역에서 출애굽을 이스라엘의 역사적인 원사건으로 만나며, 계속해서 출애굽기부터 여호수아까지 출애굽과 이후 광야에서의 이동, 가나안 땅 정복 등에 관한 설명을 접한다.

이주와 땅 정복에 관한 노래는 3절에서 시작된다. 3절은 "바다"(홍해)와 "요단"을 이스라엘이 해방의 길을 걷는 데 방해가 되는 정치적, 지리적 한계로 언급한다. 바다는 이스라엘이 애굽을 떠나기 위해 극복해야 하는 '애굽'이라는 한계였다. 바다의 기적(출 14-15장)에 관한 다양한 이야기층은 다음과 같은 공통점을 가진다.

출애굽 전까지 이스라엘을 고통스럽게 한 애굽은 바다에서 끝난다. 애굽이 발휘하던 사망의 힘은 바다에서 소멸되고, 애굽에게 바다는 권력의 몰락과 상실의 장소가 되었다. 그러나 이스라엘에게 그 바다는 자유의 문이 되었다. 이스라엘 원역사에 관한 정경의 이야기(쉐마)에 따르면 이스라엘을 가로막고 선 두 번째 한계는 '요단', 즉 또 한 번의 '물'이었다. 그러나 이 한계는 여호수아 3-4장이 강조하고 있는 것처럼 출애굽하는 이스라엘을 위해 기적적으로 열린다.

"너희의 하나님 여호와께서 요단 물을 너희 앞에서 마르게 하사 너희를 건너게 하신 것이 너희의 하나님 여호와께서 우리 앞에 홍해를 말리시고 우리를 건너게 하심과 같았나니 이는 땅의 모든 백성에게 여호와의 손이 강하신 것을 알게 하며 너희가 너희의 하나님 여호와를 항상 경외하게 하려 하심이라."(수 4:23-24)

이 본문(들)에서는 우리의 시편처럼 '바다의 기적'과 '요단의 기적'이 평행 구조를 이룬다. 물론 우리의 시편이 '물에 관련한 기적'과 '물 저지 현상' 두 가지를 이야기하고 있지만, 그렇다고 해서 출애굽기 14-15장과 여호수아 3-4장에 의해 고무된 것은 아니다. 출애굽한 이스라엘이 자유롭게 지나갈 수 있도록 홍해와 요단의 물이 사라지고 마른 길이 난 사건이 이 시편에 함축되어 있을지라도 말이다. 우리의 시편에 나타나는 이주와 땅 정복은, 홍해가 서둘러 물러나며 사라지는 것과 요단이 방향을 전환하여 반대 방향인 위쪽으로 흐르며 마른 강바닥을 드러내는 것을 통해 실현된다.

4절은 바다와 요단 사이의 사막을 이동하는 이스라엘의 여정에 집중한다. 오경 전승에 따르면 이 길은 시나이 반도 남쪽에 있는 산악지대를 통과하는 길이다. 무엇보다도 이 길은 야웨가 현현하신 시내산을 거쳐 동쪽의 아라바(Araba)와 사해의 산악지대를 통과하고 여리고를 넘어 요단까지 이른다. 4절은 여기 산들이 뛰며 솟아오른 것을 언급한다. 적지 않은 주석가들은 4절의 묘사가 시내산에서의 하나님 현현을 암시하는 것으로 해석한다.(참조. 출 19장) 하지만 이러한 해석은 필자에게 설득력이 있어 보이지 않는다. 출애굽기 19장은 산들의 진동이 아니라 백성의 동요를 언급한 것이기 때문이다. 필자의 견해에 따르면 출애굽기 19장 18절이 본래의 수기 원본이다.("온 백성이 크게 진동하였다.") 물론 산의 진동을 시내산에서의 하나님 현현으로 표현하는 본문들이 존재하기는 한다. 시편 68편 8절 이하와 사사기 5장 4절이 그 예이다. 이 전통은 시내산의 하나님이 백성 앞에서 소리칠 때 모든 산이 떨며 진동한다고 말한다.

> 하나님이여 주의 백성 앞에서 앞서 나가사 광야에서 행진하셨을 때에 (셀라) 땅이 진동하며 하늘이 하나님 앞에서 떨어지며 저 시내 산도 하나님 곧 이스라엘의 하나님 앞에서 진동하였나이다(시 68:7-8)

시편 114편 4절은 출애굽기 19-34장의 시내산 전통과 깊이 관련된다고 볼 수 없고, 오히려 바다에서 요단까지의 모든 여정을 은유적으로 표현한 것으로 봐야 한다. 그러므로 산과 작은 산들이 '(껑충) 뛰어가다'라는 말은 해방을 향한 이스라엘의 여정을 표현하는 것이다. 야웨가 이스라엘을 안내하고 그들을 위해 길을 내신다. 본문에서는 아직 강조되지 않을지라도 그에 관한 가시적 현상은 분명히 나타난다. 4절에 언급된 현상이 일어난 곳은 야웨가 이미 오신 곳이다. 이후 4절의 언급은 넷째 연에서 요약된다.

주석가들은 이 은유의 정확한 뉘앙스를 다양하게 해석한다. 여기서 껑충 뛰는 것을 '축제의 기쁨의 춤'으로 규정하는 견해(A. 다이슬러)가 있는데 설득력이 적어 보인다. 이 비유는 어린 양과 숫양과 관련되기 때문이다. 오히려 산과 작은 산이 어린 양과 숫양처럼 뛰는 것은 일반적으로 이스라엘의 출애굽을 통해 자신을 계시하신 하나님 앞에서 두려움을 가득 갖고 뛰는 것으로 이해될 수 있다. 이것은 확실히 하나님의 현재화됨(Gegenwärtigwerden)에 대한 당혹스러움을 표현하고 있다. 3절은 이 바다의 '도망'이 하나님의 권능 앞에서 놀랐기 때문에 일어난 것임을 말해주고 있다. 이와 동일한 동사와 동물 은유는 시편 29편 6절, 즉 뇌우의 신 야웨가 현현할 때 시룐산[2]이 보인 반응에서도 동일하게 나타난다.

> 그 나무를 송아지 같이 뛰게 하심이여 레바논과 시룐으로 들송아지 같이 뛰게 하시도다(시 29:6)

시편 29편 6절은 문맥상 부차적이라고 볼 수 있지만 시편 29편 3-9a절 상황과 조화를 이루고 전체적으로 잘 어울린다. 시편 29편 3-9a절은 지중해부터 레바논 지역을 넘어서 나타나는 뇌우의 움직임을 표현한다. 여기서 나타나는 뇌우의 움직임은 자신의 백성을 위해 생명을 전달하는 왕이신 하나님 야웨의 현현에 대한 신비적 은유로 사용되고 있다. 시편 29편 3-9a절은 바다에서 올라오는 뇌우의 하나님으로

---

2 시룐(Sirjon)산은 헤르몬산을 가리킨다. – 옮긴이 주

인해 두려움으로 가득 찬 송아지와 들송아지가 '껑충 뛰어오르는' 모습을 언급한다.

그러나 우리의 시편은 어린 양과 숫양의 '뛰어오름'에 대한 은유를 이와 다르게 사용하고 있다. 우리의 시편 114편이 시편 29편에 등장하는 동물과 다른 동물을 선택한 것은, 우리 시편의 관심 지역이 29편에서 표현되는 지역과 다르다는 사실을 의미한다. 또한 29편을 넘어서는 다른 뉘앙스를 추구한다고도 볼 수 있다. 여기서 어린 동물들의 '뛰어오름'은 다음과 같이 생각할 수 있다. 사람들이 다가가면 어린 양과 숫양이 비껴서는 것처럼 산들도 비껴선다. 야웨와 그의 백성이 자유롭게 지나갈 수 있도록 평평하고 곧게 뻗은 길을 만들기 위해 바다와 요단이 서둘러 물러가고 산과 작은 산들이 어린 양과 숫양처럼 껑충 뛰고 있다. 본문의 언어들이 암시하는 사건의 두 번째 영역을 살펴본다면 이러한 해석에 더욱 가까이 접근할 수 있을 것이다.

두 번째 영역은 이스라엘의 위대한 두 번째 출애굽이다. 이는 기원전 587년 유다가 멸망하면서 바빌론 포로로 끌려간 이스라엘이 (비록 이전과 환경이 달라졌지만) 선조의 땅으로 다시 돌아온 것을 말하며, 재앙이 종결되었음을 뜻하는 두 번째 출애굽을 의미한다. 야웨는 그분 자신을 이스라엘 민족에게 계시하셨고 이스라엘은 그들 선조의 땅에서 계속 야웨의 명령을 수행하기 위해 포로의 땅 바빌론으로부터 돌아왔는데, 이러한 내용을 담고 있는 것이 소위 제2이사야의 신학이었다. 제2이사야의 신학인 이사야 40-55장은 포로기 시대에 위대한 구원의 비전을 선포한다. 이스라엘의 기원인 출애굽은 그들의 고유한 정체성을 형성한 사건이었다. 그러므로 그들은 기원전 587년 유다의 멸망으로 다시 노예가 되었을 때에도 출애굽을 기억한다. 이 출애굽은 이스라엘 백성에게 신실한 야웨께서 새로운 영향력을 행사하신 위대한 구원 행위이다.

첫 번째 출애굽인 애굽 탈출에서 야웨는 이스라엘을 위한 현실(Realität)이었다. 첫 번째 출애굽은 소위 바빌론으로부터의 귀환, 즉 두 번째 출애굽과 나란히 배치되고 있다. 바빌론으로부터의 탈출(두 번째 출애굽)은 첫 번째 출애굽의 현실화이다. 이사야 40-55장의 관점에서 바빌론과 예루살렘 사이의 사막은 무엇보다도 두 개의 장애물을 가지고 있다. 그 사막에는 길이 없고 물이 없다. 그러므로 이사야 40장 3-5절은 고르고 평평한 길, 무엇보다도 산과 작은 산들이 고르게 되고 골짜기들이 돋워져서 길이 만들어지는 비전을 설계하고 있다.(비교. 사 42:16b, 49:11)

우리의 시편은 이와 같은 사상을 이해하고 자신의 독특한 특성으로 삼는다. 야웨는 산들과 골짜기들을 고르게 하기 위해 직접 개입하실 필요가 없다. 그것들은 야웨와 그의 백성에게 고르고 평안하고 자유로운 길을 만들어주기 위해 스스로 옆으로 비켜서고 있다.

우리의 시편 안에는 첫 번째 출애굽과 두 번째 출애굽의 신학적 메시지가 서로 융합되어 있다. 이를 통해서 이 시편은 의도적으로 표현하려는 결정적인 세 번째 영역으로 나아간다. 야웨가 '이스라엘과 함께' 그리고 '이스라엘을 통해서' 시작한 해방의 역사를 성취한다면 첫 번째 출애굽과 두 번째 출애굽에서 우리는 이스라엘의 왕이요, 모든 권능과 권력의 통치자인 야웨 앞에서 어떤 권력의 소유자도 자신의 능력을 발휘할 수 없다는 사실을 명백하게 알게 된다. 다시 말해 첫 번째 출애굽과 두 번째 출애굽에서 야웨는 신화적인 권능을 증명하신다. 야웨의 권능은 신화적인 혼돈과 그 혼돈을 상징하는 역사적, 정치적 인물인 바로들을 복종시키고 마침내 그들의 힘을 빼앗는다. 바로를 이긴 야웨의 승리는 일회적 사건이 아니라 야웨의 존재를 알려주는 매우 중요한 특징적 현상이다. 바다(물)가 도망하고 요단이 물러간다는 대목을 통해 시편 114편 3절은 미래의 시간, 특히 종말론적 시간에 드러나는 출애굽의 신화적 영역을 암시한다.

이것은 일반 전쟁의 전문용어가 아니라 고대 근동의 혼돈의 세력과의 투쟁 신화를 암시한다. 이 신화에서 창조주는 의인화된 혼돈의 물을 추격하고 그것과 싸워 이긴다. 이 신화에 따르면 창조의 행위는 이것을 증명하는 것으로 시작한다. 대부분의 경우 구약성서는 땅을 삶의 공간으로 만들고 보호하기 위해서 야웨가 혼돈의 용(Urwasser-drachen)을 쳐서 죽인다고 말한다. 그 예로서 시편 74편 13-14절과 시편 89편 5-14절(특히 10절)을 제시할 수 있다. 또한 욥기 26장 5-14절과 40장 이후(하마와 악어, 즉 베헤못[3]과 리워야단[4])도 예로 삼을 수 있다. 이 본문들이 투쟁을 언급하고 있는 반면 시편 104편 7절은 야웨가 손을 전혀 사용할 필요도 없이 단지 꾸짖으시는 모습을 보여준다. 혼

---

3 하마나 코끼리 같은 짐승을 가리킨다.

4 악어처럼 생긴 바다 괴물을 가리킨다.

돈의 물은 야웨로부터 도망하여 사라진다. 시편 114편 3절은 이 혼돈의 투쟁 신화의 형성을 정확하게 암시하고 있다.

혼돈을 지배하는 야웨의 신화적인 권능의 현실화로서 역사적 출애굽은 야웨의 초월성(Transzendenz)을 의미하기도 한다. 출애굽 사건에서 야웨가 매우 현재적이기 때문에 이 행위 안에서 그의 하나님 되심의 온전한 성취는 아직 다 파악되지 않는다. 이것은 야웨의 신화적인 권능이 새롭게 증거될 가능성을 열어주고 있다. 혼돈을 제어하는 것은 당연히 야웨의 신화적 정체성에 속한다. 이스라엘의 삶을 지원하는 하나님 야웨는 출애굽에서 이스라엘에게 그분의 정체성을 계시하신다. 그렇기 때문에 이 시편을 노래하고 있는 포로기 이후의 이스라엘은 야웨가 이스라엘을 구원하기 위해서 새롭게 오실 것이라는 믿음을 가득 품을 수 있었다.

이것은 사실 시편 114편에 있는 신화적 의미가 절정을 이루는 것이다. 이스라엘을 위한 야웨의 신화적인 권능의 계시로서 출애굽이 의미하는 것은 이스라엘이 이 근본적인 사건을 '현재에' 그리고 '미래에도' 영향력 있는 사건으로 인식하는 것이다. 그렇다. 야웨의 오심은 이스라엘 백성에게 지금까지 주어진 모든 것을 능가할 수 있고 성취할 수 있는 (정신적) 영역들을 설명한다. "야웨의 새로운 오심은 야웨께서 성취하시는 미래로서… '언제나-이미-여기-존재(도래)'의 평범성(Mediokrität)을 승인하는 것은 아니다. 오히려 야웨의 성취, 즉 그분의 새로운 오심은 잘 알려진 현존재(Dasein)의 존재적(ontisch) 상태를 종말론적으로 파헤친다."(H. P. 뮐러) 출애굽의 이 영역은 이 시편의 다음 두 개의 연에서 계속 펼쳐진다.

셋째 연(5-6절)에서 신화적인 영역은 두 가지 방법을 통해서 계속 제시된다. 하나는 바다와 요단, 산들과 작은 산들이 인격화된 권능으로 직접 언급되는 것이고, 또 하나는 동일한 시간을 나타내는 시제의 질문이 제시되는 것이다. 질문자는 "네가 도망함은 어찌함인가?(지금 여기 너에게 무슨 일이 일어났는가?)"라는 질문을 사건의 직접적인 증언으로 제시하고 있다. 필자의 견해에 따르면 이 질문은 풍자적이지 않다. 오히려 분명하게 확인할 수 있는, 여기 제시된 사건의 특별함과 비범함을 역설하고 있다. 그러므로 5-6절에서 제시되는 이 질문은 출애굽이 일어난 고대의 시간으로 거슬러 올라가는 것이 아니다. 이 질문은 실제적인 사건에 관심을 기울이고 있다. 바다와 요단이 도망하고 산이 진동하는 사건은 이 시편에 언급된 사람들을 위해 그들의 눈앞에서 이뤄지고 있다.(시인이 이 시편 첫 부분에서 '할렐루야'를 요청하고 있는 점을 생각해보라.) 처음 두 개의 연(첫째 연과 둘째 연)이 노래하는 출애굽 사건은 현재에도 계속해서 작용하고 있다. 그것은 사건의 근거와 목적과 의미에 따라서 질문할 수 있는 현재의 경험이다.

질문에 대한 대답은 넷째 연(7-8절)에서 주어진다. 넷째 연은 직접 명령형을 사용하여 땅에 요청하는 내용으로 시작한다.(7절) 그리고 뒤이어 8절은 과거 하나님에 대한 경험을 분사로 표현하여, 7절에 나온 명령의 성취 가능성을 열어주고 있다.[5] 특별히 7절은 7a절과 7b절 첫

---

5 (공동체가 함께 부른 찬양이든, 개인이 홀로 부른 노래이든) 시편 114편은 "땅

부분에 위치한 전치사구("얼굴 앞에서")를 통해 강조된다.[6] 동시에 여기서 우리는 '야곱의 하나님'이신 '땅 위의 통치자'의 현현, 오심, 행하심을 이해할 수 있다.(비교. 특별히 시 68:2, 8, 96:13, 97:5, 98:9) 넷째 연에서 매우 다양하게 표현되는 신 현현(Theophanie)은 셋째 연의 사건을 보여준다.

고대 근동에서는 신들의 오심을 설명할 때 자연의 진동, 특별히 물과 산의 놀람을 주로 레퍼토리(Bildrepertoire)로 삼았다. 또한 전투적인 상황에서 신들의 임재를 설명할 경우 뇌우와 연관 지어 설명하고 소개했다. 이러한 이미지(자연의 진동이나 놀람, 뇌우 등)를 통해 왕(신)들의 전투적이고 호전적인 개입을 전달했던 것이다.

전능한 야웨의 오심과 그의 영향력을 표현하기 위해 구약성서는 고대 근동의 공통적인 전승을 폭넓고 다양하게 담고 있다. 특히 예언자 문학과 시편은 야웨의 왕권과 그 왕권의 종말론적, 전 우주적 성취를 선포하기 위해 '야웨의 현현 시 바다와 산 등의 자연이 진동한다는

이어 너는 (네) 주의 얼굴 앞에서 떨지어다"(7절)라는 명령형으로 땅을 향해 요청한다. 그리고 뒤이어 8절에서 "못물을 변화시키고 차돌로 샘물이 되게 하셨던" 하나님을 언급함으로써 7절의 명령이 성취될 것을 말하고 있다.

6 7절을 히브리어 원문으로 보면 다음과 같다.

(7a절) מִלִּפְנֵי אָדוֹן חוּלִי אָרֶץ

(7b절) מִלִּפְנֵי אֱלוֹהַּ יַעֲקֹב׃

즉 7a절과 7b절은 전치사구인 "얼굴 앞에서"(מִלִּפְנֵי)로 동일하게 시작해 평행을 이루는데, 이러한 전치사구는 7절 내용을 강조한다.

사상'을 전반적으로 혹은 개별적으로 묘사한다.

이와 같은 구약성서적인 신의 현현을 묘사하는 대표적인 예는 나훔 1장 2-8절이다. 야웨의 권능을 찬양하는 이 본문은 니느웨에 대한 심판을 통해 종말론적 최후의 심판을 선명하게 보여준다. 시편 29편 3-9절, 77편 16-18절, 97편 2-5절은 현현하는 야웨를 우주와 역사의 왕으로 노래한다. 또한 예언자적, 묵시적 비전을 나타내는 이사야 24장 18b-23절과 에스겔 38장 17-23절은 야웨의 전투적 징계의 심판을 통한 역사의 종말론적 성취를 선언하고 있다.

우리의 시편은 7절에서 땅에게 진동하기를 요구하는데, 이러한 묘사와 사상은 앞에서 언급한 시편의 단락들 및 예언자적, 묵시적 비전의 본문들과 서로 연결된다. 이것은 종말론적인 신 현현을 준비하라는 요구이다. 이 신 현현에서 '땅의 통치자'(비교. 시 97:5, 슥 4:14)는 '야곱의 하나님'으로 계시된다. 당연히 8절에서 표현된 것처럼 야웨는 자신을 전쟁이나 심판을 통해 계시하지 않고, 선하고도 자비로운 온 땅의 왕으로 계시하신다. 7절은 하나님의 종말론적 행위를 표현하기 위해 '땅이 떨다'라는 표현을 사용하는데 이때 사용된 동사는 명령형("떨지어다")이다. 이어서 8절은 분사 형태[7]의 동사를 사용함으로써 하나님의 종말론적 행위를 7절과 동일한 맥락(의미)에서 우회적으로 표현하고 있다.

---

7 히브리어에서 행위를 표현할 때 사용되는 분사는 모든 시제를 포괄한다. – 옮긴이 주

첫 번째 출애굽 전승을 설명하는 여러 말은 두 번째 출애굽을 암시한다. 그 결과 첫 번째와 두 번째 출애굽이 모두 하나님의 선물이라는 사실이 다시 한 번 강조된다. 이 시편은 사막에서 야웨가 그분의 백성을 구원하려고 행하신 다양한 기적을 증명하기 위해 바위에서 물이 나온 사건, 즉 그분의 기적적인 선물을 선택한다.(비교. 출 17:1-7, 민 20:1-13, 신 8:15) 이것은 야웨의 권능을 나타내기 위해 홍해와 요단의 물, 산과 작은 산들의 반응을 묘사한 3-6절의 이미지이다. 그뿐 아니라 두 번째 출애굽에 관한 제2이사야의 비전, 하나님이 선물로 주신 물의 사건이 고조되면서 실제로 죽음의 장소인 사막이 풍요한 삶의 장소로 변한다는 은유이기도 하다.

이것이 시편 114편 8절의 기쁜 소식이다. 야웨는 자신의 종말론적 왕권을 '증명하려는' 대목마다 스스로를 '사막에 물을 주시는' 분으로 계시한다. 물을 주시는 분으로 하나님을 이해하는 것은 당시 하나님 이해의 본보기이고 은유이다. "바위에서 물이 솟아나게 하는 것은 하나님의 무한한 권능의 증거이고 죽음을 삶으로 바꾸는 은혜의 증거이다. 그래서 땅이 주 앞에서, 곧 야곱의 하나님 앞에서 떨게 되는 것이다. 땅은 주 앞에서 진동했고 앞으로도 진동할 것이다. 그러므로 그분은 당시에 이미 존재하셨듯이 지금도 여전히 존재하신다. 그리고 당시에 그분 자신을 보여주신 것처럼 앞으로 다시 오실 것이다."(P. 델리취)

8절과 정경의 출애굽 이야기를 비교해보면 중요한 신학적 견해차를 알 수 있다. 8절은 바로의 멸망을 강조하는 것이 아니라 하나님이 물을 주신 기적을 강조한다. 역사의 중요한 주제로서 하나님의 심판이 아니라 출애굽을 하게 하신 하나님의 선하심을 소개하고 있다. 우리의 시편은 혼돈의 물속에서 멸망하는 바로의 이미지를 보여주는 것이 아니라 야웨가 (물에 관한 은유 속에서) 생명의 수여자로서 온 땅에 증명됨을 보여준다. 또한 우리의 시편은 첫 번째 출애굽의 역동성이 땅의 변화(Metamorphose) 속에 평화롭게 진행되고 있음을 강조한다. 우리의 시편은 새로운 시대의 종말론적 시간을 이상적인 대체 사회(Kontrastgesellschaft)로서 왕 같은 백성을 통해 전달하고 있다.

시편 126편

1a 순례자의 노래

1b 여호와께서 시온의 포로를 돌려보내실 때에
1c – 우리는 꿈꾸는 것 같았도다 –
2a 그때에 우리 입에는 웃음이 가득하고
2b 우리 혀에는 환호가 가득했다.
2c 그때에 뭇 나라 가운데에서 말하기를
2d 여호와께서 크신 분으로 보이시고, 그들에게 큰일을 행하시는도다.
3a 여호와께서 크신 분으로 보이시고, 그들에게 큰일을 행하시는도다.
3b 우리는 기쁘도다!

4a 여호와여, 우리를 다시 돌려보내소서!
4b 네게브의 시내들같이.
5a (이제) 눈물을 흘리며 씨를 뿌리는 자는
5b 환호하며 거두리로다.

6a 그곳으로 나가 울며
6b (그리고) 씨를 뿌리는 자,
6c 그는 다시 환호하며
6d 그 곡식단을 가지고 돌아오리로다.

개론

이 시편의 제목은 '순례자의 노래'이다.(어떤 주석가들은 '계단을 오르면서 부르는 노래', '언덕에서 부르는 노래', '귀향의 노래', 즉 '포로 생활에서 귀환하는 자들이 부르는 노래'로 해석하기도 하지만 필자는 '순례자의 노래'가 더 맞다고 생각한다.)

시편 120-134편은 '순례자의 노래'라는 동일한 주제를 가진, 전체 시편 책 속에 있는 또 하나의 '작은 시편 책'이다. 아마도 기원전 4세기에 예루살렘 성직자 계급에 의해서 시온 순례자(그룹)를 위한 '순례자의 작은 시편 책'으로 통합 편찬되었을 것이다. 이처럼 우리의 시편 126편은 시편 책 속에 있는 시편으로서 순례자의 노래이다.

기본 구성 요소가 오래된 이 '노래들'의 대부분은 '시온 순례자의 시편 책'에 포함될 때 편집되었다. 또한 시편 132편과 134편은 이 소책자를 편집할 때 비로소 기록되었다고 볼 수 있다. 이 소책자를 포괄적으로 작은 파피루스 두루마리로 보는 견해는 적합하다.(예를 들어 15편의 시편이 시 22편의 3배 정도 분량이다!) 그렇기 때문에 이 소책자를 편집할 때 비용 면에서도 문제가 없었다.

이 시편들의 '원작'(Urfassung)은 평범한 사람들, 특히 시골의 소작농과 수공업자의 삶을 감동적으로 반영한다. 또한 농촌에서 일어나는 실제 경험을 강하게 드러내고 있다. 인간적인 고난은 쟁기를 통해 갈아엎어지고 도랑이 만들어지는 들녘과 비교된다.(시 129:3) 여기 하나님을 경외하는 자들의 축복이 있다. 이 축복은 '그의 자녀와 그 자녀의 자녀들 안에서' 계속 반복되며 살아 있는 영향력을 발휘한다. 이것은 오래된 올리브나무에 관한 섬세한 묘사로 표현된다. 사람들은 올리브나무의 뿌리는 자를 수 없다. 그래서 뿌리가 남아 있기에 싹을 틔우고 어린 가지를 내는 오랜 올리브나무로 묘사된다.(시 128:3) 그들은 대지주와 자본가 그리고 행정 시스템(페르시아나 프톨레마이오스의 중앙집권적 세금!)으로 인해 사회적, 역사적으로 제한받는 고된 일상을 살아가는 소작농과 수공업자들이 되었다. 이들의 고된 일상은 '작은 자의 하나님' 야웨의 보호와 안전에 대한 열망과 대조를 이룬다. 시편의 시인은 행복에 대한 그들의 희망을 실제 삶에 근거한 비유로 표현하고 있다.

그것은 무엇보다도 풍성한 수확이나, 죽음의 위험으로부터의 해방으로 묘사된다.[예를 들어 사냥꾼의 올무가 끊어지고 잡힌 새가 올무에서 벗어나는 것(시 124:7), 안전을 보장해주는 성벽이나 성문이 없는 마을 그리고 작은 도시의 사람들이 약탈과 살인의 위험이 만연한 밤의 시간을 지내고 아침을 맞는 것(시 130:6) 등] 우리의 시편은 이후 '해석' 부분에서 언급하겠지만 농부들이 경험하는 삶을 생생하게 묘사하고 있다.

이 '일상의 노래'들은 시온신학의 영적 감각으로 편집되었기 때문에 '시온시편'으로 분류된다.[8] 고라 자손의 시온신학은 시온을, 권능을 이루는 우주의 중심으로 찬양하는 반면 이 시온신학은 시온에서 시작되는 이스라엘을 향한 축복신학을 강조한다. 이 축복신학의 요점은 '순례자들의 소책자'의 결론인 시편 134편에서 제시된다. 시편 134편은 소망을 갖고서 순례자들을 그들의 사회와 가정의 일상 속으로 '파송한다.' "천지를 지으신 여호와께서 시온에서 네게 복을 주실지어다."(시 134:3)

순례자들은 세속적인 세계로 돌아갈 때 형제들의 예배 공동체(비교. 이 책의 5장에 나오는 시 133편을 보라.)의 장소인 시온에서 받은 축복과 동행한다. 세상을 '삶의 집'으로 만드신 창조주 하나님의 축복은 '시온으로부터' 또한 '시온으로부터 멀리 떨어진 곳에서도' 풍성한 결실을 드러내야 한다. 이것이 우리 시편의 관점이자 특별한 강조점이다.

우선 우리의 시편 126편은 시온을 하나의 장소로 본다. 이 시편에 따르면 시온은 야웨께서 이스라엘과 온 세계 민족을 위해 완전한 형태로 소유하셔야 하지만 아직은 미완의 상태로 존재하며, 앞으로도 그럴 수밖에 없는 장소이다. 그러므로 시편의 둘째 연(4-6절)은 현재의 고난이 끝나는 날이 와야만 한다는 '청원'으로 시작한다. 또한 이 시편은 야웨가 시온을 완성하시리라는 믿음으로 시작한다.(첫째 연인 1-3절) 그렇다. 이 연은 이미 이스라엘과 세계의 민족들에게 미치는 시온의 영향

---

8 고라 자손의 시편은 42-49편, 84-85편, 87-88편이다.

력 속에서 시온의 완성을 보여주고 있다. 이 시편은 많은 번역(특히 독일공동번역)이 보여주는 것처럼 과거에 대한 조망이 아니라 믿음과 소망을 가지고 현실에 저항하는 '미래에 대한 꿈'으로 시작한다. 이 꿈이 이뤄진다는 것은 야웨가 야웨라는 사실, 다시 말해 야웨가 당신 백성의 역사 속에서 생명과 자유의 하나님으로, 축복을 넘치도록 부어주시는 은혜의 하나님으로 증명된다는 사실만큼이나 확실하다. 무엇보다도 시온에서 꿈이 이루어진다! 일찍이 시온에서 시작된 축복의 역사는 약속에 신실하신 야웨 때문에 계속될 것이고 계속되어야만 한다. 이것은 당시에도 그렇고 오늘날에도 우리 시편의 '시온의 순례자'들이 증언하기 원하는 역사신학의 열정이다!

우리 시편의 원본문이 '순례자의 시편 책'으로 어떻게 수용되었는지를 여기서 길게 논의할 수는 없다. 단지 두 가지 가능성을 제시할 수 있을 뿐이다. 4-6절은 고난의 시기에, 특히 기근과 흉작의 시기에 불린 '청원의 노래'였거나 (아마) 본래의 시편은 이미 역사신학적으로 작성되었을 것이다. 필자의 견해로는 '원래의 시편' 구절의 구성이 4절, 2절("그들에게 큰일을 행하시는도다."라는 부분이 없는 2d절), 5-6절의 순서였을 것이다.

우리 시편의 최종적인 형태에서는 순례자들이 시온을 순례할 때 어떤 장소를 선호했는지 결정하기가 어렵다. 이러한 결정은 순례자의 노래 수집물에 대한 전반적인 해석에 의존할 수밖에 없다. 우리는 이 순례자의 노래 수집물이 순례의 점진적인 과정을 표현하고 있는지, 노래들의 순서를 나타내고 있는지(마을에서 출발, 예루살렘, 도시의 성문,

성전 행정구역 등을 경유하여 마지막으로 파송의 축복이 선포되는 대예배 참여), 그저 순례자들(그룹)이 임의로 자유롭게 선택하여 느슨하게 수집한 결과물인지 등을 다양하게 물어야 한다. 이에 따라서 우리 시편이 사용된 여러 장소도 살펴야 한다.

해석

이 시편은 첫째 연(1-3절)에서 시온을 위한 위대한 구원의 비전을 요약하여 나타낸다. 이 위대한 구원의 비전은 기도자들에게 정말 억제할 길 없는 기쁨의 축제를 불러일으킨다.('웃음-환호-기쁨'이란 단어는 첫째 연을 규정한다. 비교. "환호"는 둘째 연에서 두 번 사용된다!) 이 위대한 구원의 비전은 민족들에게 하나님이신 야웨에 대한 신앙고백을 불러일으킨다. 야웨께서 당신의 백성을 위해 위대한 일을 행하신다는 신앙을 고백하도록 한다. '환호'라는 말은 구약성서 전승에서 세 가지 중요한 의미를 가진다.

첫째, 새로운 왕의 등극을 '환호'로써 축하한다. 이것은 왕의 명예와 통치를 인정한다는 표현으로, 야웨의 왕권을 축하하기 위해서 사용된다.(비교. 시 47:1)

둘째, 추수의 계절이 되면 새로운 열매와 새로운 포도주, 잘 마른 신선한 씨앗 등을 특별한 요새에 거두어들이고 다음 해를 준비하기 위해 (식량을) 비축하여 축제를 즐긴다.(우리 문화의 풍속과 유사하다.) 추수의 계절은 진정한 축제의 시간으로 일 년 중 가장 아름다운 계절이다. '추수의 환호'는 이사야 9장 1절 이하에서 보여주는 것처럼 억제할 수 없는 공동체의 기쁨(!)에 관한 은유가 될 수 있다. 이사야 9장 1절 이하는 백성들의 고난의 밤을 종결짓는 메시아 왕의 탄생(그의 등극)을 다음과 같이 기록하고 있다.

> 흑암에 행하던 백성이 큰 빛을 보고 사망의 그늘진 땅에 거주하던 자에게 빛이 비치도다 주께서 이 나라를 창성하게 하시며 그 즐거움을 더하게 하셨으므로 추수하는 즐거움과 탈취물을 나눌 때의 즐거움 같이 그들이 주 앞에서 즐거워하오니(사 9:2-3)

셋째, 무엇보다도 이사야 40-55장에서 그리고 위로의 작은 책이라고 불리는 이사야 30-31장에서 '환호'는 위대한 회복의 전환점(Heilswende)을 선언할 때 항상 반복해서 등장한다. 이 위대한 회복의 전환은 포로 생활 종결, 감옥으로부터의 해방, 믿음의 사람들의 집결, 시온의 재건, 시온으로 귀환하는 야웨, 야웨의 놀라운 통치에 대한 온 세계 열방의 인정을 통해 이뤄질 것이다.

지금까지 앞에서 언급한 환호의 세 가지 뉘앙스 모두가 이 시편의 첫째 연에 표현되어 있다. 이 본문은 구체적으로 무엇이 '시온의 재건'을 말하는지에 관하여 (본질적으로) 설명하고 있지는 않지만 비유 언어(Bildsprache)와 암시를 통해서 시온시편 120-134편이 강조하는 시온신학을 다음과 같이 표현한다. 이스라엘과 세계 열방은 '시온으로부터' 충만하게 흘러넘치는 축복을 받는다. 야웨가 그분의 신적 통치의 보좌로 시온을 선택하고 좌정하시기 때문이다. 이는 다음과 같이 두 번 사용된 표현, 곧 "여호와께서 크신 분으로 보이시고"(2d, 3a절)를 통해서 전달되고 있다. '여호와께서 크시도다'는 시온 전통 형식에 속하는 말로(비교. 시 47:2, 48:1, 86:10, 96:4) 다른 신들에 대한 야웨의 유일성(비교. 시 95:3, 96:4)과 우주적 세계 및 열방에 대한 그의 통치(비교. 시 47장, 86:9f., 99:2)를 강조한다. 한편 첫째 연에서 암시되다가 둘째 연에서는 실제로 성취되고 있는 이 추수 은유는 시편 132편 13-16절이 요약하고 있는 것처럼 시온이 축복의 장소가 된 것을 설명한다.

> 여호와께서 시온을 택하시고 자기 거처를 삼고자 하여 이르시기를 이는 내가 영원히 쉴 곳이라 내가 여기 거주할 것은 이를 원하였음이로다 내가 이 성의 식료품에 풍족히 복을 주고 떡으로 그 빈민을 만족하게 하리로다 내가 그 제사장들에게 구원을 옷 입히리니 그 성도들은 즐거이 외치리로다

첫째 연은 (비록 꿈속이지만) 시온이 축복의 장소이고 축복의 원천이라는 믿음을 보여준다. 물론 현실은 아직 다르게 보인다. 그래도 이는 부분적으로 성취되었고 시온의 순례자는 이러한 믿음에 의해서 살아간다. 예언서에 나와 있는 회복에 관한 내용을 살펴보면 시온을 민족들의 순례, 민족들의 충성, 민족들이 돌아와야 할 곳(비교. 사 2:1-5)

으로 '알고' 소망했음을 알 수 있다. 시온의 '재건', 곧 시온의 종말론적 인 성취는 1절이 설명하는 것처럼 임시적으로 단지 '꿈꾸는 자'를 위한 것이다.

이것은 전적으로 고대 근동과 이스라엘의 사상이다. 우리는 꿈을 마치 거품과도 같은 잘못된 연상의 조합으로 생각할 수 없다. 고대 세계에서 꿈은 계시의 매체, 특히 신들에 의한 계시로서 미래를 (미리) 볼 수 있게 해주는 것으로 간주되었다. 이것이 일반적으로 꿈에 대한 관점이었다. 이러한 관점은 현대 심리학자들에게도 유효하다. 그들에 따르면 꿈은 일상의 분망함을 반영하고, 피상적인 삶에서 어떤 가능성을 나타내는 것이다. 하지만 사실상 꿈은 그들이 규정하는 것보다 더 많이 현실을 '반영한다.' 여기서 우리는 하나님이 주신 꿈에 관하여 구약성서가 다루고 있는 폭넓은 다양성을 일목요연하게 다 설명할 수는 없다. 단지 몇 가지만 지적해보자. 사사기 7장이다. 어떤 미디안 사람이 꿈에서 그들의 장막이 무너지는 것을 본다. 이 꿈은 기드온에게 하나의 증거가 된다. 즉 기드온은 이 꿈을 통해, 야웨께서 미디안을 쳐서 무너뜨리실 것이라는 그분의 결정적 뜻을 헤아린다. 그리고 그것은 실제로 성취된다.(삿 7:9-15)

다음은 요엘 2장 28-29절이다. "그 후에 내가 내 영을 만민에게 부어 주리니 너희 자녀들이 장래 일을 말할 것이며 너희 늙은이는 꿈을 꾸며 너희 젊은이는 이상을 볼 것이며 그 때에 내가 또 내 영을 남종과 여종에게 부어 줄 것이며."(욜 2:28-29) 이처럼 요엘의 종말론적 예언이 야웨께서 꿈을 통해 그분의 결정적인 뜻을 헤아리게 하신다는 점을 언급하고 있다면, 예언과 꿈과 비전의 평행(Parallelisierung)은 다음 사실을 역설하는 것이다.

구약성서의 언어에서 꿈은 하나님이 선물하신 미래에 관한 선경험이다. 무엇보다도 묵시에서 현실 인식의 이 매개체는 '살아 있다.' 결론적으로 예레미야의 편집(자)은 예레미야 31장 26절을 의도적으로 기록한다. 이를 통해 위로의 책으로 불리는 예레미야 30-31장은 전체적인 회복의 예언을 '하나님이 주신 꿈'으로써 표현한다. 이 꿈은 감동적이며 미래에 대한 희망을 준다. 그렇기 때문에 이 꿈은 현재를 인내할 수 있도록 할 뿐 아니라 현재 삶이 변화되도록 돕는다.

둘째 연은 이와 같은 변화를 간청하고 있다. 아직 변화가 이뤄지지 않았지만 간청은 현실을 '절대적이고 영원한' 현실로 받아들이게 만드는 모든 유혹에 저항한다. 4절에서 말하고 있는 것처럼 꿈을 가진 사람과 그 꿈이 하나님에 의해 실현되도록 전심전력을 기울이는 사람은 하나님이 통치하실 수 있도록 그분의 길을 예비한다. 4절("우리를 다시 돌려보내소서!")은 시온의 재건을 청원하는 것이 아니라 시온 순례자, 곧 시온 공동체의 재건을 기도하고 있다. 안녕과 자유와 평화 가운데 복을 누리는 삶뿐만 아니라 야웨 공동체로서 본보기가 되는 삶을 간청하고 있다. 다시 말하면 회복과 성취를 위한 간청이다. 이미 여러 번 언급된 위로의 책 예레미야 30-31장은 '새로운 계약'으로 이것을 표현한다.

또한 4절은 에스겔 37장 1-4절에서 보여주는 것처럼 이스라엘의

'죽은 자들의 부활'에 대한 청원이다. 이 청원을 드리는 자는 네게브 시내에 물을 가득 채우고 그곳을 초원 지대로 만들어 꽃과 열매, 곡식이 풍성하게 나는 낙원으로 변화시키시는 야웨의 능력으로, 자신도 모르게 홀연히 변화되도록 자신을 맡길 준비를 해야만 한다. 그렇다. 준비가 되어 있다. 이 간청은 특별히 이스라엘이 점령국의 권력과 (그리고) 자기 나라의 정치적 권력으로 인해 고난을 경험한 후에 이해할 수 있다. 이 간청은 외적인 화려함과 정치권력의 회복이 아니라 무엇보다도 기도하는 공동체의 온전한 회복에 목적이 있다. 이 공동체에게는 소명이 있다. 바로 생명의 장소가 되는 것이다. 그리고 그 생명의 장소에서 그들을 둘러싼 열방들의 중심이 되는 것이다.

이 공동체는 자신의 연약함과 제한된 가능성을 알고 있기 때문에 내적인 변화와 세상에 큰 소동을 일으킬 만한 떠들썩한 포로 귀환을 선물로 받기 위해서 외치고 있다. 그들은 동시에 그들의 하나님만이 그들을 네게브의 시내처럼 새롭게 하실 수 있다는 것을 알고 있다.

브엘세바와 아라드 사이에 있는, 길이 움푹 패고 건조하고 먼지만 날리며 동쪽 하늘의 태양으로 작열하는 시내를 걷는 사람은, 그리고 동일한 이곳이 겨울철 우기가 되어 촉촉하고 푸른 풀로 무성해지며 들녘에 곡식으로 가득해진 것을 보는 사람은, 또는 이스라엘의 키부츠가 있는 오늘날 네게브의 대농장과 들판을 보는 사람은 이 시편이 사용하고 있는 묘사를 감격스럽게 이해할 수 있을 것이다. 사막이던 이곳은 홀연히 환상적으로 변하여(재건되어) 낙원이 된다. 낙하하는 물을 사용하는 농업(테라스와 수로!)은 구약성서 시대의 네게브에서 처음 시작된다. 건조한 시내가 수확을 위한 기름진 곳으로 건설되는 데는 한 차례 세차게 쏟아지는 비로 이미 충분하다. 물론 이 묘사에서 다른 음색도 반영되는 듯하다. 억수같이 쏟아지는 비에 시내는 순식간에 잠기고 거센 물살에 모든 것이 쓸려 내려간다. 땅을 깊숙하게 파서 기초 공사를 제대로 해놓은 건물조차도 각목처럼 쓸려간다! 시온 공동체는 이러한 배경 묘사를 통해 간청하고 있다. "우리를 재건해주소서!" 그러므로 이 청원에서 오늘날 우리는 놀랄 정도의 급진성과 열정을 느낀다. 이와 같은 하나님의 충격 치료(요법)를 제대로 예상할 수 없기 때문이다. 우리의 템포는 안전한 듯하지만 늘 제자리걸음을 걷고 있다고 볼 수 있다. "우리를 재건하소서! 그러나 바로 '지금'은 아닙니다. 그리고 '내일'도 아닙니다. 그저 천천히… 우리를 고통스럽지 않게 재건하소서!"

4절의 간청 이후 농부의 삶을 설명하는 묘사에는 현재와 미래가 대조되어 언급된다. 지금은 '눈물로' 씨를 뿌리는 시간이다. '울면서' 씨(이 히브리어 단어를 이해하기는 어렵다. 대부분 '씨앗 자루'로 읽는다.)를 뿌리는 자는 (아직 시작된 것은 아니지만) 메시아의 혼인 잔치처럼 언젠가 '기쁨'으로 단을 풍성히 거두고 잔치를 벌일 것이다. 여기서 파종 때 우는 의식이나 오시리스[9] 신화, 오시리스 제의에 숨어 있는 종교사

---

9 애굽인들은 죽은 뒤 심판을 받는 곳을 '명부'(冥府)라고 했으며, 명부로 내려온 사람의 생전 공과를 가리는 사자(死者)의 신을 '오시리스'(Osiris)라고 불렀다.

적 근원에 관한 논의들은 더 자세히 살펴볼 필요가 없다. 시편 126편은 현재와 미래가 서로 대조를 이루고 있다. '눈물을 흘리며 하는' 파종은 목적을 아직 성취하지 못했다는, 시온의 현재 고난에 대한 실제적인 은유이다. 이것은 추수의 기쁨에 관한 묘사와 대조된다. 구약성서의 전통에는 여기 우리의 시편에 나오는 은유와 비슷한 은유가 다양하게 있다.

예를 들어 '흉작'과 '추수의 기쁨' 사이의 대조는 요엘의 신학적인 기본 구조를 이룬다. 요엘 2장 21절에서 회복의 전환은 우리의 시편에 사용된 "여호와께서… 큰일을 행하시는도다"라는 표현을 통해 나타난다. 학개서도 이러한 대조를 분명하게 묘사하고 있다.

> 너희가 많이 뿌릴지라도 수확이 적으며 먹을지라도 배부르지 못하며 마실지라도 흡족하지 못하며(학 1:6)… 곡식 종자가 아직도 창고에 있느냐 포도나무, 무화과나무, 석류나무, 감람나무에 열매가 맺지 못하였느니라 그러나 오늘부터는 내가 너희에게 복을 주리라(학 2:19)

이미 여러 번 언급한 위로의 책 이사야 30-31장 역시 회복의 전환을 표현하고 있다.(렘 31:23은 시 126:1b, 4a의 '재건'에 관한 표현을 사용한다. 비교. 신 30:3, 암 9:14, 습 3:20, 시 14:7, 53:6, 85:1) 이 회복의 전환은 풍요로운 수확과 그에 대한 기쁨으로 묘사된다.(비교. 특히 사 31:23-25!) 그렇다. 우리 시편의 둘째 연은 아모스를 마감하는 포로기 이후 (시온) 편집의 회복 비전을 성취하기 위한 간청이다.

> 내가 내 백성 이스라엘이 사로잡힌 것을 돌이키리니 그들이 황폐한 성읍을 건축하여 거주하며 포도원들을 가꾸고 그 포도주를 마시며 과원들을 만들고 그 열매를 먹으리라 내가 그들을 그들의 땅에 심으리니 그들이 내가 준 땅에서 다시 뽑히지 아니하리라 네 하나님 여호와의 말씀이니라(암 9:14-15)

시인 막스 브로드(M. Brod)는 이 시편을 '유대 민족의 노래'라고 표현한다. 이 시편은 유대인 가정과 공동체 예배에서, 무엇보다도 안식일과 유월절에 사용되는 특별한 위치를 차지하고 있다. 이것은 결코 놀랄 일이 아니다. 그 어떤 그리스도인이 이 시편으로 기도하고 이 시편을 노래할 때 예수의 하나님 나라 비유를 생각하지 않을 수 있겠는가? 이 시편으로 기도하는 모든 사람은 야웨가 아브라함과 함께 시작한 축복의 역사에 참여한다. "너를 축복하는 자에게는 내가 복을 내리고 너를 저주하는 자에게는 내가 저주하리니 땅의 모든 족속이 너로 말미암아 복을 얻을 것이라 하신지라."(창 12:3)

7장

국가의 책임

이스라엘 주변 국가의 역사와 종교의 중심에는 왕정이 있었다. 이집트와 메소포타미아에서 왕정은 가장 중요한 정치체제였다. 이스라엘 주변 국가의 사람들은 신들이 이 왕정을 통해서 자신이 창조한 인간에게 자신을 '드러내고' 힘을 발휘한다고 믿었다. 신들은 모든 (인간) 왕들의 왕으로서 땅을 통치했다. 역사적으로 왕은 실제로 신의 상속인이었다. 신은 왕에게 신성을 부여했다. 왕의 중요한 임무는 '신의 역할'을 하는 것이었다. 그러므로 왕은 '신'이나 '신의 아들', 심지어 '완전한 신'으로 불렸다. 물론 애굽인, 앗수르인, 바빌론인, 히타이트인과 페르시아인들은 왕의 인간적 측면을 당연히 알고 있었다. 그럼에도 불구하고 그들은 왕이 없는 나라를 생각할 수 없었다. 개인의 사적인 삶, 들녘의 열매, 동물의 생육과 번성에 이르기까지 그들은 자신의 행복과 안녕을 왕정에 의존했다. 왕의 임무는 자신이 받은 영토를 '창조적 삶의 영역'으로 삼고, 이를 외부의 원수들에게서 지켜내고, 신들이 제시하는 법질서를 선포하고 수행하며(강한 자 앞에서 약자를 보호하고 법을 파괴하는 자들을 징계하는 등) 신들을 향한 예배를 주선하고 실행하는 것(신전 건축, 제사 등등)이었다.

왕정 자체가 수많은 축제와 의식과 연결된다는 것은 이상한 일이 아니다. 왕의 즉위식과 결혼식, 생일, 연례 기념식을 비롯하여 국가 안녕을 위해 수행하는 전쟁, 원정대 출정 등은 예배를 수반하는 사건이었다. 한 해의 농사도 제의와 관련되었다. 농업과 관련된 제의에서 왕은 복지(안녕)의 수단으로 입증되어야 했다. 신으로부터 부여받은 왕권의 기원과 절대성은 신화와 찬미에서, 성전 건물의 전면에서, 무덤가에 놓인 석재 기념물에서, 왕궁의 뜰에 놓인 사물 등에서 확고하게 선전되었다.

그러나 이스라엘 민족은 왕정 기관과 갈등 관계에 있었다. 이스라엘에는 처음부터 '왕'에 대한 강력한 저항이 존재했다. 이것은 부분적으로 왕과 함께한 정치체제에서 얻은 불행한 경험과 관련되는데, 사무엘이 왕정의 도입을 앞두고 이스라엘에게 (가정적으로) 경고하는 대화(삼상 8:11-17) 속에 요약되어 있다. 왕은 자신의 궁정 생활과 군사 권력을 위해서 백성을 이용한다. 예언자들은 사법기관의 강압적이고 편파적인 판결, 권력남용, 폭정, 전쟁에 대한 집착과 이방신 제의의 유혹 등을 신랄하게 비판한다. 이 같은 경험은 왕과 권력자들이 그들의 백성과 함께 만든 부정적인 산물이다. 그러나 사실상 이것들이 저항의 근원지는 아니다. 왕정에 대한 의구심, 정확히 말하면 이스라엘의 왕정 거부 자체가 역사적, 신학적, 정치적 저항의 근원이다.

이스라엘은 처음부터 반(反)왕정 부족사회로서 역사에 발을 디뎠다. 야웨를 출애굽의 하나님으로 고백하는 신앙은 바로의 통치라는 국가권력 구조에 대한 거부였다. 그뿐 아니라 가나안 땅으로 새롭게 입성한 이스라엘의 소작농과 반(半)유목민은 그 땅에 이미 실행되고 있던 도시 왕정을 자신의 것으로 채택하지 않았고 도리어 그러한 왕정 이데올로기에 근본적인 혐오감을 가졌다. 11세기 초기 부족사회로서 이스라엘은 외부적으로 블레셋을 방어하고 내부적으로 분열을 해결하기 위해 절대 권위, 즉 왕정 도입에 관심을 기울였지만 그럼에도 여전히 정치적 토대 속에는 왕정에 대한 저항이 존속하고 있었다.

성서는 반복해서 왕정에 대한 저항의 목소리를 명확하게 담고 있다. 가장 인상 깊은 것은 사사기 9장 7-15절의 요담 이야기이다. 왕정에 대한 저항의 신학적 핵심은 사무엘상 8장 7절에 나타난다. 더욱이 여기서는 중요하게도 야웨가 왕정에 대한 자신의 뜻을 말씀하고 있다. 왕을 요구하는 백성들의 외침을 한탄하고 있던 사무엘에게 하나님은 대답하신다. "그들이 너를 버림이 아니요 나를 버려 자기들의 왕이 되지 못하게 함이니라."(삼상 8:7)

이스라엘에서 왕정에 관한 역사적, 신학적 논쟁(비교. 삼하 7장)과 무엇보다도 왕정신학은 주변 국가로부터 수용한 왕정 이해와 독특한 야웨 전승의 통합을 시도했다. 이 통합으로 이스라엘 백성은 왕의 등극과 영향력을 어느 정도 (비로소) 이해하고 수용할 수 있게 되었다. 공적인 왕위 등극은 축제로 연결되었다. 우리가 7장에서 묵상하는 시편들은 이와 같은 왕정에 대한 친왕정 자료이다. 예루살렘 성전 예배를 발생지로 삼는 제의에 관한 본문인 이 시편들(20, 21, 101편)은 포로기 이전의 본문이라는 점에서 역사적인 가치를 가진다. 전승된 시편 중 상당수가 포로기 이전 것이라고 단정하기가 어렵기 때문이다.

이스라엘의 왕정과 관련된 희망은 포로기 이후에 '새로운' 메시아적 왕(정)을 갈망하는 새로운 모습으로 소생했다.(비교. 이 책의 3장에 있는 시 2편) 포로기 이전의 왕정과는 달리 메시아적 왕정은 자신의 권력을 확장하기 위해서 폭력과 전쟁을 일삼지 않는다. 오히려 메시아 시대의 왕들은 '민족들에게 평화(증인)를 전한다.'(슥 9:10f.)

민주주의 시대를 살고 있는 우리에게 야웨를 왕으로 그리고 이스라엘 왕을, 백성을 위한 안녕의 수단으로 언급하는 구약성서 본문들은 진부할 뿐만 아니라 낯설고 이해하기 어렵다. 그러나 우리가 '왕'이라는 단어를 오늘날의 '국가' 개념에 대입하면 이 본문들은 현실성을 가진다. 시간상 차이를 염두에 둔다면 사실상 이것은 전혀 문제가 되지 않는다. 이것은 합법적이다. 우리는 '국가'라는 단어를 통해서 성서 시대의 '왕'이나 '왕국'이 말하는 정치적 분야를 표현하기 때문이다. 이집트나 고대 근동에서 국가는 왕이 그 중심을 차지하는 하나의 왕국이었다. 포로기 이후의 이스라엘은 이방 왕들(페르시아, 프톨레마이오스, 셀레우코스, 로마)의 지배를 받았던 나라 혹은 행정구역의 하나로서 통치국으로부터 독립과 자유를 얻기 소망했다. 실제로 이스라엘은 새로운 왕정이 통치하는 새로운 국가를 소망했다.(다시 말하면 포로기 이후의 왕정을 넘어서는 새로운 왕정) 그들이 소망한 왕정은 전쟁과 착취, 권력의 횡포가 없이 항상 평화와 정의와 복지를 보장할 수 있는 왕정이었다.

이러한 이해를 출발점으로 우리가 다음에서 주석하게 되는 시편들은 최고의 정치적 현실성을 갖고 있다. 이 시편들은 이스라엘 백성이 그들의 통치 대상인 주변 민족들에 대해 갖고 있는 책임에 대해 언급한다. 이는 오늘날 통치자와 행정기관이 국민에게 갖는 책임과 일맥상통하다.

시편 20편

2a 환난 날에 여호와께서 네게 응답하시고

2b 야곱의 하나님의 이름이 너를 보호하시길 원하노라.

3a 성소에서 너를 도와주시고

3b 시온에서 너를 붙드시기를 원하노라.

4a 네 모든 소제를 기억하시며

4b 네 번제를 받아주시기를 원하노라.

5a 네 마음의 소원대로 허락하시고

5b 네 모든 계획을 이뤄주시기를 원하노라.

6a (그래서) 우리가 너의 승리로 말미암아 개가를 부르며

6b 그리고 우리 하나님의 이름으로 우리의 깃발을 세우리라!

6c 여호와께서 모든 기도를 이뤄주시기를 원하노라!

7a '이제 나는 안다.'

7b 여호와께서 자기의 기름 부음받은 자를 구원하시는 것을.

7c 그가 그의 거룩한 하늘에서 그에게 응답하시리로다.

7d 그의 오른손의 구원하는 힘으로.

8a 어떤 사람은 병거, 어떤 사람은 말을 의지하나
8b 우리는 여호와 우리 하나님의 이름을 자랑하리로다!
9a 그들은 비틀거리며 엎드러지고
9b 우리는 일어나 바로 서도다!
10a 여호와여, 왕을 구원하소서!
10b 우리가 부를 때에 우리에게 응답하소서!

개론

이 시편은 본문에서 언급한 상황에 근거하여 세 단락, 즉 2-6절(여기서 화자는 '우리'이다. '우리'는 '너/당신'과 대화하고 있으며 여기서 언급되는 '너/당신'은 10a절에 나오는 '왕'으로 이해할 수 있다. 야웨는 시편 전체 줄거리의 주체로서 3인칭 "그"로 언급된다.), 7절(여기서 화자는 '나'이다. 그리고 왕과 야웨는 3인칭으로 언급된다.), 8-10절(여기서 화자는 '우리'이고 청중은 '야웨'로 언급된다.)로 나눌 수 있다. 이 구조는 역대기하 20장에서 강조하고 있는 제의 과정을 따른다.(비교. 삼상 13:9-12, 왕상 8:44ff., 대하 14:10)

이 시편에서 이스라엘 왕과 그의 군사 및 백성의 대리인들은 바짝 다가오는 적군들로 인해 급박한 환난에 놓여 있고(비교. 2a, 10b절) 간절한 청원 예배를 드리기 위해 성전에 모였다. 이 시편은 이스라엘 예배 공동체가 왕을 위해 드리는 청원의 도입 부분(2-6절)에 이어 제의 예언자들의 구원 신탁(7절)이 뒤따르고 있다.

이 시편에는 일반적으로 시편에서 사용되는 형식인 '나 야웨'(Ich JHWHs)[1]에 관한 표현(비교. 시 12:5)이 없다. 마지막 부분에서 예배 공동체(예배자들의 모임)는 구원의 약속 선언에 대해서 그들의 신앙고백(8-9절)과 최종 간청(10절)으로 화답하고 있다. 최종적인 간청(10절)은 한편으로는 신탁으로 소급해 올라가고(비교. 7c절과 10a절) 다른 한편으로는 처음에 언급한 상황을 반복한다.(비교. 2a절과 10b절)

해석

많은 주석가들이 주장하는 것처럼 우리는 4절을 근거로 하여 다음을 추론할 수 있다. 우리는 2-6절의 간청이 공동체(조합), 정확히 말

---

1 야웨가 그분 자신을 일컫는 '나'이다. 시편에는 공동체의 청원에 대해 하나님이 제의 예언자를 통해 응답하시는 모습이 자주 나오는데, 이를 가리켜 '구원 신탁'(7절)이라고 한다. 구원 신탁의 일반적인 형식은 "야웨께서 말씀하셨다. 나는 ~"이다. 예를 들어 시편 12편 6절을 살펴보자.(이 책의 8장에 나오는쨍어의 사역 본문을 참조하라.) "여호와가 말씀하신다. …내가 …두리라." 또한 시편 20편 7절에 나오는 구원 신탁의 경우 "나는 안다" 뒤에 나오는 목적절을 통해 야웨의 구원 행위를 나타내고 있다.

하면 성전 합창단의 노래이며 왕이 가장 높은 제사장으로서 희생제의를 수행하는 동안 성전 합창단은 노래를 불렀다고 추론할 수 있다. 물론 필자는 이 추론에 회의적이다. 이 구절(4절)은 일반적으로 왕이 야웨를 위해 공적 차원에서 날마다 드려야 하는 제사를 언급하고 있다. 그리고 우리는 7절에서 갑자기 제의 예언자가 야웨께서 기름 부음받은 자를 구원하신다고 인식하는 상황을 만날 수 있다. 여기서 우리는 왕의 공적인 제사 드림에 관한 언급과 갑작스런 제의 예언자의 역할을 어떻게 조화롭게 이해할 수 있을까?

대다수 주석가들은 "이제 나는 안다."(7a절)의 표현을 제의 예언자의 고백으로 이해하며 7절의 상황을, 제의 예언자가 신탁을 통해 하나님의 뜻을 영접한 것으로 이해한다.(이 신탁은 4절이나 5-6절과도 연결된다. 제의 예언자는 왕이 날마다 공적으로 드리는 희생제물을 야웨께서 기억하시고, 왕이 야웨의 이름으로 승리의 개가를 부르며 깃발을 세울 수 있기를 기원한다.)

또 다른 주석가들은 이것을 제의 예언자의 특별한 카리스마나 예언자들에게 임한 야웨의 영으로 이해한다.(비교. 대하 20:14) 제의 예언자의 고백, 즉 '이제 나는 안다(알았다).'가 말하는 그것은 결국 성취된다. 그러나 보다 중요한 것은 '여호와께서 자기의 기름 부음받은 자를 구원하신다.'는 신학적 표현이다. 다시 말하면 제의 예언자의 특별한 카리스마보다 야웨의 '기름 부음받은 자'에 대한 특별한 보호가 중요한 것이다.

여기서 왕의 공직은 두 가지 면에서 해석된다. 우선 왕은 '기름 부음받은 자'(히브리어로 메시아, 그리스어로 그리스도)로 야웨의 특별한 보호를 받는다. 야웨는 왕을 통해서 그분 백성의 역사를 형성해가기를 원하신다. 왕은 이를 위한 하나의 도구이다. 다른 한편으로 이스라엘의 왕은 그 자신이 먼저 야웨의 구원을 경험할 때, 마치 예언자들처럼 비로소 그의 백성의 구원자가 될 수 있다.

이것은 2-7절과 8-10절에서 보여주는 진정한 야웨신학(위기-구원)의 재수용이다. 기도의 출발점은 이스라엘의 존립이 문제가 되는 위기 상황이다. 이 시편은 이스라엘에게 주어진 구원의 가능성을 기억하고 있다. 왕, 성전, 예배, 공동체 그리고 무엇보다도 야웨에 대한 절대적 믿음(Festhalten)을 기억한다. 8절 이하에서 인정하는 것처럼 야웨에 대한 절대적 믿음은 군사력의 상대화(비교. 시 33:16f., 44:5-8, 147:10f.)로 이어진다. 더 나아가 연대적 책임을 전제로 하는 자유를 야웨의 이름으로 이루기 위해 준비하게 한다.

이스라엘을 자유롭게 하는 구원이 이 시편의 최종적인 주제이다. 이로 말미암아 왕에게 중요한 과제가 주어진다. 이 시편은 야웨께서 왕에게 영감을 주시고, 그를 돌보시며, 메시아의 형상으로 증명해주시기를 기도하고 있다. 이를 통해 우리는 이 시편이 '전쟁과 관련된 예배'와는 무관하다고 확정할 수 있다. 그리고 여기서 또 하나의 중요한 신학적 주제를 언급할 수 있다.

시편 21편

2a 여호와여, 왕이 주의 힘으로 말미암아
2b 기뻐하며 주의 구원으로 말미암아 크게 즐거워하리이다!

3a 그의 마음의 소원을 당신이 들어주셨으며
3b 그의 입술의 요구를 거절하지 아니하셨나이다.
4a 그렇습니다. 당신의 아름다운 복으로 그를 영접하시고
4b 당신은 순금 관을 그의 머리에 씌우셨나이다.
5a 그가 생명을 구하매 당신께서 그에게 주셨으니,
5b 곧 영원한 장수로소이다.
6a 당신의 구원이 그의 영광을 크게 하시고
6b 존귀와 위엄을 그에게 입히시나이다.

7a 그렇습니다. 당신은 그가 영원토록 지극한 복을 받게 하시며
7b 당신은 당신 앞에서 그를 기쁘고 즐겁게 하시나이다.

8a 그렇습니다. 왕이 여호와를 의지하오니
8b 지존하신 이의 인자함으로 흔들리지 아니하리이다.

9a 당신의 손이 당신의 모든 원수들을 찾아냄이여
9b 당신의 오른손이 당신을 미워하는 자들을 찾아내리로다!
10a 당신이 노하실 때에 그들을 풀무불 같게 할 것이라.
10b (여호와여, 만약 당신의 얼굴이 그의 진노 속에 나타나시면)
10c 그가 그들을 삼키시리니 불이 그들을 소멸하리로다!
11a 당신은 그들의 후손을 땅에서 멸함이여
11b 그들의 자손을 사람 중에서 끊으리로다!
12a 비록 그들이 당신을 해하려 하여
12b 음모를 꾸몄으나 이루지 못하는도다!
13a 그렇습니다. 당신이 그들로 돌아서게 함이여
13b 그들의 얼굴을 향하여 활시위를 당기리로다!
14a 여호와여, 당신의 능력으로 높임을 받으소서.
14b 우리가 당신의 권능을 노래하고 찬송하게 하소서.

개론

이미 오래전에 적어도 시편의 편집자(수집가)들은 시편 20편과 21편의 지배적인 통일성을 파악했다. 그들은 이 두 편의 시를 간청으로 또는 감사로 서로 순차적으로 연결했다. 이 두 시편은 예루살렘 성전 제의에서 서로 밀접하게 연관되어 사용되었다. 특별히 두 시편의 주요 단어들이 서로 중요하게 관련된다. 또한 두 시편은 야웨가 구원의 행위(20:5-6, 9, 21:2, 7)와 권능(20:7, 21:4)으로 역사한다면 왕이 그 백성의 구원자가 될 수 있다는 사실을 신학적 기초로 삼는다. '왕의 특권'도 두 시편의 공통점이다. 여기서 왕의 특권이란 왕이 안정된 통치와 장수를 위해 기도를 드리고(20:5-6, 21:3, 5) 그에 대한 응답을 받는 것(20:4, 21:3, 5; 이런 특권은 특히 왕상 3장을 참조)을 말한다.

그렇다고 이 두 시편의 관련성이 매우 면밀한 것은 아니다. 시편 21편은 단지 전쟁 이후 주어진 감사 예식의 본문으로 해석되기 때문이다. 이 시편 후반부의 절반은 미래에 대한 비장한 결단으로 이해할 수 있다. (물론 지금도 그렇지만) 앞으로 왕은 원수들을 이기는 승리자로 증명되어야 한다. 무엇보다도 이 시편 전반부는 호전적 언쟁을 암시적으로 표현하고 있다. 그러므로 이러한 형식의 특징들을 미뤄볼 때 이 시편은 오히려 제왕 등극 축제 행사(비교. 4절), 다시 말하면 제왕 등극 경축일에 사용된 본문이라고 볼 수 있다. 물론 이것은 왕에 대한 찬양이 아니다. 오히려 야웨 찬양이다. 왕은 그의 백성에게 복을 전달하고(3-7절) 또한 원수들의 공격에서 백성을 보호해야 하는데(9-13절) 이는 야웨가 '왕과 함께할 때' 성취될 수 있는 일이기 때문이다.

이 시편은 정교하게 구성되었다. 하나님의 이름이 야웨로 나타난 2, 8, 14절은 세 개의 평행법으로 구성되며 이는 시편 전체 구조의 기둥이 되고 있다.(처음과 중간과 결론 부분) 이들 사이에는 총 10개의 평행법이 나온다.(10b절은 첨가된 부분으로, 왕보다 오히려 야웨와 관련된 내용이며 이 구절의 모티프는 시 18편과 연결된다.) 다시 말해 2절과 8절 사이에 각각 두 행씩 다섯 개의 평행법이 있고 동시에 (첨가 부분인 10b절을 제외한) 8절과 14절 사이에 다섯 개의 평행법이 있다.

앞에 있는 다섯 개의 평행법 본문(3-7절)에서는 제의 예언자가 왕을 '복 받은 자'로 표현하면서 야웨에게 그에 대해 이야기한다. 또한 뒤에 있는 다섯 개의 평행법(9-13절)에서는 제의 예언자가 왕과 대화를 나누면서 하나님의 도우심을 언급하고 있다.

시편 21편에서 2, 8, 14절은 복과 저주를 내리시는 하나님의 일이 왕에게 임무로 부여되었음을 역설하는데, 이는 하나의 신학을 만든다. 왕이 야웨께 순종하고(8절) 그의 백성을 위해 간절히 기도한다면("우리가", 14절) 이 신학은 시작된 것이다.

해석

9-13절의 '멸절' 이미지는 우리에게 매우 생생하게 다가온다. 이 이미지는 이스라엘의 왕이 살았었고 그 백성들이 함께 살아남기 원했던 세상의 왕정 이데올로기에 속한다.

이 본문에서는 주변 나라들이 가지고 있는 이미지를 구체적으로 찾아볼 수 있다.(9절과 13절에 관하여는 이 책의 3장에 나오는 시 2편을 참조하라.) 우리는 이와 같은 사상을 소홀히 다루지 않기 위해서 9-13

절 배후에 있는 현실적 상황을 파악해야 한다. 여기서 엿볼 수 있는 것은 정치적 힘을 상실한 작은 이스라엘일지라도 세상의 권력에 희생당하지 않으리라는 희망이다. 그렇기 때문에 이 희망은 다음의 상황을 이끌어낸다. 즉 야웨의 구원의 힘과 정의(!)의 도구가 되는 왕 때문에 왕의 원수들이 음모를 꾸미다가 실패하게 되는 상황 말이다. 이를 감성적이고 묘사적인 언어를 통해서 표현하는 것은 궁정 양식을 지닌 시의 특징이다.

우리 시편의 신학적 강조점은 3-7절의 축복 묘사에서 더욱 확실히 부각된다. 여기서 그의 백성들은 왕을 야웨의 모상(Abbild)으로 이해하고 있으며(비교. 6절, 시 96:4, 104:1) 이와 같은 확정적인 색채는 당연히 정치적 일상에서 입증된다. 이 사실은 왕정시편인 101편에서 확실해진다. 우리는 왕정시편 101편을 특히 시편 20편과 21편에서 백성들이 부르는 고백의 노래에 대한 '왕의 화답'으로 읽어야만 한다.

시편 101편

1a 내가 인자와 정의를 노래하고
1b 여호와여, 내가 주께 찬양하리이다.
2a 내가 완전한 길을 주목하오리니
2b 주께서 어느 때에 내게 임하시겠나이까?

2c 내가 완전한 마음으로 행하리이다,
2d 내 집 안에서.
3a 나는 내 눈앞에 두지 아니하리이다,
3b 악한 것을.
3c 배교자들의 행위를 내가 미워하오리니
3d 나는 그 어느 것도 붙들지 아니하리이다.
4a 사악한 마음이 내게서 떠날 것이니
4b 악한 일을 내가 알지 아니하리로다.

5a 자기의 이웃을 은근히 헐뜯는 자를

5b 내가 멸할 것이요.

5c 눈이 높고 마음이 교만한 자를

5d 내가 용납하지 아니하리로다.

6a 내 눈이 이 땅의 충성된 자를 살펴

6b 나와 함께 살게 하리라.

6c 완전한 길로 행하는 자가

6d 나를 따르리로다.

7a 내 집 안에 거주하지 못하리라,

7b 거짓을 행하는 자는.

7c 거짓말하는 자는 서지 못하리로다,

7d 내 목전에.

8a 아침마다 내가 멸하리로다,

8b 이 땅의 모든 악인을.

8c 여호와의 성에서 다 끊어지리로다,

8d 악을 행하는 모든 자는.

개론

우리는 이 시편을 '즉위식 서약', '통치자의 규범서', '왕의 개회식사', '즉위 선언' 등등으로 볼 수 있다. 물론 우리의 시편은 다음 두 가지 이유 때문에 '왕의 개회식사'로는 적합하지 않다. (1) 이 시편은 야웨를 향한 기도이다.(비교. 1b, 2b절) (2) 이 시편은 공평뿐만 아니라 도덕 및 윤리 규범을 목적으로 하고 있다. 그러므로 우리는 이 시편을 정권을 차지한 왕이 그의 공직을 성공적으로 수행하기 위해 간구하는 왕의 공적인 기도로 이해할 수 있다. 이것은 야웨께서 솔로몬이 정치를 시작할 즈음에 나타나 그가 백성을 공정하고 정의롭게 다스릴 수 있도록 그에게 판결의 재능을 주시는 열왕기상 3장의 이야기와 비슷하다. 이 시편에서 왕은 야웨가 그에게 오셔서 지혜롭고 온전한 길을 가르쳐 주실 것을 기도하고 있다.

본문은 네 개의 단락으로 구성된다. 1a-2b절은 기도의 도입 부분이다. 이 부분은 찬양과 청원에 속하며 기도의 주제는 2a절에 언급된다. 2c-4b절에는 왕이 자신의 의무라고 인식하는 개인적이고 정치적이며 도덕적인 품성이 나타나 있다. 5a-7d절은 왕정이라는 통치 조직과 영토 관리자들에게 관심을 기울이고 있다. 이 단락은 매우 특별한데 특히 부정적 경험들이 많이 모여 있다는 점에서 그러하다. 왕에 의해서 성취되는 '정권 교체'는 수렁과 늪에서 벗어나려는 목적으로 이루어진다. 네 번째 단락인 8절은 왕의 임무를 요약하고 있다. 그의 임무는 흔들림 없이 부도덕과 범죄에 맞서 계속해서 싸우는 것이다.

해석

기도의 도입 부분(1a-2b절)에서는 야웨로부터 주어진 왕정의 기초와 목적이 언급된다. 그것은 선을 실행하고(약자를 위한 개입) 정의를 수행하며(공동체적 삶의 질서를 위한 실천) 토라에 순종하는 것이다.(2a절은 시 119:1을 내포한다.) 왕은 정치권력의 야망에 사로잡혀서는 안 된다. 왕은 야웨의 모상이 되어야 하고 무엇보다도 그것이 암시하는 '모범적인 이스라엘'이 되어야 한다.(비교. 미 6:8, 호 12:6) 이를 위해 왕은 2b절에서 그의 하나님께 도움을 구하고 있다.

2c-4b절에는 왕이 갖춰야 할 도덕성이 제시되는데 이는 이후 왕조에게 두고두고 본보기가 되어야 한다. "완전한 마음"(왕상 9:4에 따르면 이는 선한 왕의 이상적 덕이다.)은 생각의 성실과 곧음을 말한다. 그것은 정의를 정의라 말하고 불의를 불의라 말하며 그에 상응하게 행동하는 것이다. 이와 다르게 행동하는 사람은 "사악한 마음"(4a절; 비교. 미 3:9)을 가진 자이며 '굽은 길'(비교. 잠 10:9)로 행하는 자이다. 악인(4b절)은 그의 계획에서도(3a, 3b절), 행위에서도(3c, 3d절) 그의 자리를 찾을 수 없다.

이와 같은 도덕적 품성이 구체적인 정책이 되기 위해서는 통치 조직이 세워져야 한다. 장관, 지방 관할자, 점령지 통치자, 사법관, 장교, 성전 관리자, 왕정의 행정가, 국가행정을 교육하는 지도자, 세금 관청에서 일하는 자 등을 선택하는 것은 국가의 장래를 위한 중요한 조치였다. 5b-7d절 중심부에 있는 6절은 '충성'과 '완전함'이라는 왕의 덕을 표현하고 있다. 그리고 이 단락의 틀을 구성하는 양 끝(5절과 7절)에는 왕이 엄중하게 경계하려고 하지만 행정상 발생할 수 있는 모든 불행이 표현되어 있다. 중상모략, 음모, 오만불손, 출세에 대한 집착, 공직자의 월권, 평범한 사람을 업신여김, 매수, 부당 이익, 거짓, 위증, 계약 위반 등이 그것이다. 체제 악용에 관한 충격적인 예는 예언서에서도 찾아볼 수 있다.(비교. 사 1:23, 5:8, 20, 23, 10:1-2, 22:15-19, 미 3:9-11) 또한 열왕기에도 나온다.(비교. 왕하 21장)

8절은 아침마다 왕정에서 열리는 법정 상황을 암시한다. 행정 조치에 대한 항의, 세금과 직무수행의 규칙에 관련한 논쟁(예를 들어 성벽, 도로, 궁정 건축과 같은 왕의 계획에 세금이 투입되는 경우) 등을 설명하기 위해 법정이 열린다. 무엇보다도 지방의 사법기관이 해결하지 못한 문제를 '왕의 권한'에 따라 결정하기 위해서이다. 다시 말하면 '하나님의 자비와 공평에 따라서' 결정하기 위해 법정이 열린다. "여호와께서 이와 같이 말씀하시니라… 너는 아침마다 정의롭게 판결하여 탈취당한 자를 압박자의 손에서 건지라."(렘 21:12)

8장

가난한 자를 위한 선택

'새 하늘과 새 땅'에 대한 소망은 성서의 핵심 메시지이다.(비교. 사 65:17, 66:22) 그러나 이는 모든 것을 해결해준다는 '내세'의 약속으로 위로하는 것이 아니다. 또는 속수무책인 최후의 상황일지라도 '이전의 모든 것'이 존속하리라는 기대도 아니다. 오히려 이 소망은 하나님의 백성이 살게 되는 '새 하늘과 새 땅'의 규정과 원칙으로 작동한다. "만민이 각각 자기의 신의 이름을 의지하여 행하되 오직 우리는 우리 하나님 여호와의 이름을 의지하여 영원히 행하리로다."(미 4:5)

성취될 수 있는 약속을 소망하는 것, 이것이 바로 이스라엘이 따라야 하는 원칙이다. 이 원칙에 따라 이스라엘은 내적으로도, 외적으로도 야웨의 백성으로 살아야 한다. 폭력을 행사하거나 증오를 품어서는 안 된다. 그들은 구체적인 형제애로 살아야 한다. 이스라엘은 세상(사람들, 민족들)에서 쓸모없는 존재라고 취급받는 사람, 치안 교란자, 짐승처럼 착취당하는 노동자, 무능하고 나태하다고 간주되는 사람 등을 위해 정의를 실현해야 한다. 이스라엘이 '하나님의 백성'이라는 사실은 일용직 노동자와 소작인, 일상에서 고통당하는 사람을 대하는 그들의 행위에서 분명하게 드러난다. 율법의 조항에 근거해서는 이의를 제기할 수 없는 '합법적인 일'로 보이더라도 그 일로 약자를 억압해서는 안 된다. 흉작(사실상 흉작의 원인이 그 소작농에게 있지 않은 경우) 때문에 지불 능력이 없는 가난한 소작농에게서 그들의 자녀를 빼앗거나 빼앗은 자녀를 값싼 노예로 페르시아 사람들에게 팔아넘길 수 없다. 물론 사법적으로 문제가 없어 보일지라도 그러한 일은 야웨께서 이스라엘과 함께 실현하기를 원하시는 '새 하늘과 새 땅'의 계획에 모순된다. 아니, 더 나아가 그것 자체가 야웨께 모순이다. 출애굽에서 자신을 계시하신 야웨, 그분의 존재와 모순된다.

출애굽 사건에서 야웨는 가난한 자와 착취당하는 자들에게 삶의 가치와 자유를 찾아주려고 그들의 고난을 헤아리며 간섭해주시는 모습으로 나타나셨다. 아모스부터 나사렛 예수까지 이스라엘의 예언자들은 야웨께서 가난한 자들을 선택하셨다고 선포했다. 이스라엘의 예언자들은 가난한 자와 착취당하는 자들이 '서로 함께 살 수 있도록' 그들을 위해 싸웠다. 새 하늘과 새 땅에서 인권은 '모두'를 위한 것이다. 인권은 하나님의 권한이기 때문이다. 하나님은 모든 것의 하나님이 되시고, 모든 것은 하나님의 권한이다.(비교. 사 66:2에서 '서 하늘과 새 땅'이 구체화된다!)

이것은 또한 시편이 말하는 '열정'이다. 이 시편들에서는 권리를 빼앗기고도 저항하지 못하는 자들이 야웨 하나님을 부른다. 그들은 야웨가 가난한 그들 편에 서서 그들을 위하고 구원해주시기를 요청한다.

또한 야웨의 이름으로 권능을 행해주실 것을 요청한다. 우리는 이 시편들을 통해 구체적으로 매우 많은 것을 생각하게 된다. 가난한 자들에 대한 부유한 자들의 횡포와 착취, 폭력, 위협 등이 사라지는 것, 가난한 자들과 함께 토지와 재물을 공정하게 분배하고 새로운 사회를 건설하는 것, 가난과 착취의 원인을 찾아내어 극복하는 것 등을 말이다.

한편 이 시편들에서는 '가난한 자'와 '작은 자'의 고난이 종종 언급된다. 그러나 '악인'과 '범죄자'의 난폭함은 매우 자주 언급된다. 그렇다고 가난한 자가 '경건의 증인'으로서 경시되는 것을 허락하는 것은 아니다. 여기서 언급되는 부조리한 현실(가난한 자가 부당하게 억압당하는 사회구조로, 확실히 야웨와는 어긋난다!)은 현재 남미보다 유럽의 기독교 국가에서 더 심화되어 있다.

이 시편에 등장하는 가난한 자는 단순히 부와 권력을 가진 자들로부터 야웨의 이름으로 주는 빵 한 조각을 받으려고 문 앞에서 구걸하는, 나사로 같은 거지를 말하는 게 아니다. 사회구조적인 이유로 가난에 처한 자들을 의미한다. 다시 말해 경제적, 사회적인 이윤 창출 구조 속에서 필연적으로 특권에서 분리된 '주변인'이 존재한다는 것이다. 권력자들은 가난한 이들을 통해서 권력과 부를 소유하고 축적할 수 있다.

기원전 8세기 아모스 시대(비교. 암 8:4-7)와 기원전 5세기 느헤미야 시대(비교. 느 5장), 기원전 3세기 전도서 시대(비교. 전 4:1, 5:7)에 '주변인'은 소작농, 일용직 노동자 그리고 특히 빚을 갚기 위해 또는 흉년에 곡식을 얻기 위해 스스로 노예가 되거나 자녀, 농토, 자기 자신 등을 저당 잡힌 사람들이었다. 그들은 구조 때문에 가난하게 되어 지속적으로 가난에 머무를 수밖에 없는 자들이었다.

가난 외에도 실존적 위기로 고통받는 자들도 있었다. 고아와 과부, 보호령 주민(이웃 나라에서 온 정치적 난민), 노인(십계명에서는 나이 들어 '무익해진' 부모를 가치 있는 사람으로 여기고 부양하라고 명한다.), 고대 의술의 한계로 수많은 질병에 시달린 환자 등이 여기에 속한다. 이런 사람들이 생겨난 이유는 이스라엘 사회를 지탱해오던 전통적인 사회구조가 효력을 상실하고 더 이상 기능하지 않았기 때문이다. 또한 약한 자들을 하나님의 백성으로서 가치 있는 존재로 여기게 하는 교육이 제대로 이뤄지지 않았기 때문이다.

보지 못하는 자, 듣지 못하는 자, 한센인 등 약한 자들이 예언서의 구원 유토피아에서 그리고 예수의 기적에서 그토록 핵심적 역할을 한다는 사실은, 당시 병든 자가 한 가족의 '개인적' 문제가 아니라 '공동체'의 문제임을 의미한다. 그렇다! 이스라엘 사회가 그들 삶의 가장 중요한 가치로 여기며 추구하던 일은 '공동체'의 문제와 관련된다.

예언자들과 그들의 영적 신앙을 따르는 시편들이 고발하며 보여주는 것처럼 당시 사회는(그리고 오늘날의 사회도) 구조적 가난의 극복이라는 임무를 계속 거부하고 있다. 사회를 비판하고 정의를 선포하던 예언자들은 분명 단순히 정책을 수정하거나 개인적으로 협조하는 것을 충분한 것으로 보지 않았다. 예언서와 예언서적 시편은 선언한다. 출애굽의 하나님이 요구하시는 사회적 형제애의 정신을 이스라엘이 구현한다면 경제적, 사회적 희생자들을 위한 변화가 가능하다고 말이다. 예언서와 예언서적 시편은 '야웨가 출애굽에서 명확하게 보여주신, 가난한 자를 위한 그분의 선택'을 목표로 한다.

출애굽 역사는 이런 야웨의 선택이 무엇을 의미하는가를 인상적으로 해석하고 있다. 애굽의 바로 중심의 권력구조처럼 권력관계가 지배하는 곳에서는 권력 행위를 통해서도(비교. 출 5장), 계층별 전쟁을 통해서도(비교. 출 1:11-4) 그리고 특별한 기적을 통해서도(비교. 출 7-11장) 야웨께서 원하시는 인권을 성취하거나 지킬 수 없으며, 이는 사회 전체의 새로운 시작을 통해서만 가능하다. 야웨는 그분의 통치 가운데 새로운 사회를 이룩하기 위해 이스라엘을 애굽에서 인도해내셨다.

야웨를 가난한 자들의 하나님으로 굳게 내세우는 예언서적 시편도 바로 이 문제를 다루고 있다. 앞 장에서 살펴본 제왕시와 달리 이 예언서적 시편은 국가와 행정기관에 대한 신뢰를 갖고 있지 않다. 이 시편들은 국가의 '계급'에 반대하며 야웨 하나님께 복수하는 자요, 구원자로서 가난한 이들을 도와주시길 요청한다. 사회적 변혁이 일어나고 실제적인 형제애의 옛 정신이 회복되도록 권력자와 착취자를 변화시켜 주시길 소원하고 있다.

시편 12편

2a 도우소서 여호와여, 경건한 자가 끊어지며

2b 충실한 자들이 인생 중에 없어지며

3a 그들이 이웃에게 각기 거짓을 말하며

3b 아첨하는 입술과 두 마음으로 말하는도다.

4a 여호와께서 모든 아첨하는 입술을 끊으시리니

4b 자랑하는 혀를 (끊으시리라.)

5a 그들이 말합니다. "우리의 혀가 이기리라.

5b 우리 입술은 우리 것이니 우리를 주관할 자 누구리요?"

6a "억압받는 자들의 눌림과 가난한 자들의 탄식으로 말미암아

6b 내가 이제 일어나겠다." 여호와가 말씀하신다.

6c "사람들이 분노하여 그를 위협하지 못하도록 내가 원하는
안전한 지대에 두리라!"

7a 여호와의 말씀은 순결함이여

7b (도가니에 녹아서) 일곱 번 단련한 빛나는 은이다.

8a 여호와 당신이여, 그들을 지키사
8b 당신은 이 세대로부터 영원까지 보존하시리이다.
9a 비열함이 인생 중에 높임을 받는 때에
9b 악인들이 곳곳에서 날뛰는도다.

개론

이 시편은 무시무시하고 혼란스러운 세상을 탄원하면서 오직 하나님만을 통해 이 세상에서 구원받기를 희망하고 있다. 하나님은 이 세상의 혼란스러운 상황의 끝을 간구하는(2-5절) 두 번의[1] 간청에 대하여 직접 대답하신다.(6절) 하나님의 응답은 전체 시편의 시작인 시편 1편의 핵심 단어 '축복'을 떠올리게 한다. 그리고 그 축복에 대한 약속은 7-9절 말씀에서 주어진다. 이 말씀은 구체화되고 시인에게 신뢰를 안겨준다. 물론 사회의 폭력과 야비함은 여전히 존재하겠지만 야웨가 약속하신 축복은 현실화할 것이다.

---

1 4a절 "여호와께서… 끊으시리니"의 히브리어 원문을 보면 동사가 히필형 미완료 3인칭의 형태이면서 동시에 유시브이다. 그러므로 4a절은 2-5절 단락에 나타나는 두 번째 간청에 해당한다.(첫 번째 간청은 2a절에 나오는 "도우소서 여호와여"이다.)

시인의 상황을 표현하고 있는 2-5절에도, 신뢰를 고백하고 있는 7-9절에도 고난당하는 '나' 또는 '우리'가 나타나지 않는 점이 눈에 띈다. 5절의 대답이 되는 6절에도 하나님 말씀의 직접적 수신인 또한 나타나고 있지 않다. 2-5절, 6절 그리고 7-9절에서 관찰할 수 있는 이와 같은 특별한 현상은 이 시편에 교훈적 성격을 부여한다. 우리는 예언서에 사용되는 사회 비판에 관한 유사한 신학적 언어가 이 시편에도 나타나고 있다는 사실을 간과해서는 안 된다. 그리고 하나님께서 말씀하는 형식은 전형적으로 예언자의 대화 방식이다. 이스라엘의 예언자들은 하나님 말씀의 대언자였을 뿐만 아니라 스스로를 하나님 앞에서 가난한 자들을 위한 변호인이자 대언자라 생각했다. 그렇기 때문에 우리의 시편은 타인을 위한 예언자들의 간청이라고 할 수 있다.

동시에 우리는 하박국 1장처럼 이 시편을 소위 예언자의 탄원 예식으로 생각할 수 있다. 2-5절은 사회의 총체적인 부패를 공개적으로 비난하고 부패한 자들에게 날카롭게 저항하고 있다. 그렇기 때문에 필자는 이런 본문을 공적 예식으로 생각할 수 없다. 아모스서를 보자. 아모스는 도착한 순례자들에게 환영 인사를 하는 제사장 옆에 서서 조롱 섞인 말로 환영 인사를 방해한다. 아모스가 하나님의 벧엘에서 이렇게 행한 것(비교. 암 4:4f.)처럼 이 본문은 적어도 예배 참여자들에게 충격을 주려고 독설을 퍼붓고 있는 격앙된 말이다. 우리는 이 시편에서 기본적으로 예언자적 화자를 생각할 수 있다. 그는 뼛속까지 부패한 사회구조에 저항하며 도움을 요청하고 있다. 그리고 인간이 멸시되며 정의가 왜곡되는 곳에 야웨께서 최종적으로 개입하시기를 선언하고 있다. 야웨만이 구원하실 수 있기 때문이다. 비록 사회가 이것을 단순히 공허한 농담으로 여길지라도 그는 하나님 말씀이 성취될 것을 주장한다. 이 예언자적 저항 시편은 시편 책에 수용됨으로써 억압받는 자들의 이름으로 드리는 간청(소청) 기도가 되었고, 억압하는 자와 사회의 억압 구조에 저항하는 비판적 고발이 되었다. 당시 시민 종교 사회는 이와 같은 (부조리한 억압 구조에 대한) 사회 비평을 하나님의 이름으로 그리고 무엇보다 예배 안에서 하기 원했다.

해석

이 시편의 탄원(2-5절)은 미가 7장 1-7절을 기억한다. '경건한 자'(하시드)는 더 이상 존재하지 않는다. 헤세드를 행하던 사람들은 모두 사라졌다. 다른 이를 희생적으로 돕고 사랑하던 사람들, 다른 이에게 자기 삶과 소유의 일부를 나눠주던 사람들, 무엇보다 야웨와 헤세드 관계를 형성하던 사람들이 '경건'을 잃어버렸다. 야웨가 그분의 백성을 다스리고 그들과 교제를 나누는 가운데 드러내신 야웨의 두 번째 큰 특징인 '신뢰'('æmæt)를 사람들은 잃어버렸다. 우리는 누구의 말도 신뢰할 수 없다. 사람들은 한마음과 한 생각으로 악한 일을 모의한다. 아첨하는 혀로 다른 사람을 비방하고 욕한다. 무엇보다도 법을 실행하고 계약을 맺는 과정에서 무자비하게 행동한다. 그들은 허풍을 떨면서 실제로 아무것도 행하지 않는다. 그들은 위증과 거짓 맹세를 통해 자기들에게 유리한 결정이 내려지도록 재판을 획책한다. 그들은 권력과 밀접한 관계를 맺고 그 권력을 발휘하여 자신에게 유리한 방향으로 주변 사람들을 정리한다. 그들은 어떻게든 소유를 확보하려고 자신의 이익에 따라 상황을 끌어간다. "과연 누가 우리의 주인인가?"

이러한 일이 일어나는 곳에서 출애굽 하나님의 진실과 신뢰는 무용지물이다. 인간의 권리가 상처받는 곳에서 출애굽 하나님의 권리도 상처를 입는다. 하나님은 출애굽 사건을 통해 자신이 가난한 자와 억압받는 자와 약한 자들 편에서 일한다는 사실을 분명히 드러내셨다. 그렇기 때문에 하나님은 공동체 생활에서 이런 사람들이 상하게 되는 것을 용납하실 수 없다. 6절이 강조하는 것처럼 하나님은 피안의 세계뿐만 아니라 지금 이 땅에서도 가난한 자의 권리를 보호하기 위해 일하신다. 또한 출애굽 하나님은 역사에서 그분의 주도권을 행사하며, 그 주도권 행사에 함께하자고 이스라엘을 초대하신다.

악인들의 말이 아니라(비교. 이 책의 8장에 있는 시 11편을 참조하라.) 억압받는 자들, 작은 자들과 능동적으로 연대하는 야웨의 말씀이 역사의 시작과 마지막이다. 그 말씀에 근거하여 하나님은 "사람들이 분노하여 그를 위협하지 못하도록"(6절) 하실 수 있다. 이 땅의 권력의 허세와 오염 속에서 하나님의 말씀은 권리를 빼앗긴 자들에게 힘과 소망을 주는, 귀하고 가치 있는 은(Silber)이다. 하나님의 말씀이 '순전한' 말씀으로 머물 수 있느냐 없느냐의 문제는, 이 시편의 시인이 하나님의 일을 자신의 일로 생각하느냐 하지 않느냐에 달려 있다. 그렇기 때문에 이 시편은 사실상 예언자적 시편이 되었다.

시편 14편

1a 어리석은 자는 그의 마음에 말한다.
1b "하나님이 없다!"

1c 그들은 부패하고 그 행실이 가증하니
1d 선을 행하는 자가 없도다.
2a 여호와께서 하늘에서 굽어살피신다.
2b 인생을 살피사
2c 지각이 있는 자를 보려 하신다,
2d 하나님을 찾는 한 사람을.

3a 다 치우쳐 함께 더러운 자인가?
3b 선을 행하는 자가 없는가?
3c 하나도 없는가?
4a 죄악을 행하는 자는 다 무지하여
4b 그들이 떡 먹듯이 내 백성을 먹으면서

4c 여호와를 부르지 아니하는가?

5a 갑자기 그들은 두려워하였으니
5b 하나님이 의인의 세대에 계심이로다.
6a 너희가 가난한 자의 계획을 부끄럽게 하나
6b 오직 여호와는 그의 피난처가 되시도다.

7a 이스라엘의 구원이 시온에서 나오기를 원하도다!
7b 여호와께서 그의 백성을 포로 된 곳에서 돌이키실 때에
7c 야곱이 즐거워하고 이스라엘이 기뻐하리로다.

개론

시편 14편은 분명 이스라엘에서 매우 사랑받는 시편으로, 시편 53편의 형태로 한 번 더 전승되고 있다. 시편 14편과 53편은 다음과 같은 차이점이 있다. 시편 53편은 시편 14편을 한 번 수정하고 보완한 시편이다. 그렇다고 해서 시편 14편 본문을 원본이라고 단정할 수는 없다. 이 시편을 민족 탄원시로 이해하게 하는 7절의 청원은 시인이 야웨께 가난한 자의 '하나님'이 되셔서 착취와 폭력을 일삼는 무리를 멸절해달라고 청원하는 6절의 예언자적 약속과 명확히 차이가 난다.

1-6절은 지혜문학적이며 예언자적 전승의 언어와 신학이 지배적

이다. 지혜문학에서 '미련한 자'는 하나님을 전혀 개의치 않고 하나님이 무엇을 원하시는지 생각하지 않는 자들이다. 그는 부와 명예와 행복을 가져다주는 것에만 관심을 기울이다가 결국 실패하고 악한 결말을 맞이하게 된다. 이것은 오래전부터 전승된 '인과응보'라는 지혜의 원칙이다.

이와 달리 야웨가 그분의 백성인 가난한 자들 편에 선다는 견해는 전형적으로 예언자적이다. 또한 4절의 날카로운 고발(Anklage)은 '예언자들의 연대감'으로 그 근원을 소급할 수 있다. 무엇보다 예언자 미가가 이를 증명해주고 있다.(비교. 미 3:3) 4절의 날카로운 고발에서 화자는 야웨의 이름으로 '그의 백성'의 편에서 그들을 변호하고 있다.

의구심이 들지 모르겠지만 이 시편의 원작은 하나님이 '정의로운 자들의 세대'를 보호하신다는 지혜문학의 교훈을 수용하고 있다. 그리고 이 시편의 원작은 '예언자의 저항 시편'으로 개정되었다.(비교. 이 책의 8장에 있는 시 12편을 참조하라.) 이 예언자의 저항시편은 부유한 자와 권력 있는 자들을 실제적 무신론자로 맹렬히 비난할 뿐만 아니라 야웨의 가족을 파괴하는 자로 탄핵하고 있다.(4절) 선이든 악이든 그들이 가난한 자에게 행하는 모든 것은 야웨가 법정에서 심판하신다! 하나님의 질서뿐만 아니라 야웨의 생명 자체를 위협하기 때문이다!

해석

1-2절은 객관적인 분석이다. 자기 마음에 생각하여 말하기를 "하나님이 없다!" 하는 자는 '미련한 자'이다. 미련한 자는 '미련하게' 말하고 행동한다. 예를 들어 '야웨, 그는 내게 아무것도 이뤄주지 않는다, 그는 작은 자를 돌보지 않는다, 그는 나를 한 번도 만나주지 않는다, 나는 스스로 해낼 것이다.'라는 식으로 말이다. 이처럼 악하고 어리석은 자에 관한 묘사는 이사야 32장 6-7절에도 나온다.

이사야 본문에는 야웨도 언급되어 있다. 그분을 거스르는 자는 사람들을 함부로 다룬다. 미련한 자는 폭력적이다. 특히 약한 자와 여자들에게 그러하다.(비교. 창 34:7, 신 22:21, 삿 19:23f., 삼하 13:12f.) 그는 고난당하는 자에게 무관심하다.(사 32:5f., 잠 17:7) 그는 정의도, 도덕도 개의치 않는다. 이 시편의 화자에게 특히 부담되는 것은, 삶에서 미련한 자가 예외적으로 나타나는 것이 아니라 늘 존재한다는 점이다. 여기서 야웨는 인간을 향한 자신의 관심에 상처를 입는다. 야웨는 자신의 관심에 상처를 내는 이런 사람들을 대수롭지 않게 보시는 것 같다. 적어도 우리에게는 그렇게 보인다. 사람들은 이러한 야웨의 모습에 놀란다!

3-4절에서는 절망 속에서 하나님을 향해 질문을 던지는 탄원이 더욱 고조된다. 이 탄원은 사회적 상황에 대한 혹독한 비평으로 이뤄져 있다. 삶을 낭비하는 사람들은 다른 사람의 희생적 삶을 향유하는 것이다. 그들은 '사람들을 먹어 치우는 사회'에서 살아간다.(4절) 왜냐하

면 그들에게 주어진 야웨 하나님의 이름이 그들 삶에서 무엇을 의미하는지 파악하지 못했기 때문이다. 야웨는 현재적 삶을 통해 생명과 자유의 수여자로서 증명되기를 바란다. 이것은 사람이 인식해야 하는 최종적인 보루이다. 가난한 자를 살해하는 것은 야웨에 대한 공격이다!

5-6절은 3-4절의 탄원에 대한 하나님의 응답으로 예언자적 비전을 보여준다. 이 응답은 가난한 자에게 희망을, 의로운 자에게 강함을 주기 원한다. 미련한 자들의 행복은 산산조각이 날 것이다. '사람들을 먹어 치우는 자들'의 음모는 실패할 것이다. 직접화법 형태의 심판 선언에서 예언자적 저항은 이 시편의 절정에 이른다.

7절(포로기 이전으로 생각할 수 있다!)은 이스라엘의 회복과 새로움을 위해 기도하는 예언자적 저항이다. 여기에 포로기 후기 공동체의 열망이 언급된다. 이 공동체는 미련한 일을 일삼는 세상 권력으로부터 위협받는 '작은 공동체'로, 이 공동체 역시 미련한 자가 많다. 미련한 일을 일삼는 그들은 하나님이 아무것도 아니라고 생각하며 제멋대로 살아간다.

"그들은 '나'(Ich)로서 자신의 삶을 영위한다. 하나님으로서의 '당신'(Du)이 그들에게 대단하지 않은 것처럼 그들에게 이웃으로서의 '당신'은 너무나 사소한 것이다."(A. 다이슬러) 이와 같은 사상과 현상으로 이스라엘은 매우 심각한 위기에 처했다. 그러나 7절은 이런 '미련한 자들'의 멸절을 간청하는 것이 아니라 '작은 공동체'의 회복을 선물로 구하고 있다. 시온 공동체의 회복은 믿지 않는 자들의 '미련함'에 저항하는 실제적인 힘이다.

시편 11편

1a 내가 여호와께 피하였다!

1b 너희가 어떻게 내게 이렇게 말하는가?

1c "새같이 네 산으로 도망하라!

2a 그리고 그곳에서 악인들을 보라.

2b 그들이 이 활을 당기고

2c 화살을 시위에 먹임이여

2d 마음이 바른 자를 어두운 데서 쏘려 하는도다.

3a 만약 터가 무너지면

3b 의인이 무엇을 하랴?"

4a 여호와께서는 그의 성전에 계시고

4b 여호와의 보좌는 하늘에 있음이여

4c 그의 눈이 인생을 통촉하시고

4d 그의 안목이 그들을 감찰하시는도다.

5a 여호와는 의인을 감찰하시고 악인과

5b 폭력을 좋아하는 자를 마음에 미워하시는도다.

6a 악인에게 그물을 던지시리니 불과 유황과

6b 태우는 바람이 그들의 잔의 소득이 되리로다.

7a 여호와는 의로우사

7b 의로운 일을 좋아하시나니

7c 정직한 자는 그의 얼굴을 뵈오리로다.

개론

주석가들은 많은 근거를 제시하면서 시편 11편을 '신뢰의 시편'으로 이해한다. 하지만 이 시편이 살아 있는 믿음을 증명하는 것인지, 깨지기 쉬운 믿음의 회복을 소망하는 것인지는 주석가들의 주장으로 결정되는 것이 아니다. 인생에는 이 두 가지가 서로 깊이 관련되어 있다.

본문에는 체념으로 일관하는 일반적인 운명론과 만성적인 유혹에 노출된 상황이 반영되어 있다. 가령 다음과 같은 상황 말이다. '개인은 여기서 어느 것도 행할 수 없다, 생각은 선하고 아름답지만 현실은 전혀 다르다, 살아남기를 원하는 사람은 자기 스스로를 구원할 생각을 해야 한다, 할 수 있다면 스스로 구원하라, 무슨 일이 일어나든 (당신과) 나는 상관이 없다!'

많은 주석가들의 견해에 따르면 이 시편의 시인은 원수들에게 쫓기고 있는 경건한 자이다. 그는 성전에서 피난처를 찾지만 그곳에서 자신을 진정으로 이해하지 못하는 소위 '친구들'의 선의의 충고에 소외감을 느끼며 하나님을 향한 자신의 신뢰를 고백한다. 그는 그들의 불신앙을 폭로하고 그들에게 자신의 행위를 본보기로 제시하려고 한다. 이런 관점은 이 시편이 구체적인 상황에서 기록되었다는 것을 전제로 한다. 여기서 2-3절을 일반적인 고난에 대한 묘사로, 4-7절을 공평의 하나님 야웨에 관한 기본적인 성찰로 규정하는 것은 어느 정도 설득력이 있다.

우리의 시편은 다음과 같은 실용 본문과 형식을 갖추고 발생했다. 이 실용 본문의 삶의 자리는 성전이 아니라 오히려 고된 사회적 일상이었으며 사람들은 그 일상 안에서 하나님 신앙에 대한 확증을 자주 다루었다. 또한 형식을 보자면 이 시편은 두 개의 핵심 부분으로 구성되어 있다. 여기서 이 시편의 시인은 '서정적 나'의 역할을 한다. 1b-3절에서 시인은 질문 형식으로 친구들의 의혹적인 충고를 논박하고 있으며(이것은 문학적인 허구일 수도 있다. 그는 자기의 흔들리는 마음을 그렇게 생각하며 표현할 수도 있다!) 4-7b절에서 이를 위한 신학적인 근거를 피력하고 있다. 이 두 개의 핵심 부분은 중요한 진술을 내포하는 구절로 서로 연결되어 있다. 가령 3b절의 "의인이 무엇을 하랴?"라는 질문에 7ab절은 "여호와는 의로우사 의로운 일을 좋아하시나니"로 대답한다. 실제로 하나님의 의로우심이 역사적 의미를 지닌다고 믿는 사람은, 그리고 그분(하나님)이 의를 이루며 악인들의 잔혹한 행위를 처단하신다고 믿는 사람은 잔혹한 행위에 반항하는 것을 무의미하고 어리석은 일이라 생각하지 않는다. 시편 11편의 핵심 주제라 할 수 있는

1a절과 7c절은 본문 전체의 틀을 형성하는 역할을 한다. 이 본문은 맨 앞과 맨 뒤에 위치하여 시편의 기본적인 표현을 견고하게 해준다. 야웨는 폭력을 일삼는 자를 피해 달아나는 사람의 피난처가 되신다.(1a절) 부정한 길을 싫어하는 순수한 자는 기쁨을 주시는 야웨의 얼굴을 언제나 볼 수 있다.(7c절)

해석

첫 번째 주요 부분(1b-3절)에서는 삶의 잔혹함을 은유적으로 표현하고 있다. 여기에는 '악인, 범법자'의 큰 무리가 나오는데, 이는 살인자에 해당하는 사람을 표현하는 일반적인 문체였다.(비교. 출 2:13, 민 35:31) 또한 착취하는 자(사 3:11), 불의를 일삼는 자(합 1:4), 바로의 정책에 따라 이스라엘을 노예로 삼고 살해하는 사람들을 가리키는 일반적 표현이기도 했다. 사람들을 사냥하고, 그들을 법률의 보호 밖에 놓인 비천한 자로 여기고, 탐욕과 폭력을 일삼으며, 악의 힘으로 옭아매어 어둠 속에서 공격하는 자들 말이다.

공동체 생활의 정신적 토대가 무너졌다. 도덕을 지키지 않을뿐더러 더 이상 정의를 보호하지도 않는다. 하나님을 더 이상 개의치도 않는다. '상황이 이러할 때' 그리고 '상황이 이러하기 때문에' 야웨와 그분의 정의를 의무적으로 확신하는 자에게 '악인들, 범법자들'의 충고를 가장한 조롱은 납득이 될 수 있다. "선한 친구여, 경건한 척할 시간이 아니다. 네 내면의 영역(Ghetto)으로 돌아오라. 작은 새여, 안전한 산으로 날아오라."(비교. 시 55:7, 124:7, 삿 6:2, 삼상 24장, 마카베오 2:28, 마 24:16)

두 번째 핵심 부분(4-7b절)에서 시인은 친구들의 '현실적인' 사회 분석과 대비되는 자신의 비전을 이야기한다. 즉 악인의 살인과 폭력을 싫어하는 야웨가 계시다는 것과 그분이 '하늘의 의인'이며 이 땅의 공평의 표상임은 물론이요, 표상이어야만 한다는 비전을 언급한다. 시인이 대홍수 심판의 암시를 통해서(비교. 창 6:9와 연결되는 5b절), 소돔과 고모라 멸망의 암시를 통해서(비교. 창 19장과 연결되는 6a절) 그리고 예언자적인 심판신학에 관한 암시를 통해서(비교. 호 13:5, 렘 4:11과 연결되는 6b절) 단언하고 있는 것처럼 그분(하나님), 곧 '하늘의 의인'은 악인들과 대조된다. 그분이 '활동하고 계시기 때문에' 의로운 자(Zaddik)는 그분이 '활동하고 계시는 곳에서' 무언가를 행할 수 있다.

다음은 이 시편이 전하고자 하는 '포기에 저항하는 교훈'이다. "하늘에 계시며 동시에 땅 위에도 계신 그분이 너를 위한 반석이다. 그러므로 너의 산은 흔들리지 않을 것이다. 이 세상에 관철되는 것은 야만(Barbarei)이 아니라 그분의 진실성이기 때문이다."(T. 페에르캄프)

9장

하나님에게 속한 땅과 그 땅에서 살아가는 사람들

이 땅은 누구에게 속하는가? 오늘날 우리에게 이 대답은 어렵지 않다. 공식적으로 땅은 사유재산이다. 땅은 나라, 지방단체, 농부, 사업가, 군대, 정원사 등 그 위에서 살아가는 사람들에게 속한다. 때때로 땅은 주인 아닌 사람이나 기관에 속하기도 한다.

땅은 누구에게 속하는가? 어떤 이들은 땅을 자신의 생명의 집처럼 돌보며 보호한다. 하지만 아무 생각이나 배려 없이 땅을 약탈하고 파괴하는 사람들도 있다. 불의를 두려워하지 않는 사람들 때문에 이 땅에 큰 재앙이 일어나기도 한다. 그러나 위협받는 땅을 위해 노력하는 사람들도 있다. 그들은 이 땅이 '선한 창조주가 사랑하고 원하시는' 생명의 집으로 남을 수 있도록 노력한다.

땅은 누구에게 속하는가? 이것에 관해 성서의 사람들은 시편 24편 1절로 대답하고 있다. "땅은 여호와께 속하였다!" 땅은 바알에게 속한 것도, 바로에게 속한 것도 아니다. 물론 제사장이나 민족, 행정기관 혹은 토지 소유자에게 속한 것도 아니다. 이스라엘은 땅이 여호와께 속한다고 고백한다. 이 고백과 더불어 이스라엘은 야웨가 인간에게 땅을 위임하며 중요한 의무와 책임을 주셨다고 강조한다. 땅과 관련한 내용 중 가장 중요한 것은 땅의 본질(비밀)이다. 야웨로부터 주어진 땅은 가능한 한 많은 생명체, 곧 인간과 동물을 위한 삶의 장소여야 한다. 시편에서 언제나 반복해서 표현되는 구약성서적 전승의 관점에 따르면 인간이 땅을 생활공간(Biotop)으로 먼저 만들 필요는 없다. 땅은 '주님의 땅'이라는 점에서 이미 생명의 집이다. 무엇보다도 땅에서 현재화되는 '생명의 가능성'을 인식하고 받아들이는 것 그리고 땅이 강조하는 '생명의 질서'를 알고 수용하는 것이 가장 중요하다.

이 시편은 창조의 하나님 야웨가 그분의 땅을 사랑하시고 인간을 사랑하셔서 인간에게 땅을 위임하셨음을 강조한다. 인간은 땅을 사랑해야 한다. 하나님이 그 위에서 살라고 위임하셨기 때문이다. 야웨는 땅이 사랑으로 충만한 피조물로 존재하고 유지될 것이라는 희망을 품고서 인간에게 땅을 위임하셨다!

시편 19편

2a 하늘이 하나님의 영광을 선포하고

2b 궁창이 그의 손으로 하신 일을 나타내는도다.

3a 날은 날에게 말하고

3b 밤은 밤에게 지식을 전하니

4a 언어도 없고 말씀도 없으며

4b 들리는 소리도 없다.

5a 그의 소리가 온 땅에 통하고

5b 그의 말씀이 세상 끝까지 이르도다.

5c 하나님이 해를 위하여 하늘에 장막을 베푸셨으니

6a 해는 그의 신방에서 나오는 신랑과 같고

6b 그의 길을 달리기 기뻐하는 장사 같아서

7a 하늘 이 끝에서 나와

7b 하늘 저 끝까지 운행함이여

7c 그의 열기에서 피할 자가 없도다.

8a 여호와의 율법은 완전하여
8b 영혼을 소성시킨다.
8c 여호와의 증거는 확실하여
8d 우둔한 자를 지혜롭게 한다.
9a 여호와의 교훈은 정직하여
9b 마음을 기쁘게 한다.
9c 여호와의 계명은 순결하여
9d 눈을 밝게 한다.
10a 여호와의 말씀은 순결하여
10b 영원까지 이른다.
10c 여호와의 도는 진실하여
10d 그 모든 것이 다 의롭다.
11a 금보다 더 사모할 것이며
11b 곧 많은 순금보다 사모할 것이라.
11c 꿀보다 더 달도다.
11d 송이꿀보다 (더 달도다.)

12a 또 주의 종이 이것으로 경고를 받고
12b 이것을 지킴으로 상이 크니이다.
13a 자기 허물을 능히 깨달을 자 누구리요?
13b 나를 숨은 허물에서 벗어나게 하소서!
14a 또 주의 종에게 고의로 죄를 짓지 말게 하사

14b 그 죄가 나를 주장하지 못하게 하소서.

14c 그리하면 내가 완전하여

14d 큰 죄과에서 벗어나겠나이다.

15a 내 입의 말이 기쁨이 되기를

15b 나의 마음의 묵상이 주님 앞에 열납되기를 원합니다.

15c 여호와여, 나의 반석이시요, 나의 구속자이시여.

개론

시편 19편은 인간을 야웨의 '종'(또는 하인)으로 이해하는 인간 존재에 관한 깊은 명상을 제시하고 있다. 이 시편은 (주제와 마찬가지로) 구약성서 후기 시대를 가리키는 지혜자들의 일반적인 언어를 시종일관 구사한다. 이 시편이 전반적으로 시편의 보편적인 특징을 일관되게 제시하는지 아니면 사실상 두 개의 시편인 '창조시편'(자연에 관한 시편: 2-7절)과 '토라시편'(율법시편: 8-15절)을 나란히 제시하는지를 설명하기는 어렵다. 또한 토라[1]를 삶의 태양으로 축복하는 짧은 시편(2-11절)이 다양한 추가 작업을 통해서(예를 들면 시 104편과 비슷하게) 야웨

1 토라는 광의로 '말씀'을 가리킨다. 특별히 시편 19편에서 토라는 말씀에 관한 표현으로 이해할 수 있다.

께 드리는 기도 또는 야웨를 위한 헌물로 개정되었는지(필자에게는 가장 설득력 있게 보인다.)를 설명하기도 어렵다.

축복 형식(15절)으로 끝맺는 이 시편은 세 개의 핵심 부분으로 이뤄진다.(2-7절, 8-11절, 12-14절) 각 부분에는 결정적인 주제어(2절: 영광=그의 피조물을 통치하시는 하나님, 8절: 토라=이스라엘 하나님이 만드신 규정, 12절: 주의 종=야웨 하나님의 통치 아래 있는 삶)가 있다. 2-7절은 당신의 피조물에게 보편적인 생명의 질서를 심어주시는 창조주 하나님(왕)의 영광을 나열한다. 낮과 밤의 리듬과 태양의 운행에서 하나님이 나타내시는 이 질서는 (8-11절의 설명처럼) 창조주 하나님이 인간에게 말을 거시고 다가오셔서 인간을 행복하게 하시는 사건이다. 2-7절과 8-11절은 서로 밀접한 관계를 형성하며 야웨가 그분의 백성에게 준 토라의 내용을 이중으로 묘사한다.

한편으로는 토라의 많은 말씀이 창조와 동떨어진 것이 아니라 창조적인 삶을 촉구하고 돕는 내용임이 강조된다. "창조 없이는 어떠한 구원도 없다!"(N. 로핑크) 다른 한편으로 토라는 창조의 기본 질서이다. 토라 없이는 어떠한 구원도 없다!

12-14절에서 시인은 토라가 제시하는 질서를 전체적으로 창조에 관한 삶의 질서로 세우겠다는 자신의 각오를 고백한다. 그는 자신이 '의로운 자이며 동시에 죄인으로'(simul iustus et peccator) 살아간다는 사실을 고백한다. 그는 토라가 제시하는 질서 안에서, 그 질서에 따라 자신의 삶을 '위대한 가치'로 경험한다. 다시 말해 토라가 자신과 다른 사람에게 행복을 가져오는 것을 경험한다. 그러나 동시에 시인은

하나님을 인정하지 않는 사회의 죄 된 유혹에 넘어가는 자들과 약한 자들(13절)이 토라가 제시하는 삶의 경계선을 반복해서 넘어선다는 것을 알고 있다. 그렇다! 하나님을 인정하지 않는 죄악은 사람을 몰락의 가장자리로 이끈다. 토라를 주신 하나님은 우리가 몰락의 가장자리에 서는 것을 원치 않으신다. 2-11절이 표현하고 있는 것처럼, 토라를 주신 하나님은 '삶을 사랑하시는 분'(지혜서[2] 11:26)이며 '죄를 용서하시는 분'(13-14절)이다.

해석

창조의 하나님을 향한 하늘과 태양의 찬양이 2-7절의 주제는 아니다.(비교. 시 148:1-5) 오히려 하늘과 태양이 계속 전해야 하는 '지식'이 주제이다. 다시 말해 하늘과 특히 '해 아래서'(전도자가 가장 선호하는 표현) 살아가는 사람들을 위해 하늘과 태양이 멈추지 않고 전하는 증언이 이 단락의 주제이다. 우리는 하늘과 태양이 전하는 소식의 내용을 시편 148편 6절을 통해 표현할 수 있다. "그(하나님)가 또 그것들(하늘과 해)을 영원히 세우시고 폐하지 못할 명령을 정하셨도다." 이것

---

2 '솔로몬의 지혜서'라고도 한다. 지혜서는 칠십인역의 일부분으로, 개신교회와 유대교에서는 외경으로 삼는 반면 동방정교회와 로마가톨릭교회에서는 제2경전으로 간주한다.

은 창세기 8장 22절에서 요약하고 있는 것처럼 창조의 기본이 되는 삶의 질서이다. "땅이 있을 동안에는 심음과 거둠과 추위와 더위와 여름과 겨울과 낮과 밤이 쉬지 아니하리라." 예레미야 31장 36절에 따르면 이스라엘의 존재는 이 기본적인 질서(법도)와 매우 깊이 연결된다. "이 법도가 내 앞에서 폐할진대 이스라엘 자손도 내 앞에서 끊어져 영원히 나라가 되지 못하리라 여호와의 말씀이니라." 이제 우리의 시편은 날마다 태양의 행로를 통해서 이뤄지고 '온 땅의 순환'(5절)을 위해 작용하는 저지할 수 없는 시간의 질서 속에서 '하나님의 영광'에 관한 계시를 본다. 태양을 보면 창조의 하나님이 그분의 창조에서, 특히 '해 아래' 인간을 위해서 어떻게 영향력을 발휘하셨는지(2b절) 명백하게 알 수 있다.

5c-7c절은 이스라엘 주변이 이미 다 아는 삶의 원천인 태양을 설명하고 있다. 이 단락은 태양신 전승과 사상을 수용하여 정의와 율법을 수여하고 있으며, 이스라엘의 순종을 엄격하게 지켜보시는 정의의 하나님을 설명한다. 그뿐 아니라 이 사상의 수용을 통해서 하나님의 권능을 해석하는데, 창조주 하나님이 온 땅을 통치하면서 그분의 권능을 어떻게 증명하시는지 설명한다. 당연히 이스라엘에게 태양은 더 이상 신적 존재가 아니라 창조주 하나님을 증명하는 도구이다. 이 단락에 따르면 태양은 밤에 사라지고(5c, 7b절) 낮에 영향력을 펼침으로써(6, 7c절) 창조주 하나님을 증명한다.

이 시편은 특별히 세 가지 점에서 인상적이다. (1) 젊고 행복한 신랑이 자신의 사랑을 선물하기 위해 신부를 초대하듯이 태양은 빛나는 아름다움과 젊음을 머금고 날마다 신선하고 새롭게 땅 위에 그리고 땅을 위하여 떠오른다. (2) 태양은 영웅적인 힘으로 어둠을 물리치고 두려움과 혼돈의 시간을 의미하는 암흑을 밀어낸다. (3) 태양의 빛은 왕국을 넘어 모든 곳을 비추며 모든 선과 악을 드러낸다.

이처럼 이 시편은 보이는 태양으로써 생명을 주시고 보존하시는 창조주를 묘사했다. 물론 애굽과 메소포타미아에서 태양신이 권리와 정의(법의 수여자, 재판관, 구원자, 복수해주는 자)의 수여자이자 보호자로 경배되었다는 것은 명백한 사실이다. 그러나 이들과 달리 이스라엘이 그들 삶의 전반을 위해 하나님 야웨께서 주신 규정(Weisung)을 태양의 특징(Gabe)과 연결하여 그 규정(토라)을 실제적으로 그들의 태양으로 간주한다면 이와 같은 이해와 행위는 매우 옳다. 2-7절에 나오는, 태양에 관한 모든 언급은 (이 시편이 이해하고 있는 것처럼) 토라에 관한 것이다. 토라는 이스라엘이 사랑하는 생명력 있는 신랑이요, 악을 이긴 승리의 전투자이며 모든 것을 가차없이 폭로하는 심판자이다.

8-11절은 토라와 함께하는 이스라엘의 경험이다. 우선 여섯 문장(8-10d절)은 토라의 본질적 특징 6가지(완전한, 확실한, 정직한, 순결한, 진실한, 의로운)와 영향력에 관해 언급한다. 그리고 절정에 해당하는 11절은 '금'과 '꿀'의 특징을 비교 대조하는 평행법을 사용하여 토라의 일곱 번째 특징을 강조한다.

토라는 고대 근동 사람들이 갈망하던 그 어느 것보다 가장 가치가 있다.(금은 왕의 부유함이다. 꿀은 신들의 양식이고 성대한 향연의 후식이다. 비교. 이것은 '젖과 꿀이 흐르는' 땅의 꿈이기도 하다.)

야웨의 종들이 태양 같은 야웨의 토라 아래서 그분의 용서의 은혜를 신뢰할 때 그들의 삶은 완전한 희생제의(14c절)가 될 수 있다. 인간의 연약함과 한계로 말미암아 토라를 위반하는 경우에도 그들의 삶은 순전한 희생제의(14c절)가 될 수 있다. 맨 마지막(15절)에 나오는 '헌신'은 축성 형식으로, 제의신학적 표현이다.(15절에 나오는 "기쁨"과 "주님 앞에 열납되기를 원합니다."라는 고백은 제의신학적 표현이다.) 또한 이 시편을 낭독하고 있는 시인이 그의 하나님께 드리는 감사와 청원의 제물로 해석될 수 있다. 시인의 하나님은 '바위'(혼돈을 극복하는 창조의 한가운데에서)와 '해방자'(노예화하는 권력의 한가운데에서)로 계속해서 증명되는 분이다.

시편 33편

1a 너희 의인들아, 여호와를 즐거워하라!

1b 찬송은 정직한 자들이 마땅히 할 바로다!

2a 수금으로 여호와께 감사하고

2b 열 줄 비파로 찬송할지어다!

3a 새 노래로 그를 노래하며

3b 즐거운 소리로 아름답게 연주할지어다!

4a 왜냐하면 여호와의 말씀은 정직하며

4b 그가 행하시는 일은 다 진실하기 때문이다.

5a 그는 공의와 정의를 사랑하심이여

5b 세상에는 여호와의 인자하심이 충만하도다.

6a 여호와의 말씀으로 하늘이 지은 바 되었으며

6b (그가) 그 만상을 그의 입 기운으로 이루었도다.

7a 그가 바닷물을 모아 무더기 같이 쌓으시며

7b 깊은 물을 곳간에 두시도다.

8a 온 땅은 여호와를 두려워하며

8b 세상의 모든 거민들은 그를 경외할지어다.

9a 그가 말씀하시매 이루어졌으며

9b 명령하시매 견고히 섰도다.

10a 여호와께서 나라들의 계획을 폐하시며

10b 민족들의 사상을 무효하게 하시도다.

11a 여호와의 계획은 (그와 반하여) 영원히 서고

11b 그의 생각은 대대에 이르리로다.

12a (이) 여호와를 자기 하나님으로 삼은 나라는 복이 있도다.

12b 곧 하나님의 기업으로 선택된 백성은 (복이 있도다.)

13a 여호와께서 하늘에서 굽어보사

13b 모든 인생을 살피심이여

14a 곧 그가 거하시는 곳에서 굽어살피시는도다.

14b 세상의 모든 거민들을 (굽어살피시는도다.)

15a 그는 그들 모두의 마음을 지으시며

15b 그들이 하는 일을 굽어살피시는 이로다.

16a 많은 군대로 구원 얻은 왕이 없으며

16b 용사가 힘이 세어도 스스로 구원하지 못하는도다.

17a 구원하는 데에 군마는 헛되며

17b 군대가 많다 하여도 능히 구하지 못하는도다.

18a 보라, 여호와의 눈이 그를 경외하는 자,
18b 곧 그의 인자하심을 바라는 자를 살피사
19a 그들의 영혼을 사망에서 건지시며
19b 그들이 굶주릴 때에 그들을 살리시는도다.

20a 우리 영혼이 여호와를 바람이여
20b 그는 우리의 도움과 방패이시다.
21a 그렇다. 우리 마음이 그를 즐거워한다.
21b 그렇다. 우리가 그의 거룩한 이름을 의지하였기 때문이다.
22a 여호와여, 주의 인자하심을 우리에게 베푸소서.
22b 왜냐하면 우리가 주께 바라기 때문입니다!

개론

시편 33편의 구조와 저술 목적을 통해 우리는 이 시편이 찬양시의 전형임을 알 수 있다. 이 시편은 1-3절에서 야웨 찬양을 촉구하는 (명령형) 요청으로 시작한다. 그리고 4-5절에서는 "왜냐하면"(우리는 이것을 '그렇다, 참으로, 실제로'로 번역할 수 있다.)이라는 표현을 통해 찬양의 주제, 즉 하나님을 찬양하는 이유에 대해 기술한다.

이 주제는 두 부분에 걸쳐 묘사된다. 우선 6-12절에서는 야웨를 우주의 창조자로 찬양한다. 이스라엘은 그들을 사랑으로 선택하여 상속자로 세우신 야웨를 역사의 주인으로 찬양하고 있다. 13-19절에서는 야웨를 왕과 모든 인간의 창조자로 찬양한다. 야웨는 그분의 권력을 사사로이 휘두르지 않으시며, 그분의 은혜에 따라 살아가는 자들에게 관심을 기울이고 그들을 구원하신다. 두 단락은 언어상으로 서로 관련성을 가지며 전달하려는 바를 표현하고 있다. 두 단락은 야웨의 모티프를 하늘을 만드신 분, 곧 하늘의 왕좌에 앉아 통치하시는 분으로 본다. 두 단락은 땅 아래 이스라엘, 즉 죽음의 위협을 받는 인간에게로 하나님이 향하시는 모습을 기록하고 있다.

12절과 18절 이하는 축복찬양의 형식("복이 있도다", 주의를 환기하는 외침인 "보라" 등)을 통해 절정을 이루며 강조된다. 이 대목은 이 찬양시가 시인 안에서 불러일으키기 바라는 무언가를 요약하고 있는데, 그것은 바로 야웨께서 그분의 백성에게 '은혜의 하나님'으로 존재하며 머물러주실 것이라는 흔들림 없는 신뢰이다. 이 시의 후반부인 20-22절에서 '우리' 형식은 공동체를 표현하고 있다. 이 공동체는 찬양의 주제가 그들 삶의 기반이 되기를 바란다.

찬양이라는 장르는 그 삶의 자리를 공식적인 예배에서 찾는다. 그러므로 찬양의 주제는 우리가 개인의 탄원시편과 감사시편에서 만나는 '개인의 삶의 정황'이 아니다.(비교. 시 13, 30편) 그 주제는 우주의 주인이자 역사의 하나님, 민족들의 하나님이신 야웨이다. 그러므로 찬양시에 등장하는 축제 공동체는 이스라엘의 근본적인 경험을 고백한다. 또한 야웨가 민족의 중심에서 그들의 하나님 됨을 증명해주시기를 원한다고 고백한다.

찬양시는 엄격한 의미에서 '야웨의 개별적 행위'를 노래하는 것이 아니다.(또한 짧은 찬양시인 출 15:21 "여호와를 찬송하라 그는 높고 영화로우심이요 말과 그 탄 자를 바다에 던지셨음이로다"도 야웨의 개별적 행위를 노래하고 있지 않다!) 찬양시는 '그분 자체', 곧 '하나님이신 그'를 노래한다. 그의 성취하심 속에서 그분 자체를 그리고 현재 경험되는 그분의 존재를 노래한다. 찬양시는 이스라엘로 하여금 그들의 존재를 감사하는 삶 속으로 들어가게 한다. 그러므로 찬양시는 언제나 공동체의 기도이며 노래이다.

일반적으로 우리는 찬양시의 연주 과정을 다음과 같이 정리할 수 있다. 1-3절은 공동체에게 하나님 찬양을 요청하는 선창자(혹은 예식 진행자)의 노래이다. 4-5절의 주체는 이스라엘 백성 또는 합창대이다. 6-12절과 13-19절은 두 명의 독창자가 노래한다.(짧은 가곡풍 형식으로 현악기를 동반한다!) 20-22절에서는 다시 백성들이 노래한다.[이러한 '역할 나누기'는 오늘날 설교 중심의 예배(Wortgottesdienst)에 시사점이 될 것이다!]

22개의 히브리어 알파벳을 모방하여 22개의 평행법으로 이루어진 이 시편은 발생 시기를 포로기 이후로 산정한다. 이 시편은 특별히 창세기 1장과 이사야 40-55장에 의해서 신학적으로 고무된다. 이 시편은 야웨의 자비를 신뢰하는 찬양인데, 이스라엘 백성은 하나님의 '떠나가심'에 대한 두려움으로 고통스러워하던 시기에 이 시편을 찬양함으로써 구원을 이루시는 하나님의 현존 속으로 들어가기 원하는 마음을 표현했다.

해석

시편 33편에서 찬양에 대한 요청(1-3절)은 5회의 명령형을 통해 고조된다. 이 요청은 집결한 축제 공동체를 향해 현악기를 가지고 야웨를 찬양하라는 초대이다. 이 시편은 '새로운 노래'이다. 현악기를 동원하는 것은 시편 96편 1절과 98편 1절처럼 하나님 주권의 최종적이고 종말론적인 성취를 찬양하는 찬송의 특징이다. 물론 이러한 모습이 우리의 찬양시 시편 33편에서는 강조되지 않는다.

"새 노래"(3a절)는 포로기에 이스라엘이 '하나님의 떠나심'을 경험했지만 이후 야웨로부터 '새 언약'을 약속받았다는 것을 이야기한다.(비교. 렘 31:31-34) 새 노래는 야웨가 그분의 신실함과 자비하심으로(4-5절) 이스라엘을 '새롭게' 선택하셨다는 백성들의 고백이며 화답이다. 새 노래는 야웨와 이스라엘의 새로운 관계를 축하한다.

더 정확히 말해 환호의 함성과 가장 힘 있는 연주(Fortissimo)로 새로운 관계를 축하하고 원수들을 이긴 승리자를 축하한다.(비교. 수 6:5, 20, 삼상 4:5f.) 야웨의 왕권을 맹세할 때(비교. 민 23:21, 시 47:5)에도, 이스라엘의 대축제가 펼쳐질 때(비교. 대하 15:14, 에 3:12f.)에도 이 축하의 환호는 이어진다. 새로운 공동체는 야웨의 영향력을 드러내는 공의와 순수의 빛이기에 찬양하기에 '합당하다.'(1b절) 이 시편은 1절과 4-5절을 연결하는 핵심어 "왜냐하면"을 통해 이러한 점을 암시하고 있다.

4-5절에서는 야웨의 창조의 말씀과 역사에 나타난 그분의 활동이 찬양시의 주제로 언급되며, 그분과 그분 말씀의 정직함, 진실함, 의로

움, 인자하심 등이 강조된다. 야웨는 그분이 사랑하시고 주의 깊게 살피시는 창조세계에 삶의 질서를 세우신다. 더 나아가 온 땅에 그분의 자비를 펼치신다. 5절의 표현은 이사야 6장 3절에 묘사된 '야웨의 장엄함'에 대한 새로운 해석이다. 더 이상 야웨의 전능과 위대하심만이 이 땅을 채우는 것이 아니라 그 창조주 하나님의 자비가 삶의 원리이다. 이스라엘은 기원전 587년의 재앙 이후 그들 존재의 새로운 의미를 이 삶의 원리에서 찾고 있다.

포로기와 포로기 이후 초기에 페르시아 제국에서 이스라엘은 중요하지 않은 작은 행정구역으로 버려진 상태였다. 이 같은 세계정세의 혼돈과 관련해, 6-12절은 하나님의 백성 이스라엘에게 삶의 원리가 무엇을 의미하는지 첫 번째 성찰로 표현하고 있다. 이스라엘의 존재는 '하늘-바다-땅'의 조화로 돌아가는 저 태초의 말씀 사건과 연결되어 있다. 온 우주와 민족의 역사는 야웨에게 속하며 그분에게 복종한다.

"유일한 명령이나 트럼펫 신호에 따라 뛰기 시작하는 훈련된 군대처럼… (사람들이 생각하는 것처럼) 그렇게 세계는 보이지 않는 하나님의 말씀에 복종한다."(O. 키일)

지금 위협적인 재앙 앞에 놓인 이스라엘(비교. 대홍수 재앙 이후 창조주 하나님의 약속인 창 8:20-22, 9:8-15)은 창조주 하나님이 그분을 역행하는 세상 민족의 모든 행위를 폐하시고 "그의 계획과 그의 생각"(11절), 곧 삶의 질서를 단번에 세우고자 하셨음을 생각할 수 있다. 그러하기에 이스라엘은 사실상 기쁨에 차서 야웨가 모든 민족 중 자신을 선택하셨다는 사실을 찬양할 수 있다. 이스라엘은 그의 상속자요,

왕이신 야웨의 통치를 받는 백성으로서 그분을 찬양할 수 있다. 이스라엘은 왕실의 영지요, 왕실 소유의 보석이다.(비교. 출 19:6)

13-19절은 창조주 하나님 야웨가 이스라엘을 그분의 상속자로서 어떻게 사랑하시는지를 찬양시적으로 묘사하고 있다. 그리고 하늘에서 우주의 왕으로서 모든 것을 굽어살피시는 그분의 모습을 묘사한다. 창조주 하나님께는 그 어느 것도 감춰질 수 없다. 그분은 모든 것을 창조하고 유지하시는 분이기에 삶의 구석구석을 알고 계신다.(비교. 시 94:9-11, 139:13-16) 그러나 야웨의 눈은 단지 이 땅의 왕국과 권력에 집중되어 있지 않다. 그분은 왕과 왕의 속성에 매료되지 않는다. 그분은 군사력에 의지하고 그것을 우상화하는 자들을 기뻐하지 않으신다.(비교. 시 20:7f., 44:6f., 147:10) 야웨의 눈은 정치권력으로부터 하찮게 여겨지는 생명도 소중하게 여기는 자들에게서 기쁨을 찾는다. 그들은 진실한 삶의 원천이신 야웨를 향하는 자들이기 때문이다. '야웨를 바라보는' 사람 그리고 '야웨가 바라보시는' 사람은 사망의 위협에서 살피심을 받는다.(19절) 이 시편은 사실상 죽음의 세력 앞에서 약한 자와 착취당하는 자를 구원하기 위하여 말과 그 말 탄 자를 바다에 던지신 출애굽의 하나님에 관한 새 노래이다.(출 15:21) 이스라엘을 자신의 상속자로 삼으신 그 하나님 말이다.

마지막 노래(20-22절)에서 축제의 모임은 필연적으로 찬양시가 노래하고 있는 '현실'로 향한다. 그 모임은 기쁨과 평온함 가운데 능력 많으신 하나님의 보호 아래에 있으며, 그들의 정치적 고난으로 말미암아 발생하는 의혹과 체념에 대해 저항한다.

시편 8편

2a 여호와 우리 주여,

2b 주의 이름이 온 땅에 어찌 그리 놀라운지요.

2c 주의 영광이 하늘을 덮었나이다.

3a 어린아이들과 젖먹이들의 입으로

3b 권능을 세우심이여

3c 주의 대적으로 말미암아

3d 이는 원수들과 보복자들을 잠잠하게 하려 하심이니이다.

4a 주의 손가락으로 만드신 하늘을 내가 보오니

4b 주께서 베풀어두신 달과 별들을 내가 보오니—

5a 사람이 무엇이기에 주께서 그를 생각하시며

5b 인자가 무엇이기에 주께서 그를 돌보시나이까?

6a 그리고 그를 하나님보다 조금 못하게 하시고

6b 영화와 존귀로 관을 씌우셨나이까?

7a 주의 손으로 만드신 것을 왕으로서 다스리게 하시고
7b 만물을 그의 발아래 두셨으니

8a 곧 모든 소와 양과
8b 더욱이 사람이 살지 않는 땅의 들짐승이며
9a 하늘의 새와 바다의 물고기와
9b 바닷길에 다니는 것이니이다.

10a 여호와 우리 주여,
10b 주의 이름이 온 땅에 어찌 그리 아름다운지요.

개론

이 시편의 경우 인간 존재에 관한 질문을 위기와 어리석은 행위 속에서 제기하지 않는다. 불안정한 사회의 중심에서 기반과 도움을 찾는 것도 아니다. 오히려 이 질문은 한 개인의 놀람과 감사의 외침이다. 이 외침은 하나님의 비밀에 근거하여 인간의 비밀을 규명해내는 경험을 내용으로 하며 전체 공동체에 의해 수용되고 있다.(2, 10절)[3] 그러므로 이 시편에서 자기 자신에 관한 성찰은 철학적인 사색이 아니라 야

웨를 찬양하는 가운데 일어나고 있다. 성서의 사람은 자기 자신에 관하여 말할 때, 하나님이 자신에게 부단히 영향을 준 것이 무엇인지를 가장 먼저 그리고 가장 유의미하게 언급해야 한다.

유감스럽게도 시편 8편의 히브리어 본문은 2-3절이 판독이 어려운 상태로 전승되었다.(독일 공동번역성서는 이를 각주에서 언급하고 있다.) 그리고 이러한 이유로 여기서 자세히 제시할 수 없는 많은 가설이 야기되었다. 전승된 이 본문의 난제는 기본적으로 관계대명사 문장에 명령형이 있다는 것이다. 이 문장을 해석해보면 다음과 같다. "땅 위에, (그것이)[4] 당신 영광을 주소서."[5] 그러나 이와 같은 문장 구성은 히브리어에서는 불가능하다.

난제가 해결된 본문이 되려면 이 부분에서 어떤 요소가 변경되어야만 한다. 이에 대해 전형적으로 두 그룹의 견해가 있다. 첫 번째 그룹은 관계대명사 '그'(아쉐르)뿐만 아니라 명령형 '주라'(테나)를 변경한다. 예를 들면 다음과 같이 번역한다. "땅 위에 어찌 그리 놀라운지요. 나는 하늘에 펼쳐지는 당신의 장엄함을 어린아이와 젖먹이의 입을 통해서 노래하기를 원합니다."(N. 퓌글리스터) 다른 그룹은 다만 명령형

---

3 시편 8편은 한 개인의 찬양시이다. 그러나 시편 8편의 전체 틀을 구성하는 2, 10절은 이 시편의 공동체적인 특성을 보여준다.

4 관계대명사 'אֲשֶׁר'(아쉐르).

5 히브리어 본문 2b절에는 "주의 이름이 온 땅에 어찌 그리 놀라운지요."라는 표현에 이어 관계대명사 'אֲשֶׁר'(아쉐르)가 나오며 연속으로 'נָתַן'(나탄)의 명령형인 'תְּנָה'(테나)가 등장한다.

을 다르게 읽는다. 앞에서 제공된 본문 번역도 이 그룹에 속한다. 어쨌든 독일 공동번역성서는 "땅 위에 어찌 그리 놀라운지요. 하늘 위에 당신은 당신의 위엄을 펼치셨습니다."라고 번역하므로 이 그룹에 속한다. 물론 이 공동번역은 관계대명사를 과감하게 조금은 가볍게 다루는 셈이다.

이 시편은 두 차례에 걸쳐 수정되었다. 본래의 시편은 2ab, 4-10절로 구성되었다. 이 시편의 구조는 '질문-대답-쉐마'로 이뤄진다. 실제적인 질문은 5절의 의문사 "무엇"으로 시작된다. 4절은 시간상 앞 문장으로, 이 질문의 제시자를 알려주고 있다. 이 앞 문장은 엄격히 말하면 불완전한 문장이다. 완전한 문장이라면 대략 이렇다. "내가 보오니… 내게 질문이 생깁니다. 이것이 무엇인지요." 필자는 4절의 이 불완전한 형태를 줄표(-)로 표시했다. 어디까지가 질문이고 어디서 대답이 시작되는지를 결정하는 것은 더 어렵다. 예를 들면 일반적으로 독일 공동번역성서와 현대 독일어 성서는 6절을 대답으로 이해한다.

이와 같은 관점에서 이 시편은 정교한 형태로 이루어졌다. 4-5절에서 제시된 질문에 관하여 6-9절에서 주어지는 대답은 2배로 길다. 4-5절의 질문은 4개의 행으로 구성된 1개의 연으로, 6-9절의 대답은 각각 4개의 행으로 이루어진 두 개의 연으로 구성된다. 여기서 첫째 연이 되는 6a-7b절은 4개의 동사문장[6]으로 되어 있다. 그러나 둘째 연이

6 히브리어 문장은 명사문장과 동사문장, 이렇게 두 가지로 분류할 수 있다. 명사문장은 동사 없이 명사만으로 나열된 문장을 말한다. 이런 경우 문맥의

되는 8a-9b절은 많은 명사들의 나열로 구성되어 있다.

필자는 이러한 관점을 넘어 이 시편의 다른 구조를 제시하고 싶다. 최소한 이것은 전승된 마소라 본문과 상응하는 구조이다. 다시 말하면 6a절은 이야기체 형식을 도입하고 있으며, 6b절은 접속사 "그리고"로 연결된다. 이와 달리 7a절은 접속사가 없는(연결되지 않은) 상태로 기록된다. 7b절도 마찬가지로 접속사 없이 7a절 옆(히브리어 본문)에 위치하고 있다. 그러므로 6절과 7절 사이에 중간 휴지가 이뤄지는 동안 구문론의 측면에 근거하여 6절을 앞으로 끌어당겨 6절을 5절 질문에 연속되는 질문으로 읽을 수 있다. 이것은 시편 144편 3절에서도 확인할 수 있다. 이야기체 형식의 시편 144편 3절이 '무엇-질문'(Was-Frage)으로 이뤄져 있다는 데에는 의심의 여지가 없기 때문이다.

그러므로 독일어 번역에 근거하여 6절을 이해하면 이 시편은 단지 두 부분, 곧 4-6절(질문)과 7-9절(대답)로 나눌 수 있다. 이러한 형식상 구조는 내용상 구조를 통해서 강조된다. 두 단락에는 '당신의 손가락'과 '당신의 손이 지으신 것'이란 개념이 소개되고 있다.

이 시편의 본문은 동일한 단어로 이루어진 포괄적 후렴구가 전체를 포괄하고 있다.(2ab절과 10ab절)

'첫 번째 시편'은 포로기 이후, 초기 시대의 지혜-제사장 계층에

흐름상 적절한 곳에 be 동사를 넣어 문장을 해석할 수 있으며, 대부분 '상태'를 나타낸다. 동사문장은 동사가 포함된 문장을 가리킨다.

서 시작된 것으로 생각할 수 있다. 출처가 제사장 계층이라는 점에서 이 시편은 제사장 문서의 창조 이야기인 창세기 1장과 신학적 근접성을 갖는다. 시편 8편의 욥기 수용 또한 이것을 가리키고 있다.(비교. 욥 7:17f.) 신학 강의나 가정 예배 속에 뿌리내리고, 그 후렴구도 공동체 전체로 확장된 지혜 묵상기도 시편 8편은 교훈보다 감사의 확신을 목표로 한다.

기본 본문은 앞서 설명한 것처럼 두 번에 걸쳐 편집 확대되었다. 우선 3절을 통해서 고난당하고 추격당하는 공동체의 상황이 이 시편에 삽입된다. 하나님의 원수들에 의해 추격당하고 비웃음을 당하는 "어린아이들과 젖먹이들"(=이스라엘)의 하나님 찬양(2ab절)은 온 땅에 야웨의 권능을 증명한다. 결론적으로 2c절은 영광스런 하나님 이름에 관한 초기 유대교 신학을 담고 있다.

해석

이 시편의 중심에는 인간의 비밀에 관한 질문이 위치한다. 이 질문은 인간의 무상함(인간)과 반복해서 죄를 짓는 죄인(아담의 아들)을 알고 있는 한 인간 안에서 일어나고 있다. 이 질문은 무엇보다도 4-5절에서 언급하고 있는 양극적인 하나님 경험의 관점에서 제기된다. 첫 번째 극(Pol)은 창조주 하나님의 위대함과 영광이다. 궁창과 밤의 찬란한 빛 속에서 창조주 하나님의 위대함과 영광이 나타난다. 궁창의 견고함 속에서 그리고 밤의 찬란한 빛의 광활함 속에서 창조주 하나님은 자신을 계시하고 있다. 야웨는 질서 유지 기관으로 하늘을 만드시고 하늘 위에 달과 별들의 위치와 역할을 지정해주셨다. 야웨는 이를 위험한 신들과의 전쟁(비교. 고대 근동의 사상)에서 행하신 것이 아니라 장난스럽게 당신의 손가락으로 행하셨다.

서정적으로 묘사되는 '밤하늘 위의 달과 별'이라는 모티프는 하늘에 관한 고대 근동의 공동체 사상을 암시한다.(시 104:1f.) 고대 근동에서는 밤하늘 위의 달과 별을 하늘에 계신 왕이신 하나님의 겉옷 또는 보석으로 이해한다. '하늘의' 상상할 수 없는 넓이와 관련하여 생각할 때 개인적인 '나'와 공동체적인 '나'는 그렇게 중요한 존재가 아니다. 물론 현재를 살고 있는 우리 동시대 사람들은 이 넓이를 '수백만 광년'이나 '수십억 개의 별들'과 같은 단어로 표현한다.

"그의 앞에는 모든 열방이 아무것도 아니라 …보라 그에게는 열방이 통의 한 방울 물과 같고 저울의 작은 티끌 같으며 섬들은 떠오르는 먼지 같으리니."(사 40:15, 17) 시편 8편은 인간을 하나님의 무대인 '세상'에서 사소하고 무의미하며 훼방꾼 같은 자[물론 이것은 자기 경험의 극(Pol)일 수 있다.]로 언급하고 있다. 두 번째 극 또한 강하고 명확하게 나타난다. 장엄한 하나님은 개개의 모든 인간을 알고 계시고, 모든 인간에게 그분의 특별한 애정을 쏟으시며, 그분과 비슷한 존엄성을 선물로 주셨다.(두 번째 극)

놀라움에 찬 질문(5절)에 대답하는 7-9절은 인간의 비밀에 관한 절정에 해당하는 부분이다. 하나님은 인간을 돌보시고 귀한 보석처럼 사랑하신다!(6절) 창조주 하나님은 인간을 신뢰하셔서 인간에게 사명을 주셨는데, 이것은 단번에 이해할 수 있는 표현으로 묘사된다. 이러한 묘사에 따르면 인간은 모든 피조물의 왕(또는 우리가 즐거이 말하는 왕관)이다. 정확히 말해 동물의 왕으로 세워졌다고 묘사할 수 있다. 동물 세계에 대한 인간의 통치 범위는 8-9절에 나온 명사들로 정교하게 표현되어 있다. 화자의 입장에서 보면 집중해야 하는 통치 영역이 점점 더 넓어지고 멀리 확장된다.

우선 실제적인 삶과 생활의 영역에 "양"과 "소"가 등장한다. 이 단어 앞에 "모든"이라는 단어가 추가됨으로써 목자와 농부들의 삶의 세계를 가리키고 있음이 나타난다. 더 나아가 "더욱이"를 통해서 행이 바뀌고 삶과 생활의 영역을 위협하는 '야생 짐승들'에 관한 표현이 뒤따르고 있다. 이와 상응하여 세상은 땅과 하늘과 바다, 이렇게 세 영역으로 나뉘어 묘사되는데 "하늘의 새"(땅 위의/사람들 위의), "바다의 물고기"(땅 가장자리에 채워진 물속의) 그리고 최종적으로 "바닷길을 '다니는'(분사 형태로 되어 있다!) 방랑자 또는 방랑자들"이 그것이다. 여기서 방랑자(또는 방랑자들)는 큰 두려움을 불러일으키는 바다 괴물과 강에 사는 괴물이다. 이것들은 신화에서 악과 죽음의 혼돈 세력을 대표한다.(비교. 욥 40:15-41:26의 리워야단과 베헤못, 사 51:9의 용과 라합, 욘 2:1-11의 바다 괴물)

인간이 동물의 목자로서 인간과 동물을 길들이는 존재라는 것(이는 하나님의 애정을 근거로 한다.)은 하나님과 동일한 인간의 존엄성을 의미하는 것일까? 고대 근동과 애굽 그리고 구약성서(비교. 창 1:26-

28, 욥 40:15-41:26, 렘 27:6, 28:14)의 묘사와 언어 세계가 창조주 하나님의 돌보심과 권능을 묘사(설명)한다고 본다면 여기에 언급된 질문에 관한 우리의 의혹과 의심은 풀어진다.

창조주 하나님의 돌보심과 그분의 권능은 삶의 질서를 방해하는 원수들을 방어하고 나아가 소멸하는 것을 의미한다. 창조주 하나님은 선한 목자로서 그분의 피조물을 돌보며 헌신하신다. 그분은 들짐승과 혼돈의 용들과 싸워 승리하시는 영웅이다. 이것이 창조주 하나님의 돌보심과 권능이다. 그러므로 여기서 왕의 관직은 앞에서 언급한 원리와 관련하여 이해해야 한다. 왕의 관직은 하나님 세계의 일부분이므로 왕의 관직과 왕관의 의미는 그와 동일한 묘사와 연결된다.

이와 같은 배경을 근거로 우리는 시편의 대답을 이해할 수 있다. 인간의 비밀은 성서의 창조주 하나님이 모든(!) 사람에게 능력과 사명을 주셨음을 기대하는 것이다. 하나님은 그분처럼 선한 왕으로서 삶의 공간이 되는 땅을 잘 보호하고 복이 가득한 공동체의 생활 장소로 만들어갈 수 있도록 사람들에게 능력과 사명을 주셨다. 달과 별들에게 견고한 자리를 주셨지만 인간에게는 사명을 주셨다. 랍비들의 전통에 따르면 "하나님은 모든 것을 견고하게 만드셨다. 그러나 그분은 인간을 창조하시고 그들에게 소망을 주셨다."

3절은 (편집) 확장된 부분으로, 4-9절과 대조된다. 즉 4-9절의 구조적 특징인 평행법이 (편집) 확장된 3절에서는 보이지 않으며 3절에 나오는 군사적, 정치적 세계에 관한 묘사가 4-9절에는 없다. 맨 처음에 위치한 후렴구(2절)와 밀접하게 연결된 3절은 야웨의 이름이 온 땅에 얼마나 권능이 있는지를 증명한다.

여기서 야웨의 권능은 '어린아이들과 젖먹이들의 입으로 일으켜 세운' 요새에서 증명된다. 우리는 이렇게 해석할 수 있다. 요새가 있다. 이 요새는 어린아이들과 젖먹이들을 보호한다. 그뿐 아니라 하나님의 원수들을 실패하도록 만든다. 물론 히브리어 본문 전승도 이렇게 해석하는지는 쉽게 파악할 수 없다. 여기에 제시한 우리의 해석은 많은 해석의 가능성 중 하나일 뿐이다.

우리의 해석은 본문에 제시된 은유적 대화법에서 출발한다. "어린아이들과 젖먹이들"은 부르짖거나 기도할 수 있는 존재가 아니다.("어린아이들과… 권능을 세우심이여") 분만실에 있는 신생아들의 첫 울음이 창조주 하나님의 생명의 비밀을 선언하는 것도 아니다. 오히려 우리는 "어린아이들"이 그것과 상반된 의미를 가진 "원수들"과 쌍을 이뤄 언급되고 있는 데서 "어린아이들"의 의미를 파악할 수 있다. "어린아이들과 젖먹이들"은 고난당하고 조롱당하며 위협받는 하나님 백성을 은유한다. 이러한 해석의 근거는 무엇보다도 탄원시편이다. 탄원시편에서 시온-예루살렘은 끌려가며 살해당하는 아이들을 애도하고 탄원하는(비교. 애 1:16) 어머니로 묘사되는데(비교. 사 49:20-23, 54:1-6, 13, 66:8-11, 시 81편) 여기서 끌려가고 살해당하고(애 1:16) 멸시받는(애 4:2) 아이들은 은유적으로 속수무책과 저항력 없음을 의미한다. 아이들은 '복수를 즐기는 원수들'(비교. 애 1:15f., 2:16-19, 3:60)인 정치권력의 노리개가 되어 총체적 고난에 처한 하나님의 백성을 가리킨다.

3절에서 시인은 야웨가 위협받고 있는 이스라엘에게 견고한 피난처를 마련하셨다는 사실에 감탄하며 찬양하고 있다. 3절은 찬양하기에 얼마나 합당한 상황인지를 보여준다. 이스라엘은 고난의 상황에서 그들의 입을 열어 야웨께 도움을 간구하고 신뢰를 고백했으며 야웨는 그분의 이름으로 도움을 베푸셨다. 3절에서 시인은 잠언 18장 10절의 경험을 언급한다. "여호와의 이름은 견고한 망대라 의인은 그리로 달려가서 안전함을 얻느니라." 시편 20편 8절에 따르면 야웨의 이름은 미쳐 날뛰는 원수들에게 괴롭힘당하는 왕을 보호하고 구원하는 방패이다. "어떤 사람은 병거, 어떤 사람은 말을 의지하나 우리는 여호와 우리 하나님의 이름을 자랑하리로다."(비교. 시 118:10-14) 야웨의 이름을 부르는 곳에서 원수들은 사라진다.(시 56:9)

우리의 시편은 하나님의 이름이 절망하여 탄원하는 어린아이들의 입술 위에 있으며, 고통받는 어머니 시온의 어린아이들의 입술 위에 있다고 주장한다. 이것은 포로기와 포로기 이후의 야웨 경험이다. 다윗 시대와 포로기 이전 왕정 시대에 야웨는 성공과 복지와 이스라엘의 영광을 책임지는 분으로 등장했지만 (마르틴 부버에 따르면) 이와 달리 이 시편에서 하나님의 이름은 '성공한 자'가 아니라 '외롭고 홀로 있는 자'와 가장 먼저 연대한다. 고난당하고 추방당하는 자들이 야웨를 그들의 동맹자로 여기며 찾는 것, 그들이 욥처럼 야웨께 부르짖고 탄원하며 그분에게 기대기를 바라는 것, 이 모든 것은 야웨의 이름이 땅 위에서 얼마나 강력한 권능이 있는지를 보여주는 역설적 증거이다. 고난당하는 자가 야웨 안에서 자신의 정체성을 찾고 견고히 하며 소송을 제기하는 행위는 그들에게 죽음도 빼앗을 수 없는 요새와 같다. 고난당하는 자의 기도와 탄원과 찬양은 인간(사람의 아들)이 고난을 극복하고 인내할 수 있기를 야웨가 원하신다는 사실을 알려주는 야웨 증언이다.

어린아이와 젖먹이는 고난의 지옥 속에서 언제나 그들의 입술로 하나님을 찾는 반면, 고난당하지 않는 자는 고난과 죄와 죽음과 관련하여 하나님께 다음과 같은 기도를 감행하지 않는다. “여호와 우리 주여, 당신의 이름이 온 땅에 어찌 그리 놀라운지요!”

2c절의 고백은 초기 유대교의 변화된 ‘하나님 이름’ 신학을 통해서 이뤄지고 있다. 하나님 이름은 독특하고 신비로운 신적 존재성을 가진 야웨의 본질(Hypostase)이 되었다. 초기 유대교 신학은 하나님의 초월성과 숨어 계심을 극도로 강조했고 그 때문에 이 두 속성을 중재하며 설명해야 했다. 그래야 세상에서 그리고 역사와 예배에서 사람들에게 야웨의 일하심과 행동하심을 이해시킬 수 있었기 때문이다. 유대교 신학은 순수한 구약성서적 전통 위에 야웨의 행위가 성실하게 다져지기를 원했다. 이와 같은 중재는 다양한 측면의 야웨 행위를 의인화하는 등 점차 구체화되고 강조되면서 어떠한 독자성을 부여받아 마침내 한 분야의 속성을 형성하게 된다.

이런 발전 과정을 통해 단지 (소위 각기 다른 업무를 맡고 있는) 다양한 천사뿐 아니라 ‘지혜’의 본질(혼돈과 공허에서 창조 질서를 세워가는 자 또는 창조주 자체)로 하나님의 이름이 이해되었다. 그리고 점차 독립적인 실제적 권능으로 인식되며 유래되기 시작했다.

이것이 우리가 2절의 고백에서 볼 수 있는 신학이다. 2절은 신앙과 희망을 고백하고 있다. 하나님의 이름은 우리가 그분을 어떻게 부르느냐에 영향을 받지 않는다. 하나님은 우리가 부르기 이전에 이미 하나님의 본질로서 신적인 영향력을 지니고 있으셨다. 이제 "땅 위에서 이 이름에 권능이 있다."라는 사실을 인정하자. 그 이름은 하늘 하나님의 능력의 이름이기 때문이다.

이 고백은 우리로 하여금 이 시편을 기독교적으로 해석하고 기도에 적용할 수 있도록 새로운 접근법을 제시한다.(비교. 마 21:15f., 고전 15:27, 엡 1:22, 히 2:6-9)

10장

하나님의 신비

"하나님은 인간의 그림자이다." 이것은 하시디즘(경건주의자)의 핵심 주제이다. (E. 비젤에 따르면) 하시디즘의 창시자인 바알-셈(Baal-Schem)은 이 주제에 관하여 다음과 같이 논평한다.

> 그림자가 몸의 움직임을 따라하는 것처럼 하나님은 영혼의 움직임을 따라다니신다. 인간이 다른 사람을 긍휼히 여기면 하나님도 긍휼히 여기신다. 인간의 비밀(신비)은 하나님이다. 하나님의 비밀은 인간이 생각해낸 사랑 이외에 그 무엇으로도 명명할 수 없다. 사랑하는 자는 하나님을 사랑하는 것이다. 만약 창조적 행위가 이뤄질 때 두 존재(하나님과 인간)가 천 번 찢기고 천 번의 상처가 생기는 의식 속에서 하나가 되는 것이 사랑이 아니라면, 그렇다면 사랑은 무엇인가? 사랑의 신비는 하나 됨(Einssein)에 있다. 하나님의 신비도 마찬가지이다. …하나님은 인간적인 것과 다르지 않다. 비록 인간은 상처받기 쉬운 연약하고 유한한 존재이지만 찰나의 순간(vergänglich)에 영생(Unsterblichkeit)에 이를 수 있다.

시편 책은 하나님과 인간의 하나 됨을 선포하고 그것을 원하시는 하나님의 신비에 관해 증언한다. 이와 관련해 성서가 담고 있는 본질적 경험은 다음과 같은 감동적인 묘사 속에 잘 표현되어 있다.

야웨는 빛이다. 그 빛 안에서 인간은 자신과 그분의 세계를 사실상 처음으로 보기 시작한다. 야웨는 생명력 있는 물이다. 그것은 인간의 삶에 풍요와 아름다움을 가져다준다. 야웨는 바위이다. 인간은 두려움과 위험의 혼돈 속에 있을 때 구원의 장소를 찾는다. 야웨는 호흡이다. 야웨는 생기를 불어넣으신다. 야웨는 인간의 삶에 계신다. 우리가 '그분과 함께 있는 곳'에 계신다.

하나님의 현존은 역사의 특별한 사건을 통해서 전달되는 것도 아니고, 특별한 인간을 하나님의 '사신'으로 삼아 전달되는 것도 아니다. 시편은 인간들 사이에 현존하는 하나님을 아는 지식을 통해서 우리를 동시대의 회의적인 사람들과 대면시킨다. 시편이 증명해주는 것처럼 하나님의 직접성이 존재한다. 이것은 하나님의 신비에 뿌리를 내리고 있다. 시편 139편 5절은 이 신비를 어머니의 이미지를 통해 묘사하고 있다. 어머니는 안전과 보호, 신뢰와 사랑을 주기 위해 아이를 팔로 안는다. 이를 통해 아이는 그가 걸어야 하는 삶의 길에서 움츠러들지 않고 강인하게 살아간다.

시편 16편

1 나를 지켜주소서. 하나님이여, 내가 주께 피하나이다!

2a 내가 여호와께 아룁니다. “여호와, 당신은 나의 주님이십니다.

2b 주밖에는 나의 복이 없습니다.”

3a 땅에 있는 성도들은 존귀한 자들이니

3b 나의 모든 즐거움이 그들에게 있도다.

4a – 다른 신에게 예물을 드리는 자는 괴로움이 더할 것이라. –

4b 나는 그들이 드리는 피의 전제를 드리지 아니하며

4c 내 입술로 그 이름도 부르지 아니하리로다!

5a 여호와여, 당신은 나의 산업과 내 잔의 소득이십니다.

5b 당신은 영원히 나의 분깃이십니다.

6a 내게 줄로 재어준 구역은 아름다운 곳에 있습니다.

6b 나의 기업이 실로 아름답도다.

7a 나는 나를 훈계하신 하나님을 송축하기 원합니다.

7b 밤마다 내 양심이 나를 교훈하도다.

8a 내가 여호와를 항상 내 앞에 모심이여

8b 그가 나의 오른쪽에 계시므로 내가 흔들리지 아니하리로다.

9a 이러므로 나의 마음이 기쁘고 나의 영도 즐거워하며

9b 그렇습니다, 내 육체도 안전히 살 수 있으리니

10a 이는 당신께서 나를 스올에 버리지 아니하시며

10b 당신의 성실한 자를 멸망시키지 않으실 것임이니이다.

11a 주께서 생명의 길을 내게 보이시리니

11b 주의 앞에는 충만한 기쁨이 있고

11c 주의 오른쪽에는 영원한 즐거움이 있나이다.

개론

시편 16편에서 우리는 두 가지 특징을 주목할 수 있다. 첫째, 이 시편은 이 땅의 행복한 삶을 표현하는 언어들로 가득 채워져 있다. 가령 낙원과 같은 소유(6절), 자신하는 건강(9절), 배부름과 충만한 기쁨(5, 11절)이 언급된다. 이처럼 많은 것을 즐기고 있는 그에게 죽음은 전혀 위협적이지 않다.(10절) 그러나 이 시편 시인에게 행복이 되는 것은 땅이나 양식, 건강, 성공 등 '이 세상의 것'이 아니다. 야웨가 말씀하고 계시다는 사실 자체가 행복의 전부이다!

둘째, 놀랍게도 이 시편은 (이방 신 숭배라는) 강력한 유혹을 뿌리치고 "신비로운 야웨, 그분이 내 유일한 하나님이요, 내 모든 것!"이라는 역동적인 확신을 다루고 있다. 이 시편의 시작인 1절의 간청은 '삶의 길'에 위협이 도사리고 있음을 암시적으로 표현한다. '삶의 길'은 오직 야웨와의 유대 관계(Weggemeinschaft)를 통해서 '생명의 길'이 된다. 생명의 길은 생명으로 충만한 길이며, 죽음의 세력(질병, 거절, 죄로 인한 파괴, 원수의 추격과 음모, 불행, 사회적 차별, 멸시 등등)에 의해 파괴되지 않는 길이다. 또한 3-4절은 다른 신들에게서 행복을 찾으려는 사람들에게 시인이 말하는 내용이다. 원본문의 편집 부분이라 할 수 있는 이 구절들(많은 주석가들은 이 구절에서 시인을 '개종자'로 본다.) 뒤에는 이방 신 숭배라는 유혹이 분명하게 드러나 있다. 이방 종교들은 포로기 이후, 특히 헬레니즘 시대에 많은 민족을 유혹했다. 결론적으로 7-8절에서 시인은 야웨의 신비를 역설한다. 야웨의 신비에 대한 수용은 '시인 내부에서 일어나는 투쟁' 속에서 영향력을 발휘하는데, 이는 7-8절에 잘 나타나 있다.

지금까지 제시된 것처럼 우리는 이 구절들을 심각한 질병이나 죽음의 위협 또는 절박한 실존의 위기 등으로 해석함으로써 (시인의 의도대로) 야웨가 '고난의 스승'으로 나타난다고 생각하지만, 밤의 고요와 안식이 하나님 경험을 위한 시간(비교. 시 63:6)이라고 여기던 당시 사상 때문에 시인의 의도(야웨=고난의 스승)를 놓칠 가능성이 있다.

이 시편(시 49, 73편도 비슷하다.)은 하나님 현존에 대한 생생한 경험으로 가득 채워져 있다. 그렇기 때문에 야웨가 삶의 원천으로서 개인의 죽음을 넘어서 나타난다는 이해로 전진한다. 실로 이 시편은 우선 생명의 길이 '단지' 죽음의 세력에 의해 '미리' 또는 '시기에 맞지 않는 때'에 파괴되지 않기를 간구하고 있다. 이 시편은 생명의 길을 보호해 달라고 야웨께 기도하고 있다. 야웨, 그가 계신 곳에서는 삶을 멸망시킬 수 있는 죽음이 힘을 잃는다. 야웨와 결속되어 살아가는 사람은 안전하다. 이 신앙고백으로써 우리는 영원한 생명의 문을 열고 하나님과 함께 영원한 삶의 공동체로 들어갈 수 있다!

칠십인역은 이 시편을 '육체의 부활'을 향한 소망에 관한 자료로 이해하여 그에 맞게 번역하고 있다. 특히 다음과 같은 본문 두 곳에서 이를 알 수 있다. "나의 육체(인간의 덧없는 부분)는 소망(부활의 소망)으로 채워져 있습니다."(9a절), "당신은 당신의 경건한 자가 부패(멸망)하도록 버려두지 않습니다."(10b절)

이와 같은 칠십인역의 시편 16편 이해는 사도행전에 나타나는 예수의 부활신학을 뒷받침해준다. 베드로(행 2:25-28:3)뿐만 아니라 바울(행 13:35)도 예수의 부활을 하나님의 행위로 선언한다. 그들은 예수의 부활을 정확히 시편 16편이 증명하고 있는 하나님의 생명의 권능과 상응하는 하나님의 행위로 선언한다.

시편 16편은 전반적으로 평행 구조에 가깝다. 그러나 1, 4a, 11a 절은 예외이다. 4a절(이것은 3절과 4bc절의 관계를 차단한다.)은 훗날 편집된 난외 주석이지만 이와 달리 1절과 11a절은 원시편에 수록되어 있던 독립 구절이다. 시편의 주제 부분은 각각 3행으로 이루어진 첫째 연과 마지막 연이다. 보다 구체적으로 언급하면 1절과 11a절이 이 시편의 주제이며, 이는 청원(1-2절)과 신앙고백(11절)을 내용으로 한다.

남아 있는 본문은 각각 4행[1]으로 이루어진 4개의 연을 구성하고 있으며 여기에 각각 문장구조와 주제가 특징적으로 나타난다. 무엇보다도 4개의 연은 각각의 이미지를 그리고 있다. 문장구조를 살펴보면 3-4절과 9-10절은 (다른 구절에 비해) 자체적으로 완전한 문장을 이루고 있는 복합문이다. 7절은 권고의 성격을 띤 권유형 "나는 …원합니다"라는 새로운 문장이다.[2] 7-8절은 야웨를 3인칭으로 언급한 반면 5-6절, 9-10절은 "당신"이라고 한다. 주제를 살펴보면 3-4절은 신들(우상들)과 시인의 관계가 주제이고, 5-10절은 야웨와 시인의 관계가 주제이다. 각 연이 그리는 이미지를 살펴보면 5-6절은 땅의 분배, 7-8절은 상담자와 변호자인 야웨, 9-10절은 삶의 기쁨과 충만함에 대한 경험이다. 3-4절로 이루어진 연은 후기 편집으로 생각할 수 있다.(이 연은 2절과 5-6절 사이의 관련을 끊는다. 예배와 관련된 내용은 이 시편의 나머지 부분에는 없다.)

이를 통해서 우리는 원시편의 내부구조를 다음과 같이 파악할 수 있다. 1-2절은 굳건한 신뢰를 바탕으로 보호를 청원하고 있으며, 뒤이어 하나님 경험을 두 가지로 묘사한다. 즉 삶의 공간으로서의 하나님 경험(5-6절)과 삶의 규범으로서의 하나님 경험(7-8절)이 그것이다. 9-

1 4a절이 난외주에 해당하므로 4절 역시 4행으로 구성되었다고 볼 수 있다.

2 필자는 7절이 코호타티브(화자의 강한 의지)의 성격을 지녔다고 언급한다. 그러나 실제 히브리어 본문은 일반미완료 형태이다.(אֲבָרֵךְ)

10절은 그와 같은 하나님 경험이 삶 전체에 힘과 확신을 준다고 증거한다. 3행(11절)으로 구성된 마지막 연은 이 시편의 핵심, 곧 충만한 삶이 하나님과의 연합 속에서 가능하다는 것을 표현한다.

시편 16편 전체에서 4행으로 이뤄진 3개의 연(5-6, 7-8, 9-10절)은 성서적 인간 삶의 기본 구조를 강조한다. (1) 야웨는 인간에게 삶을 그분의 선물로 주신다. 삶은 은혜이다. (2) 인간은 삶을 전개할 기회와 임무를 가진다. 동시에 야웨는 인간을 홀로 버려두지 않을뿐더러 인간에게 그분의 규범과 힘을 제공하신다. 인간은 야웨의 규범(Gesetz)을 따르는 삶을 산다. (3) 규범을 따르며 살아가는 인간은 신뢰와 용기를 얻게 된다. 이 신뢰와 용기는 인간이 (다양한 죽음의 위협에도 불구하고) 자신의 삶을 능동적으로 수용할 때 가능하다. 은혜로서의 삶, 율법을 따르는 삶, 소망하는 삶, 이 삼화음은 두 개의 기본화음에 기초한다. 두 개의 기본화음은 시편 16편에서 3행으로 이루어진 두 개의 연, 곧 처음 부분(1-2절)과 마지막 부분(11절)에 나온다. 여기서 야웨는 행복의 근원과 삶의 길로 제시된다.

앞에서 지적한 것처럼 이 시편은 청원으로 시작한다. 그런 다음 마지막까지 신뢰의 고백을 이어간다. 그러므로 거의 모든 주석가는 이 시편을 '개인 탄원시'나 '신뢰시편'으로 분류하는 데 동의한다. 또한 이 시편을 가장 중요한 신학적 문제를 시사하는 시편으로 이해한다.

우리는 이 신학적인 문제를 궁켈의 견해에서 볼 수 있다. "아름다운 신뢰의 시편 …하나님 안에서 어린아이처럼 기쁨 가득한 마음으로 …야웨를 자신의 유일한 선으로 알고 노래하는 자는 세상의 보화로 축복받지는 않는다. 그럼에도 불구하고 그는 믿음으로 충분한 행복을 느낀다. 우리는 이 시편의 표현을 대부분의 다른 시편보다 더욱 숭고하고 영적이며 종교적인 표현으로 이해할 수 있다. 시편 4편은 16편과 비슷한 분위기이며, 시편 73편은 4편보다 더 깊이가 있다."

쉬미트(H. Schmidt)의 견해도 있다. "매우 섬세하고 깊은 관찰 속에서… 이스라엘 종교에 나타나는 하나님 경험의 특징을 알 수 있다. 이 종교의 특징은 '거룩한 너는 ~이어야 한다.'(Du sollst)의[3] 종교, 즉 윤리적 명령의 종교라는 점이다. 그러나 기도하는 자가 양심의 두려움 앞에서 괴로워하는 것은 이 종교의 특징이 아니다. 기도하는 자가 모든 두려움을 공포로 느끼는 것도 아니다. 오히려 그는 두려움을 놀라운 축복으로 느낀다. …시인은 이 시편의 처음에서 끝으로 가면서 심리적(신앙적) 변화를 보이는데 그 변화의 출발은 탄원 기도였다. …그러나 우리의 시편은 예배 기도와 거리가 있다. 여기서 우리는 두려움과 불안에 떨거나 크게 부르짖는 소리를 들을 수 없다. 오히려 정반대이다. 우리의 시편에는 놀라운 안식과 빛나는 기쁨, 깊은 확신이 있다. 그러므로 우리는 이 시편이 어떤 거룩한 장소나 거룩한 행위에 관련한 기도가 아니라는 것을 알 수 있다. 그것은 오히려 매우 개인적이고 내밀한 기도이다."

필자의 견해에 따르면 궁켈과 쉬미트는 이 시편을 지나치게 목가적이며 경건하게 본다. 또한 그들은 이 시편이 정치적 색채를 갖고 있

---

3 절대법.

다는 점을 간과하고 있다. 그들은 이 신뢰시편이 삶의 자리를 (오늘날까지) 대부분 불복(Anfechtung)과 논쟁의 시간 속에서 찾고 있다는 사실을 잊고 있다. 마찬가지로 소망이 언제나 의혹에 의해, 확신이 연약함에 의해, 신뢰가 두려움에 의해 위협당하는 일상에서 그 상반된 감정이 병존한다는 사실을 잊고 있다. 이것은 신뢰시편의 시간이다. 이 시간은 신뢰를 미화하는 것이 아니라 신뢰를 위해 싸운다.

지금까지 설명한 것처럼 필자는 이 본문이 (시 13편과 달리) 단순한 기도 형식이 아니라 오히려 개인 전기문적인 기도 자료라는 해석에 동의한다. 이 시편의 저자는 어떤 위기 속에 있는 것일까? 하나님의 신비를 다루고 있는 이 시편을 평범한 이스라엘 사람의 기도로 생각할 수 있을까? 예를 들어 문자 그대로 '야웨에 의하여'(공동체와 성전 방문객의 세금에 의해) 현실을 살아가는 성전 제사장 그룹 또는 레위 지파에 속한 자가 일상의 스트레스와 근심에 싸일 때 이 시편처럼 말하고 살아갈 수 있을까? 이 시편은 예루살렘 성전에서 레위인과 제사장을 교육하기 위한 기도로서 생겨났을까? 이 시편은 레위인으로 규정된 사회집단에 국한할 수 없는 신비적, 카리스마적 운동의 증거인가? 물론 필자는 그나마 마지막 경우가 가장 그럴 듯하다고 생각한다. 그러나 거듭 언급했듯이 이 시편을 성전 관련 집단과 연결하는 것은 설득력이 약해 보인다. 시편에서 사용되고 있는 묘사 때문이다. 오히려 이 시편은 지혜 전승의 분위기를 풍기고 있다.

무엇보다도 11a절이 그러하다. "주께서 생명의 길을 내게 보이시리니"에서 '생명의 길'은 이곳의 삶 이후 언젠가 가게 될 영원한 삶으로의 길이 아니다. 갑작스럽게 지하 세계로 향하는, 죽음의 길도 아니다. 이 길은 이 삶의 세계에서 진행되는 길을 말하는 것으로 잠언 15장 24절의 격언과 평행을 이룬다. 또한 잠언 15장 24절의 축어적 번역이다. "지혜로운 자는 위로 향한 생명 길로 말미암음으로 그 아래에 있는 스올을 떠나게 되느니라." 이 격언은 잠언 2장 18절 이하, 5장 5절 이하, 15장 11절과도 비교할 수 있다. "여기에서 생명의 길은 삶의 가르침 같은 것, 즉 지혜로운 자로 하여금 지하 세계로 가는 길을 피할 수 있게 해주는 노자성체(Viatikum)[4] 같은 것이 될 수 있다. 본문은 이것을 명확히 하고 있다."(K. 세이볼트) 생명의 길은 삶에 대한 지혜문학의 교훈이며 지혜 교육의 전문용어이다. 물론 우리의 시편은 윤리적, 교육적 지침을 지혜 학교가 아니라 야웨로부터 기대하고 있다. 그러므로 이 시편은 포로기 후기 시대의 지혜서에 속한다. 이 시대는 삶의 지혜를 하나님 야웨의 선물이요, 가르침인 토라에서 찾았다.

해석

첫째 연(1-2절)은 이 시편에 있는 유일한 청원(1절)으로 시작한다. 첫째 연은 이 세상의 소유가 아니라 당신(Du)과 나의 본질적인 관계를 목적으로 하고 있다. 당신과 나의 관계에서 비롯되는 삶의 유익

4 가톨릭에서 임종 때 베푸는 성사를 가리킨다.

과 행복을 이 시편 전체는 항상 새로운 묘사로 노래한다. 여기 1절의 청원은 야웨께서 시인을 신비적 공동체 안에서 보호해주시길 간구하는 청원이다. 그 신비적인 공동체는 시인이 야웨의 보호하심을 간구할 때 그분의 돌보심을 경험한 (시인과 야웨의) 공동체이다. 시인은 이처럼 '당신' 신앙의 능력을 경험하는데, 이 신앙의 능력은 개별적인 신앙의 내용에 기초하는 것이 아니라 하나님을 향한 신뢰 속에서 세워진다. 그리고 그것의 변증법적인 형태는 2절에서 펼쳐진다.

시인은 야웨의 통치를 받는 종으로서 그에게 복종하며 이것을 행복과 삶의 충만으로 분명하게 경험한다. 하나님을 '당신'(Du)으로 알고 자신을 맡기는 사람은 하나님과의 관계에서 '나'(Ich)가 된다. 야웨께 헌신하는 사람은 그 헌신에서 자유를 경험한다.

원시편의 둘째 연(5-6절)[5]에는 농경사회에서 해마다 발생하는 사건이나 사상이 어우러져 있다. 농경사회의 경작지는 개인이 아니라 종족, 즉 지파에 속한다. 그리고 토지 분배(구획)는 다양한 제비뽑기 방식을 통해 이뤄진다. 제비뽑기와 관련해 이 시편 5a절은 신의 재판의 잔(Becherordal)[6]을 암시하고 있다. 또한 5b절에는 일반적인 의미의 또 다른 제비뽑기가 나온다. 제비뽑기는 당시 토지를 분배하는 기본 방식이었다. 가령 여호수아 13-21장에서 우리는 언약에 근거한 지파

---

5 3-4절은 추후 편집 과정에서 삽입된 연이므로 1-2절이 첫째 연, 5-6절이 둘째 연에 해당한다.

6 잔에 관한 모티프는 시 16, 23, 116편을 참조하라.

별 토지 분배가 제비뽑기를 통해 이뤄졌음을 보게 된다. 또한 여호수아 18장에서는 (기업 분배를 받지 못한) 일곱 지파 사람들이 두루 다니며 땅을 그려와 제비뽑기를 통해 땅을 받는 장면이 나온다. 이처럼 땅은 5b절에 제시된 제비뽑기를 통해 분배된다.

이어서 6절에는 땅 분배라는 목적을 위해 (측량 끈을 던져) 토지를 측량하고 구획하는 과정이 나온다. 이 (복잡한) 절차는 애굽의 조형미술에서 그 근거를 찾을 수 있다. 제비뽑기로 땅을 나누는 과정은 분명 모든 참여자를 긴장시킨다. 유대의 산악지대는 토질이 다양했기 때문이다. 돌이 적고 근처에 우물이 있어 농사짓기에 유리한 땅을 받은 사람은 이렇게 말할 것이다. "내 구역이 나를 기쁘게 한다! 나는 이번에 큰 성과를 거두었다!"

이러한 성과에 대해 시인은 5-6절에서 '야웨가 함께 뽑은 것'이라고 고백한다. 이 고백에는 이중적인 의미가 내포되어 있다. 첫째, 문자 그대로 시인에게 '야웨가 분배되었다!' 다시 말해서 야웨가 그분 자신을 시인에게 분배해주셨다. 시인이 야웨를 선택한 것이 아니라 야웨가 그분 자신을 시인에게 선물하신 것이다. 둘째, 이 묘사는 야웨가 시인의 편에 서고 시인을 위해서 일하신 것으로 이해할 수 있다. 생활 기반(나의 몫=나의 땅 구획), 운명적 삶[나의 잔, 나의 운명(제비뽑기)], 삶의 풍요(행운의 땅), 삶의 가치('상속'은 완전한 시민권을 부여한다.) 등 모든 간구는 야웨께서 허락하신 '야웨와 시인의 관계'로 성취되었다!

그러나 여기서 시인은 일반적인 땅 분배를 암시하지 않고, 레위인에게 귀속되는 특별한 제비뽑기를 시사한다. 그들은 농사를 위한 어떠한 땅도 소유하지 않는다. 민수기 18장 20절은 그들에 관해 이렇게 언급한다. "여호와께서 또 아론에게 이르시되 너는 이스라엘 자손의 땅에 기업도 없겠고 그들 중에 아무 분깃도 없을 것이나 내가 이스라엘 자손 중에 네 분깃이요 네 기업이니라."

구체적으로 말하자면 레위인은 성전 예배에서 설교를 담당하며, 이스라엘 사람들이 가져온 제물과 세금으로 살아가야 한다.[7] 소제와 고기, 포도주 등 야웨께 드려진 것 중에서 그들 몫으로 정해진 것으로 살아가는 것이다.

이러한 실제적 실천(Praxis)은 시인의 신비적 야웨 공동체 의식에 대한 묘사로서 우리의 시편에 나타난다. 시인에게 야웨는 생명을 공급하며 생명을 강하고 새롭게 하는 빵과 고기와 포도주이다. 우리 시편의 시인은 시편 34편 8절처럼 우리를 초대한다. "너희는 야웨가 얼마나 삶을 지원하고 계신지 맛보아 알지어다."

셋째 연(7-8절)은 진실한 야웨 공동체 의식이 언제나 실제적 실천과 연관됨을 분명하게 드러낸다. 성서의 하나님은 그분 나라로 가는 길을 준비하도록 우리를 북돋우고 삶의 결단을 요구하신다. '야웨로' 살아가는 자(5-6절)는 '야웨를 위해' 살아야만 한다. 야웨와 관계를 맺은 사람(8절)은 그분을 때때로 방해자, 불편한 경고자나 충고자 등으로 경험할 것이다. 혹은 고발당한 자의 권리를 돕는 변호인, 참전 중인 기사의 오른편에서 방패를 들고 따르는 종(8b절), 방향을 제시하고 보

---

7 레위기 7장 28-36절을 참조하라.

호를 약속하며 실행하는 자로 경험할 것이다.

넷째 연(9-10절)은 하나님께 선물로 받은 삶의 길을 '새로운' 삶으로 강조한다. 하나님의 공동체 안에서 역동적인 교훈의 능력을 경험한 자들 앞에서 죽음의 어둡고 강력한 세력은 그 힘을 상실한다.(9-10절) 다시 말하면 질병과 불행과 죄와 미움과 전쟁으로 삶을 죽음으로 몰아넣는 스올(죽음의 장소)은 생명의 하나님 앞에서 힘을 상실한다.('두 번째 위치'로 물러나게 된다.) 그러나 하나님께 인도받는 자, 하나님으로 인해 걸음을 멈추는 자는 삶을 위태롭게 하는 '함정'에 빠지지 않는다. 야웨께서 경건한 자에게 선물로 주시는 그분의 사랑은 죽음의 두려움에 저항하는 힘이다! 그렇다! 죽음은 생명의 삶을 파괴하려 하지만 사랑은 그 죽음 자체에 저항하는 힘이다.

결론적으로 다섯째 연(11절)은 이 시편을 요약하면서 앞에 나온 단어들을 계속 사유한다.["기쁘고"(9절), "기업"(6절), "나의 오른쪽에"(8절)] 또한 앞에 나온 단어 "스올"(10a절)과 대조되는 "생명의 길"(11a절)을 언급하고 있다. 이 구절은 신뢰를 가득 담은 "당신"[8]이라는 호칭을 통해 회복의 은혜를 충만하게 베푸시는 하나님을 증명하고 있다. 야웨는 그분의 선한 얼굴을 경건한 자들에게로 향하시고 그들을 생명과 기쁨으로 충만한 곳, 즉 그분의 앞과 오른쪽에 세우신다. 야웨는 삶의 길이 되셔서 우리를 죽음으로부터 보호하신다.(비교. 잠 15:24) 이 시편은 삶의 길 되신 야웨를 기뻐하며 그 길로 우리를 초대한다. 이 길은

---

8 저자가 인용하는 독일어 성서에서는 '당신'으로 번역되어 있다.

(1절에서) 청원하는 시인에게 선물로 주어지는 길이다.

앞에서 언급한 것처럼 편집 시 삽입된 3-4절은 시인의 야웨 선택을 제시하며 강조한다. 다시 말해 시인은 모든 이방 종교의 예식과 숭배를 반대하고 야웨를 선택했다. 출애굽기 15장 11절과 시편 89편 5, 8절 그리고 사무엘상 4장 8절에서 보여주는 것처럼 '거룩한 존재'와 '악한 존재'는 각각 야웨와 이방 신(우상)의 존재를 표현한다. 전승된 이 시편은 헬레니즘 세계의 신들의 존재를 표현하고 있다. 기원전 3세기에 그들의 제의들은 야웨 종교 관계자들에게 많은 영향을 주었다. 그렇다고 여기서 우리는 야웨 신앙의 훼손을 논할 필요는 없고, 야웨 신앙의 '적응과 보완'을 촉구하는 새로운 무언가를 생각해볼 수 있다.(이는 모든 종교가 갖는 딜레마이다!)

그러나 3-4절에서 '새로운 혼합 종교'의 두 가지 공포를 파악할 수 있다. 피, 그것은 생명을 가져다주시는 모든 삶의 수여자 야웨에게 거룩한 것이다.(비교. 레 17장) 하지만 이방 제의에서 피는 신(우상)들에게 올리는 제물(인간 제물을 생각할 수도 있다!)로 사용되었다.(비교. 사 66:3)

이방 민족은 특정한 위기 상황에서만 그들의 신을 불렀지만 이스라엘 민족은 야웨의 이름을 그들 삶의 유일한 근원으로 삼았다.(비교. 출 3:14f., 23:13) 성서 시대의 서기관(필사자)은 이를 4a절에서 거룩한 분노로 설명하고 예레미야는 '무용지물'인 존재로 표현하며(비교. 렘 2:8, 11) 에스겔은 보다 냉정하게 '쓸모없는 신'이라고 말한다. 그런 신들을 좇는 사람은 자신의 신들이 우리 시편에 증거된 야웨와 모든 면에서 반대된다는 것을 몸소 체험해야 한다.

시편 23편

1b[9] 여호와는 나의 목자시니 내게 부족함이 없으리로다.

2a 그가 나를 푸른 풀밭에 누이시리로다.

2b 쉴 만한 물가로 인도하시는도다.

3a 내 영혼을 소생시키시는도다.

3b 구원의 길로 인도하시는도다.

3c 이는 자기 이름을 위함이다.

4a 비록 내가 다닐지라도

4b 어둠의 음침한 골짜기로 (다닐지라도)

4c 해를 두려워하지 않을 것은

4d (왜냐하면) 당신께서 나와 함께하심이라.

4e 당신의 지팡이와 막대기가

4f 나를 안위하시나이다.

---

9 히브리어 원본에는 '1a 다윗의 시'가 1b절 앞에 있다.

5a 당신이 내게 상을 차려주시나이다.

5b 내 원수의 목전에서!

5c 당신이 기름을 내 머리에 부으셨으니

5d 내 잔이 넘치나이다.

6a 선하심과 인자하심이 반드시 나를 따르리니

6b 내 평생에 그렇습니다.

6c 내가 여호와의 집에 영원히 살리로다.

6d 내게 선물로 주신 날 동안에 그렇습니다.

개론

잉게보르그 드레비츠(I. Drewitz)는 말한다. "나는 이 시편을 읽을 때 기쁘다. 목자, 가축, 물, 좁고 위험하고 어두운 골짜기… 이처럼 나열되는 단순한 묘사는 나를 감동시킨다. 좁고 어두운 골짜기는 목자의 돌봄을 요구한다. 나는 이 시편을 읽을 때 여기에 담긴 위로에 놀란다. 단순하게, 아마도 손쉽게 주어지는 위로이기 때문일까? 나는 이 시편을 읽을 때 19세기 교회의 찬양을 생각한다. '이렇게 나의 손을 잡고 나를 인도하소서.' 23번째 시편은 시편 책에서 가장 아름다운 환희의 노래 가운데 하나이다. 그러나 오늘날 우리는 순종하는 마음으로만 이 찬양을 고백할 수 없다. 이 찬양은 우리 안에서 책임감과 모든 시대의 사상 및 경험을 넘어서는 질문을 불러일으키기 때문이다. 나는 이 시편을 파울 게르하르트(Paul Gerhardt)가 쓴 〈내 가슴을 열고 기쁨을 찾는다〉[10]라는 시와 함께 비교하기를 좋아한다. 이 시편에 대한 애정을 자제하려는 이유가 있다면 그것은 아마도 이 시편이 지나치게 순종성을 고무하기 때문이리라. 우리의 최근 역사는 이것에 대해 충분히 말해준다."

이처럼 얼마나 많은 사람들이 이 시편에서 그리고 이 시편으로 위로와 힘을 찾았는지 모른다! 이 시편은 유대교 장례식에서 선호된다. 초기 기독교는 부활절 저녁 성만찬을 거행했다. 여기에 참여하려고 새롭게 세례를 받는 자들도 있었다. 초기 기독교는 이들을 위한 기도로 시편 23편을 사용했다. 우리에게는 이 시편을 개작한 교회 찬송가가 익숙하다. "여호와는 나의 목자시니⋯." 이 시편의 매력은 확실히 고풍스러운 묘사에 있는데, 이런 묘사는 우리가 마음으로 동경하는 것들이다. 푸른 초장, 쉴 만한 물가, 잘 차려진 식탁, 가득 채워진 잔, 축제 분위기, 축복과 기쁨이 가득한 가정 등 이 모든 것이 하나님의 선물이다. 이것을 원하지 않는 사람이 누가 있을까? 이것이 세상에 선물로 주어진다는 것, 다시 말해서 특별히 어둠과 불행과 원수가 있는 세상에 주어진다는 것은 우리에게 결코 작은 의미가 아니다. 우리가 살아가는 세상은 어둠과 불행과 원수가 난무하다. 이것이 우리가 살아가는 세

10 "Geh aus, mein Herz, und suche Freud"(내 가슴을 열고 기쁨을 찾는다)는 파울 게르하르트(1607-76)가 1653년에 지은 시이다.

상의 현주소이다! 우리의 시편이 실제적으로 표현해주고 있는 것처럼 말이다!

이 시편 안에는 실제로 이상(Sehnsucht)과 현실 사이의 밸런스가 존재한다. 그리고 익숙한 일상의 경험을 통해 얻은 하나님 이해와 그분의 현존을 통해 새롭게 얻게 된 하나님 이해가 밸런스를 이루고 있다. 이러한 밸런스는 우리의 시편을 매우 가치 있게 만든다. "내가 읽은 그 어떤 책도 시편 23편만큼의 위로를 주지 못했다."(I. 칸트)

이 시편은 매우 개인적이어서 진실한 '가슴의 기도'가 될 수 있다. 동시에 매우 보편적(일반적)이기도 해서 많은 사람들의 각기 다른 경험과 상황 속에서 기도로 드려질 수 있다.

이 시편에 대한 학자들의 해석이 부분적으로 계속 논쟁이 되고 있다는 것은 놀랄 일이 아니다. 특별히 이 시편은 '얼마나 많은 묘사(은유)를 담고 있는가?'가 논의된다. 이것은 결코 사소한 질문이 아니다. 오히려 이 질문은 시편 23편에 나타나는 개별적인 은유(메타포)를 명확하게 이해하기 위해 매우 중요하다. 이 시편 전체는 은유를 이해하는 게 중요하다. 그런데 목자이신 야웨에 관한 묘사와 음식을 차려주는 주인이신 야웨에 대한 묘사가 나란히 배치되어 있다는 현상은 이해하기가 쉽지 않다. 이 두 가지의 묘사(선하신 목자와 음식을 준비하는 온화한 주인)가 '어떻게 만날 수 있는가?'가 논쟁의 주제이다. 더 나아가 야웨에 관한 은유는 각기 다른 세 가지 묘사, 곧 '목자'(1-3절), '길 안내자'(4절) 그리고 '음식을 차리는 주인'(5절)으로 확장된다. 많은 주석가들은 시인이 1-4절에서 목자를 묘사함으로써 야웨의 돌보심과 보호하심을 노래하고 5-6절에서 '실제로' 성전의 감사제사 음식(Dankopfermahl)을 언급하고 있으며 이 과정에서 우리의 시편을 감사 시편으로 노래한다고 주장한다. 시인은 야웨를 목자로 칭하면서 목자가 되어주신 데에 감사를 고백한다. 야웨를 목자로 표현하는 것은 은유법의 한 예이다. 시인이 감사하고 있는 이유를 구체적으로 살펴보면 3절("구원의 길로 인도하시는도다")에서는 성전에서 하나님의 무죄판결[11]을 받은 것에 대해, 4절("어둠"은 죽음의 그림자를 뜻한다.)에서는 중한 질병으로부터 구원받은 것에 대해, 5-6절("내 원수의 목전에서!", "내 평생에… 여호와의 집에 영원히 살리로다.")에서는 복수 또는 빚 때문에 노예가 될 수밖에 없는 상황에서 성전으로 도망하여 권리를 획득하게 된 것을 감사하고 있다.

우리의 해석은 '감사 찬양'의 내용을 제의 음식과 연결하지 않고 이 시편을 신뢰시편으로 본다. 왜냐하면 이 시편이 전반적으로 '선한 왕이신 야웨'에 대한 은유를 담고 있기 때문이다.

---

11 이스라엘은 고의적 살인과 사고사를 구분하고 피의 보복을 막기 위해 도피성에 관한 법을 정하여 고의적으로 살인하지 않은 사람들을 보호했다. 출애굽기 21장에 따르면 고의로 사람을 죽인 자를 제외하고, 피의 보복에 노출되어 죽을 위기에 처한 사람에게 피난처를 한 곳 지정했는데 그곳이 바로 번제단의 뿔이다. 이 번제단의 뿔은 나중에 도피성으로 발전한다.(비교. 출 21:12-14)

해석

시편의 첫 부분은 두 단락, 즉 1-3절과 4절로 이루어진다. 이 두 단락은 형식상 뚜렷한 대조를 이루며 이를 통해 각각 강조되고 있다. 1b-3c절에서 시인은 야웨를 3인칭으로 언급하고, 4절에서는 2인칭인 당신(Du)으로 언급한다. 형식상뿐 아니라 문법상으로도 두 단락은 대조를 이루는데, 가령 첫 번째 단락에서 시인은 야웨가 행하시는 그 행위의 대상이지만 그에 반해 두 번째 단락에서 시인은 행위의 주체, 즉 행위 동사의 주어이다.('나는 다닌다', '나는 두려워하지 않는다') 4a절에서 부사적 상황어인 '비록 ~일지라도'라는 표현은 중간 휴지를 나타낸다. 둘째 단락은 첫째 단락과 흥미진진한 조화를 이루는데, 1b-3c절에서 시인은 야웨가 그의 목자이며 야웨께서 목자의 영향력을 어떻게 발휘하시는지를 말하고 있기 때문이다.

첫째 단락에 제시된 이유로 시인은 4절에서 야웨가 제시하는 삶의 길을 갈 수 있는 용기를 발견한다고 고백한다. 우리는 이러한 맥락에서 시편 23편이 인간을 맹목적이고 군집 본능을 지닌 동물로 간주되는 '양'으로 표현한다고 오해할 수는 없다. 시인은 야웨가 능숙하고 강인하고 선한 목자라는 믿음으로 어둠의 골짜기를 직면하며 나아간다. 가슴 깊이 확신을 맹세하는 이 시편의 언어들과 함께 시인은 전진할 수 있다. 야웨, 그분이 여기 계시며 함께 가주신다는 확신을 품고 시인은 삶의 길을 걸을 수 있다.

1b-3c절에서 시인은 그분이 여기 계시다는 사실과 더불어 어떻게,

왜 계시는지를 표현하고 있다. 특히 이 단락의 처음과 끝에 이유를 밝히고 있는데, 그것은 그분의 이름 때문이다. 야웨의 이름은 그분의 가장 깊은 내면의 존재를 드러낸다. 그러므로 그분은 거기 존재한다. 또한 야웨는 목자이기 때문에 낮이나 밤이나 이동 중에 있는 그분의 양떼와 함께 그분의 삶(생명)을 나누신다. "많은 양 무리 중 맨 앞에 서 있는 목자와 같다!"

이 시편의 은유법은 두 가지 경험의 영역으로부터 '도움을 받고 있다.' 하나는 양떼(그리고 가족 전체)와 함께 새로운 초원을 찾아다니는 반유목민의 삶의 경험이다. 또 하나는 이스라엘의 역사적 경험이다. 이스라엘은 역사 속에서 그들 조상에게 약속된 땅으로 그들을 인도하시는 야웨를 경험한다.

이 시편의 은유법은 목가적인 풍경보다 가축들과 더불어 살아남기 위해 투쟁하는 반유목민의 긴장감을 비추고 있다는 특징을 갖는다. 목자는 풀이 잘 자란 초원 또는 초록으로 뒤덮인 산비탈이 어디 있는지, 자신의 가축인 양들을 위해 목초를 거둬들일 수 있는 들녘이 어디 있는지 잘 알아서 거기로 가야 한다. 가축들과 더불어 살아남기 원한다면 말이다.

우리 시편이 언급하는 목자는 그의 가축들에게 필요한 모든 것을 제공하고 있다. 싱싱한 풀로 뒤덮인 목초지, 물이 풍부한 장소들(복수!), 무엇보다도 야생 짐승이나 대적들, 약탈자를 피할 수 있는 안전한 장소와 쉴 만한 곳 말이다. 이 양들은 푸른 초원과 풍부한 물로 안정을 찾을 수 있다. 비록 긴 여정일지라도 평안한 밤을 누릴 수 있기 때문에 언제나 새로운 삶의 생동감을 되찾을 수 있다. 이 목자가 인도하는 길은 통행하기가 쉽고 죽음의 위협이 없다. 왜냐하면 그가 목자의 지팡이로 특히 험악한 곳을 다지고 관리하기 때문이다. 4e절에서 언급하고 있는 두 가지 '도구'는 바로 이것을 설명해준다. 목자는 양들을 위해 몽둥이를 움켜쥐고 야생 짐승들을 막을 수 있다.(비교. 삼상 17:34f.) 또한 긴 지팡이로 양들을 인도하고 위험한 곳에 있는 약한 양들을 보호한다.

이러한 구체적인 특징을 보여주는 표현은 이스라엘의 원역사를 암시한다. 2a절에 사용된 "푸른 풀밭"은 이스라엘이 야웨로부터 삶의 공간으로서 받은 땅을 언급할 때 여러 차례 사용된다.(출 15:13, 렘 23:3, 25:30, 31:23, 겔 34:14) "쉴 만한 물가"(2b절)의 안정적 상황은 야웨의 땅에서 살아가는 삶, 즉 평화와 축복의 상태를 표현한다.(비교. 신 12:9, 왕상 8:56, 사 32:18) 출애굽 여정은 '어둠을 통과하여' 풍요로운 오아시스로 향하는 길이었다.(렘 2:6) 그것은 40년 동안 하나님과 함께하는 광야 생활 체험이기도 했다. "네 하나님 여호와께서 이 사십 년 동안을 너와 함께 하셨으므로 네게 부족함이 없었느니라."(신 2:7)

우리의 시편은 야웨가 그의 백성의 목자이며 동시에 완전한 창조주라는 전승을 넘어서, 우리를 다음과 같은 새로운 확신으로 이끈다. 목자는 자신의 가축을 집단으로 다루지 않고 개별적으로 돌보신다.(비교. 창 48:15) 목자는 그들의 개성(인격, Individualität)을 알아주시고 사랑하신다. 목자는 모두에게 필요한 것을 알고 계시며, 그들로 하여금 각자의 필요를 충족시켜 주신다. 이를 위해 그들 모두에게 용기와 신뢰를 주신다.

이 시편의 두 번째 부분은 '언어의 상황'에 따라 두 부분으로 구성된다. 5절은 야웨를 '당신'으로 명명하여 그분의 활동하심을 고백하고 있다. 반면에 6절은 4절처럼 다시금 시인의 삶의 길을 들여다보며 '나'(주어!)를 강조한다. 5절에 묘사된 야웨 경험에 힘입어 시인은, 비록 '대적자'가 사라지지 않을지라도 자신의 삶을 대담하게 살아낼 수 있다. 4절에 언급된 "어둠"은 5절에서 "원수"(대적자)로 인격화되고 있다. 이것은 이 시편의 시인이 극복하기 원하는 사회적 일상의 실체를 의미한다. 이 시편을 비판하는 사람들, 예를 들어 둠(B. Duhm)은 "이 시편이 목가적인 분위기에서 원수에 대한 시사를 포기하지 않는 것은 유감이다."라고 평가한다. 그러나 이와 같은 견해는 두 가지 사실을 간과하는 것이다.

(1) 삶은 결코 목가적인 분위기가 아니다. (2) 시편 23편에 나오는 '원수'들은 악한 이웃뿐만 아니라 삶의 모든 적대적인 가치를 나타내는 상징 언어이다.(비교. 이 책의 4장에 있는 시 13편) 우리의 시편은 이러한 '원수'가 없는 삶을 약속하고 있는 것이 아니다. 우리의 시편은 현실적인 삶을 살아가는 길을 지적하고 있다. 우리의 시편은 하나님과 공동체로의 초대에 응답하는 실제적인 삶을 말하고 있다. 5절은 성대한 (왕의) 향연을 묘사하며 하나님과의 연합을 표현하고 있다.

5절에 나오는 "당신이 내게 상을 차려주시나이다."라는 고백과 관련하여 이것이 예루살렘 성전에서 드리는 감사제물을 암시한다는 견해가 있다. 이 견해는 두 가지 이유로 설득력이 없어 보인다. 감사제사에서 식사 제안은 인간과 관련된다. 하지만 5절에 표현된 모든 행위(!)는 하나님과 관련되어 있다. 또한 5c절에 나오는 '기름 부음'의 관습은 '제의 식사'와 아무런 관련이 없다. 이 구절은 오히려 대적자들에 의해서 멸시당하고 추격당하고 무시당하는 시인에게 야웨께서 그의 명예를 세워주신다는 내용이다. 이 구절에서 시인은 야웨가 자신을 연회에 초대해주신 것에 깊이 감격하고 있다. 식탁에서 왕과 함께하는 것은 이 세상에 존재하는 모든 표현 가운데 가장 위대한 묘사이다.(이것은 오늘날에도 여전히 많은 사람들의 꿈이다!) 이 연회의 기쁨과 풍요로움과 영광과 행복 가득한 분위기를 제대로 이해하기 위해서는 이 연회의 두 가지 특징을 아는 것이 도움이 된다. 우선 애굽의 축제를 소재로 한 그림들을 살펴보자.

애굽의 그림들은 연회석에서 손님들에게 향기 나는 기름이 담긴 구슬(일부는 꽃으로 장식되어 있다.)을 머리에 묶는 관습이 있었음을 보여준다. 머리 위에 있는 기름구슬의 기름은 머리의 온기로 인해 흘러내려 방울방울 떨어지게 된다. 이때 매혹적인 향기가 널리 퍼져 연회장을 가득 채운다. 또한 '잔이 포도주로 가득 채워졌다.'(5d절의 "내 잔이 넘치나이다.")는 것은 '인색하게' 굴지 않는 주인의 관대함을 강조하는 것이다.

이 은유는 동시에 이스라엘의 원역사를 암시한다. "당신이 내게 상을 차려주시나이다."라는 고백은 이스라엘이 광야에서 하나님을 향해 쏟아내던 불평, 원망과 대조를 이룬다. "그뿐 아니라 하나님을 대적하여 말하기를 하나님이 광야에서 식탁을 베푸실 수 있으랴 보라 그가 반석을 쳐서 물을 내시니 시내가 넘쳤으나 그가 능히 떡도 주시며 자기 백성을 위하여 고기도 예비하시랴 하였도다."(시 78:19-20)

하나님은 쫓기는 자, 적대시되는 자, 가난한 자를 식탁의 동반자로 삼으시면서 동시에 그들을 '추격하는 자'를 쫓아내신다.(비교. 눅 1:53의 마리아 찬가) 시인은 이 믿음을 가지고 자신의 고된 삶의 일상으로 돌아간다. 동시에 시인은 야웨의 집이 피난처임을 기억하고, 그곳에서 안식하고 재충전하라는 하나님의 초대에 자신이 사는 날 동안(그 이상으로!) 거듭 응하겠다는 각오를 다지며 자신의 고된 삶으로 돌아간다. 시인은 그의 인생 여정을 시작할 수 있다. 왜냐하면 야웨가 시인에게 위엄 있고 당당한 인생길의 동반자가 되시며 그에게 두 가지를 주셨기 때문이다. 바로 '행복'(야웨를 알고 그를 사랑하는 지식!)과 '야웨의 선하심'(모든 것을 함께 나누시는 야웨에 대한 경험!)이 그것이다. 이제 그것들은 평생토록 시인을 따른다.

시편 23편 전체를 살펴보면 우리는 이 시편을 특징짓는 묘사와 이미지를 만날 것이다. 그리고 이 묘사의 세계에서 '하나'의 은유를 발견할 수 있다. 야웨는 시인의 왕이다. 야웨는 왕으로서 시인을 보살피는 분이다. 그분은 시인에게 인색하지 않고 너그럽다. 또한 야웨는 시인에게 목자이다. 목자에 관한 묘사는 왕에 관한 묘사이기도 하다. 이스라엘의 주변국뿐 아니라 이스라엘에서도 왕은 목자를 의미하기 때문이다. 그러므로 시인에게 목자 야웨는 왕으로서 시인을 보살피는 분이다.

결론적으로 이 시편의 궁극적인 주제는 "시인이 하나님의 통치를 경험한다!"이다. 이 시편은 교의(Lehrsatz)를 엄격하게 가르치는 데 관심이 없다. 대신 야웨가 성취하신 것들을 언급하면서 그러한 성취가 시인의 현실 속에서 그를 돌보고 지킨다는 것을 이야기한다. 목자이신 야웨는 여기 계시고, 그와 동행하시며, 그를 위해 상을 차려주신다.

시편 23편은 어둠의 길을 걸어야만 하는 사람들에게 위로가 된다. 우리는 야웨께서 그분의 일과 축제에서 진정한 목자이자 (상을 차려주시는) 진정한 주인이 되도록 해드릴 임무가 있다. 하나님의 통치(Theopolitik)는 늘 하나님의 신비를 열어간다.

| 역자 후기 |

에리히 쨍어는 시편의 중요한 신학적 주제에 관한 여러 학문적 견해를 종합하여 네 권의 시리즈를 저술했다. 나는 2013년에 이 시리즈의 네 번째 책인 『복수의 하나님?』을 먼저 번역했다. 이 책은 폭력의 희생자들이 정의를 향해 탄원하고, 고난 중에도 절대적인 하나님 신앙을 잃지 않는다는 내용을 주제로 한다. 이것이 내가 네 권의 시리즈 중 마지막 책인 『복수의 하나님?』을 가장 먼저 선택한 이유이다.

그 다음으로 번역한 책이 바로 쨍어의 시리즈 중 첫 권인 『함께 담을 넘는 하나님』이다. 쨍어는 이 책의 1-2장에서 시편 묵상의 필요성을 일깨우며 역사적 현실 가운데 살아가는 신앙 공동체를 지켜준 시편의 신학적 가치를 설명한다. 이어서 여덟 개의 주제를 정해 각 주제별로 선택한 시편들의 "개론"과 "해석"을 제시한다.

그는 시편을 최종 형태로 연구하는 거시적 방법론 안에서, 특별히 정경비평의 렌즈를 통해서 시편 책으로 들어가는 문(Portal)으로 시편 1편과 2편을, 나가는 문으로 시편 149편과 150편을 다루며 두 개의 문에 관한 신학적 의미를 설파한다. 시편 책으로 들어가는 문에서 우리

인간은 우리 자신의 존재에 관해 하나님이 들려주시는 말씀과 만난다. 토라를 묵상하며 악인과 죄인과 오만한 자의 자리로부터 자신을 지켜 의인으로 살아가야 하는 존재임을 배운다.(시 1편) 의인의 삶은 곧 하나님 백성이 살아가는 삶이다.(시 2편) 깊은 시편 묵상의 문을 통과하고 이제 세상을 향해 열려 있는 문으로 나아갈 때 그의 입술에는 '할렐루야' 찬양이 가득하다. 호흡이 있는 자들이, 우주의 모든 생명체가 '모든 것과 함께하시는 하나님'을 소망하며 찬양의 대열에 합류한다.(시 149, 150편)

시편이 꿈꾸는 이런 이상적인 삶이 어떻게 가능할까? 시편에서 이스라엘은 출애굽 사건을 겪고 현실을 살아가면서 자신을 '야웨의 백성'으로 인식하고 자기 정체성을 구축해간다.(시 15, 133편) 실제로 하나님은 그분에게 속한 땅 위에서 이스라엘이 살아갈 수 있도록 터전을 마련하신다.(시 8, 19, 33편) 동시에 그들이 공동체로 살아갈 수 있도록 조직(국가)을 허락하시고 국가의 책임을 가르치신다.(시 20-21, 101편) 역사적 현실 세계에서 하나님 나라를 믿으며 하나님의 백성으로 살아가는 것이 정말 가능할까? 시편은 가능하다고 말한다. 쨍어는 이 책에서 이를 학문적 작업을 통해 진지하게 짚어준다.

인간은 그가 지닌 양면성으로 갈대처럼 흔들릴 수 있는 존재이기에 언제든지 의인의 자리가 아니라 악인과 죄인과 오만한 자의 자리에서 절망과 불신앙과 손잡을 수 있다. 시편은 인간의 삶이 행복과 좌절, 성공과 실패, 구원과 재앙의 긴장 속에 놓여 있다는 것을 우리에게 철저히 인식시킨다. 그리고 그 긴장 속에서 우리에게 '탄원하라!'고 말한다. 통제되지 않는 분노와 처절한 복수를 하나님 앞에 숨김없이 드러내라고 말한다. 하나님은 고난도, 고통도, 분노도, 처절한 복수도 거절하지 않으시는 분이기 때문이다. 하나님 앞에서의 탄원은 모든 것을 풀어갈 수 있게 한다. 고난 속에서의 탄원은 우리를 감사로 이끈다.

이스라엘의 삶은 야웨 하나님의 현존 속에 존재하기 때문에 그들의 행복과 좌절은 근본적으로 언제나 하나님과 관련된다.(탄원시편 30, 40편) 우리가 그분의 백성으로 살아갈 때 그분은 우리의 삶 속에 계신다. 이것이 하나님의 신비이다.(시 19, 23편)

하나님의 신비 속에서 살아가는 사람은 구체적인 형제애로 살아야 한다. 하나님은 우리가 그분의 백성으로서 사회적 책임을 인식하고 소외된 자, 가난한 자에게 시선을 향하도록 이끄신다.(시 11-12, 14편) 하나님은 그분의 백성이 역사적·사회적 현실 속에서 그분의 나라를 성취해가기를 원하신다. 하나님 나라는 영혼의 내적 평화로 제한되어서는 안 되고 또 신앙으로 인식되는 현실의 범주만으로도 제한될 수 없다.(시 114, 126편) 이에 대해 쨍어는 이 책에서 학문적 작업을 통해 우리를 일깨운다. 시편으로 자신의 삶을 성찰하는 이에게 참 좋은 길라잡이가 될 것이다. 이 책을 출판할 수 있게 해주신 대한기독교서회, 특히 부족한 번역 원고를 정성껏 돌보아 소담하게 열매 맺을 수 있도록 함께 작업해주신 편집부에 큰 감사를 전한다.

2022년 성주산에서

이일례

지은이 에리히 쨍어 Erich Zenger, 1939-2010

로마, 예루살렘, 하이델베르크, 뮌스터, 뷔르츠부르크에서 철학, 신학, 동양학을 공부했다. 1964년 로마에서 아이히슈테트 교구 사제로 서품되었으며 1971년에는 신학으로 박사학위를 받고 아이히슈테트대학 교수로 부임했다. 이후 1973년부터 2004년까지 베스트팔렌의 빌헬름뮌스터대학 구약학 교수로 활동했다. 주요 저서로는 *Durchkreuztes Leben*(1982), *Die Psalmen 1-50*(1993), *Psalmen 51-100*(2000), *Psalmen 101-150*(2008) 등이 있다. 특별히 *Einleitung in das Alte Testament*는 성서학에서 매우 중요한 학술서로 꼽힌다.

옮긴이 이일례

서울신학대학교(B.A.)

연세대학교 연합신학대학원(Th.M.)

독일 보쿰루르대학교(Dr.theol.)

Der Streit um Das Gottesbild der Leidenden Israeliten: Monotheismus und Theodizeefrage in ausgewählten Klagepsalmen des Einzelnen (Peter Lang Verlag, Europäische Hochschulschriften Reihe XXIII Theologie Bd. 937, 2013)

"개인 탄원시에 나타나는 가난한 자들의 탄원 연구," 「성경원문연구」 50 (2022년 4월)